JN005825

はじめに

私は住宅の設計士として、リフォームのプランニングなどを行っています。いろいろなご提案をさせていただく中で、皆さんに多く共通する思いを伺い、また、もったいないと思う状況にも遭遇してきました。もったいないというのは、リフォームを頼む順番やタイミングによって「損」をしている方が、とても多いのです。何を損しているかというと、正しく計画的にリフォームしていれば本来やる必要のない、余計な工事が発生しているのです。もったいないですよね。この「もったいない」をなくすためには、リフォームをご検討中の皆さんに、何をどういう順番で計画していけばいいのかというタイミングをお伝えすることが、まずは一番大切だと思いました。「人生１００年」という言葉をよく耳にするようになりましたが、これから先の長い人生を安心して暮らすためにも、お金を無駄なく使うスキルが求められています。そこで本書では、無駄のないリフォームを計画するために必要な知識や、これから老後を迎えるにあたり、安心して健康で快適に暮らすにはどうしたらよいかということを中心に、詳しくお話をさせていただきます。できるだけわかりやすい表現を心掛けて書いていますので、どうか最後までお読みいただければと思います。

目次

序章　リフォームって何？

(ア) マンションとは違う、一戸建てのリフォーム

リフォームという言葉を聞いて、皆さんは何をイメージしますか？

キレイになる、使い勝手が良くなる、最新の設備が整う……等々。

そう、工事をした部分は新築のように美しくなります。気がつけば築25年のわが家も、よく見るとずいぶん傷んできたな……。子どもも独立して余裕も出てきたし、そろそろリフォームでもするか、と意を決して内装・外装・設備をフルリフォーム。まるで新築のように生まれ変わったわが家で、気持ちよく第二の人生がスタート！　仕上がりにはとても満足していたけれど……、暮らしてみると冬の寒さや結露は相変わらず。せっかくキレイになった壁紙も、また窓まわりからカビが生え始めてきました。あれれ、水まわりの設備は全部交換したはずなのに、水道管から水漏れが発生！　床下だったため気づくのが遅れ、床下全体にはカビが発生してしまいました……。何年かするとバルコニーや屋根から雨漏りが！　リフォーム会社に連絡すると、「これは前回の工事では対象外の部分からの水漏

れですよ」「塗装の保証期限はとっくに過ぎています」などと言われ、全て自費で修理する羽目に。リフォームなら「建て替えの半額でまるで新築の仕上がり」という謳い文句だったのに、後々の修理代金がかさみ、結局建て替え以上にお金がかかってしまった……。なんて残念な話でしょう。しかし、このような落とし穴にハマっている方が、実はとても多いのです。

美しく使い勝手を良くするのがリフォーム、というのはマンションの話です。マンションには「長期修繕計画」という、構造体の寿命を延ばすために住民全員から強制的にお金を集め、計画的に修繕していくシステムができあがっています。したがって、住人は自分たちの居住空間を豊かにすることだけを考えればOKなのです。

ところが、一戸建てにお住いの皆さんは、マンションでは人任せにできるこの「長期修繕計画」を、ご自身で実施していかなければなりません。これもリフォームの一部です。建物のためにやらなければならないことがあるのは何となく知っていても、具体的に何をやったらいいのかよくわからない、という方がほとんどではないでしょうか。**この「やらなければいけない修繕（＝メンテナンス）」を正しくやらずに表面だけを美しくしても、前述のように次々と不具合に見舞われる事態に陥ってしまいます。**

それから建物の性能も日々向上しています。技術革新によるものもありますが、耐震や断熱性能については、法律の改正によって強制的に最低基準を引き上げられてきたという歴史もあります。つまり古い建物はどうしても今の建物よりも性能が劣ってしまうのです。ですが、実はこれもリフォームによって性能を引き上げることができるのです。耐震性能とは地震の際に家が倒壊しないためのものですから、人命に関わる性能です。また、断熱性能は冷暖房費という毎月の光熱費を下げる役割がありますが、最近では健康にも深い関わりがあることがわかっています。これらの性能を、プラスアルファのリフォームで引き上げることができるとわかっていたら、やりますか？

これらに対して、あなたがやりたいと思うリフォームがあります。冒頭の事例のように、内装をキレイにしたい、設備をもっと充実させたい、間取りをもっと使い勝手良く変更したい等々。「新しく生まれ変わった」という満足感を与えてくれるリフォームです。

まとめると、一戸建てのリフォームは大まかに**3つの種類に分類**できます。**1つ目はメンテナンスとして必ずやらなければいけないリフォーム、2つ目は性能を良くするためのできればやった方がいいリフォーム、そして3つ目は、使い勝手を良くしたり暮らしを豊かにするためのやりたいリフォームです。**まずはやらなければいけないことをやり、次にやった方がいいことをどこまでやるか考えてから、最後にやりたいことをやる、というのは物事の基本的な考え方ですが、リフォームも同じです。ここが、リフォームの手順を考

えていく上で非常に重要なステップになります。（**図表J—1**）

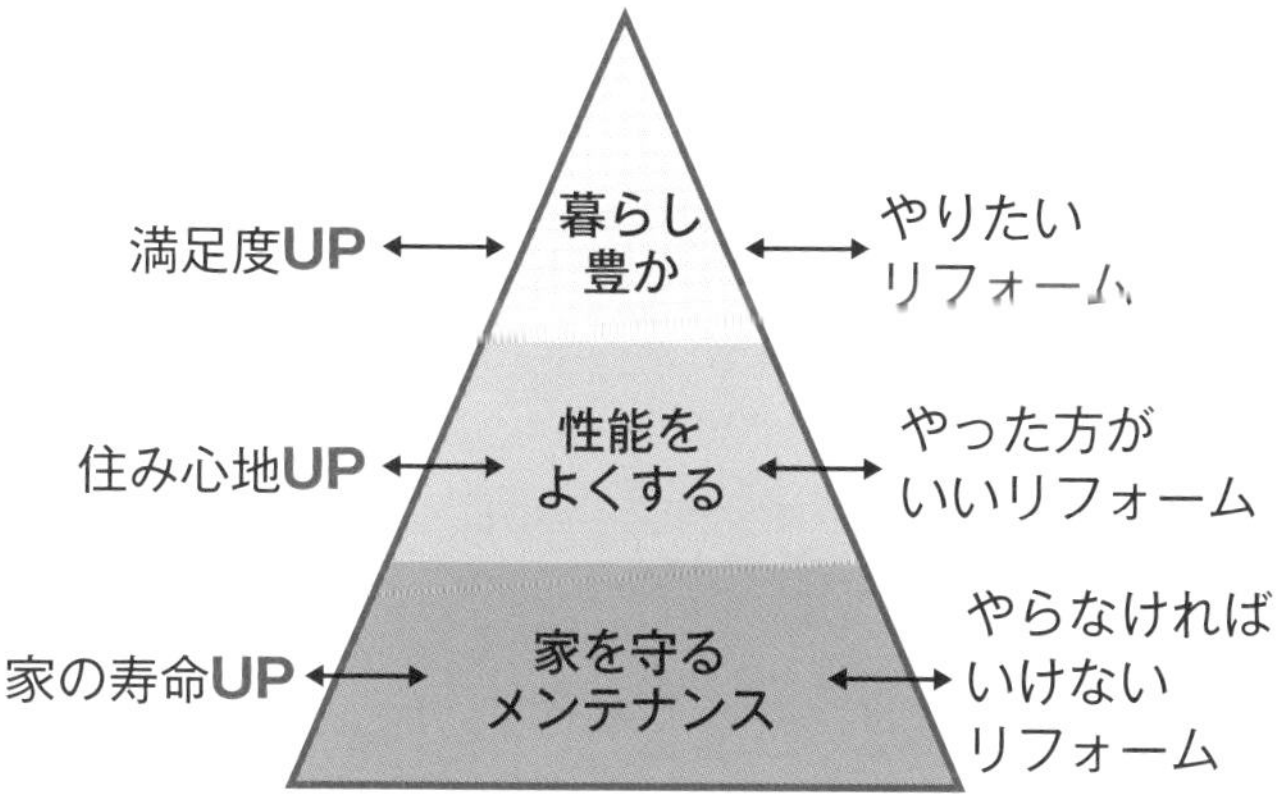

図表J—1：リフォームの種類と順番

（イ）リフォームと建て替え、どっちが有利？

リフォームで家の寿命を延ばすことは可能ですが、実際いくらでもリフォームにお金をかけられるという訳ではないですよね。冒頭にお話ししたように、リフォームをしたけど後から考えたら建て替えた方が安かった、なんていうことになっては残念です。それでは築30年問題とも言える**「リフォームか建て替えか？」**という問題を解決するために、まずはそれぞれのメリット、デメリットを整理してみましょう。**（図表J—2）**

建て替えは、最も簡単に最新設備・最高性能の家を手に入れる方法ですが、今まで家として使えていた部分も全て捨ててしまうため、ロスが大きい＝費用が高いということになります。

一方で**リフォームは、必要なものだけを交換し、使えるものは残すことができるため、無駄が少ない＝費用を抑えることができます。**しかし、適切な修繕や家の性能を上げる方法などを知らないと、最良の状態を保つのが難しいと言えます。

図表Ｊ―２：リフォームと建て替えの比較

	メリット	デメリット
リフォーム	・いつ・どこまでやるか・いくらかけるか、自分次第で決められる ・今あるものを長く使える（コストダウン） ・節税（固定資産税・相続税）	・修繕のタイミングを誤ると、雨漏りなどの被害を受ける ・間取りなどの制約がある ・もともとの家の性能が低い
建て替え	・最新設備・耐震・制震・断熱性能の高い家に住める ・間取りが自由 ・しばらく修繕の心配が不要	・大きな費用が一度に必要 ・買い替えが必要な備品も多い（カーテン・エアコン・照明など） ・固定資産税が上がる

リフォームの方法についてはこれからお話ししていくとして、リフォームの最大のメリットとも言える「費用を抑えること」について考えてみましょう。まず、一つ一つの工事単価は、実は建て替えよりもリフォームの方が高額です。全てを撤去して新規に組み立てるだけの建て替えより、部分部分を作り直すリフォームの方が、手間がかかるからです。

ではなぜリフォームで費用が抑えられるのかと言うと、「使えるものを残せる」からです。

つまり裏を返せば、使える部分が少なかったり、追加するものが多すぎたりすると、リフォームの方が建て替えより高くつく場合もあるということです。（**図表J―3**）

具体的にどのようなときにリフォームが高くつきやすいかというと、
1．雨漏りやシロアリ被害などにより広範囲の構造材を入れ替える必要がある
2．間取りやデザインを大きく変更するため、作り直しが多い
3．性能が低すぎるため追加する部材が多い（耐震性能不足や断熱材が入っていないなど）

1．は正しくメンテナンスしていくことで、ある程度大きな被害を防ぐことは可能です。
また2．はリフォームプランの打合せ時に予算についても設計士とよく打合せ、コストを

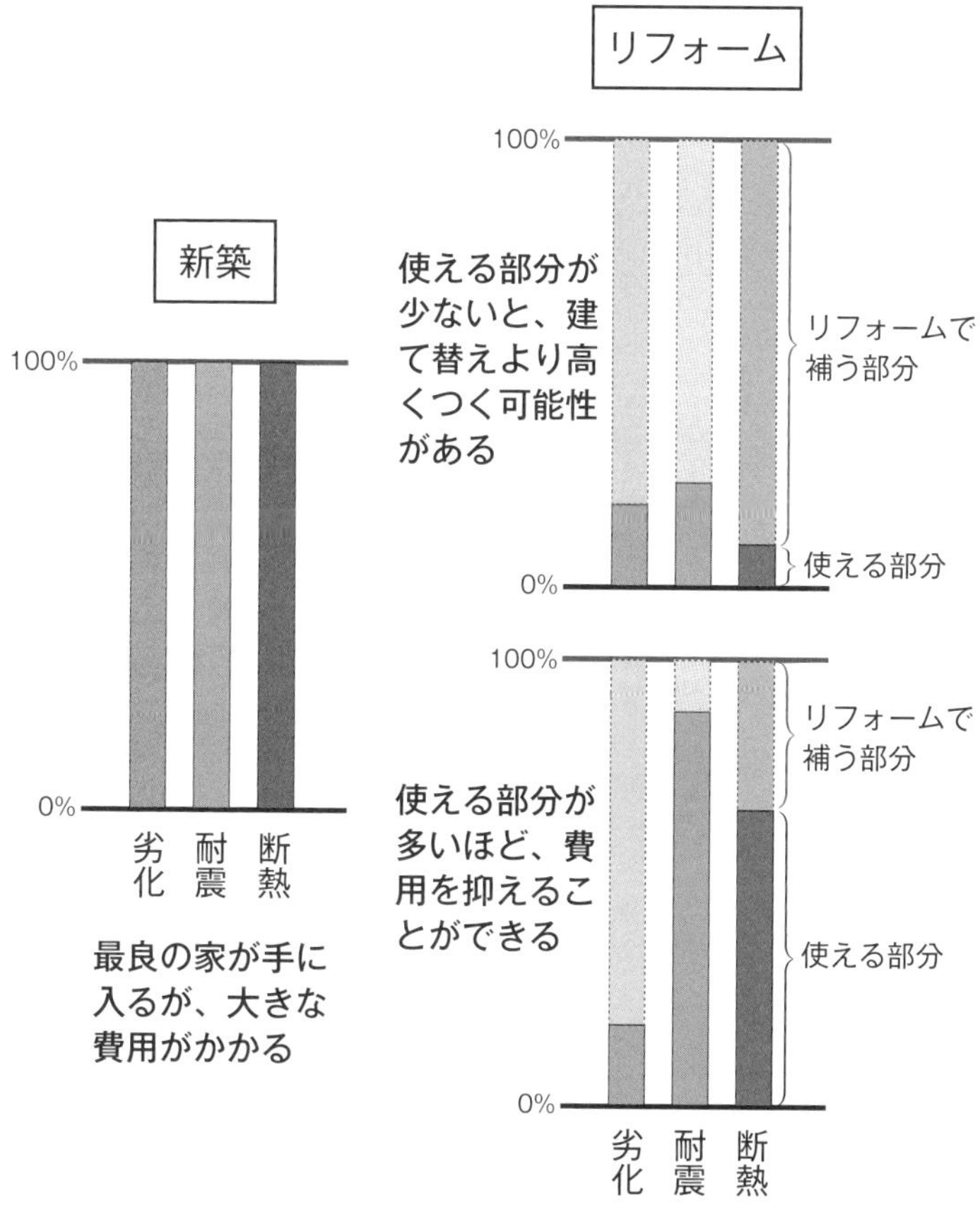

図表Ｊ—３：リフォームで費用を抑えられるパターン

抑えるプランを作るという方向で回避できます。しかし3．は、コストを抑えるためには性能を上げることを断念することになるか、性能アップを叶えるならば建て替えた方が安いということになりかねません。つまり、今の家がどの程度の性能を持っているのか？というのはリフォームを考える上で大変重要な要素となるのです。

（ウ）正しいリフォームの知識を身につけると、得をする！

使える部分が多いほど、リフォームは費用を抑えられます。ということは、雨漏りやシロアリなどのダメージを防ぐため適切にメンテナンスを続けることは、長い目で見てリフォーム費用を抑えることにつながります。メンテナンスは将来的に不具合を起こさないために、現時点では何も悪くない部分に対して行います。費用がかかることですから、いざ見積書を見ると決断が鈍ることもあるかもしれません。「まだあと2～3年はやらなくても大丈夫なんじゃないか？」と。だからこそ皆さんには、正しいリフォームの知識を身につけていただきたいと思います。なぜそれをやらなければならないのか、やらないとどうなるのか。限界まで使うことは、時に大きなリスクとなってしまいます。そこをしっかり押さえていれば、ここぞという時に正しい判断ができるようになります。

これから長い目で見て得をするリフォームを行っていくためには、無駄のない手順で計画的に行っていくことが何より大切です。プロの知識や技術力を借りることは必要ですが、そもそも発注しないことにはプロも動いてくれません。皆さんは工事の発注者として、まずは何を発注しなければならないかを知り、計画的に発注し、その都度ごとにプロのアドバイスを受けながら、二人三脚で進めていけばいいのです。

リフォームのマイナスのイメージとしてよく伺う言葉に、「相場より高い金額をふっかけられるんじゃないか」「騙されるんじゃないか」というものがあります。ごく一部ですが、世の中に存在する「悪徳リフォーム業者」のせいでこのようなイメージを持たれてしまうのかもしれません。しかし、正しい知識を身につけ、自ら計画的にリフォームを行っていけば、このような悪徳業者に入る隙を与えることもありません。

また、耐震や断熱などの性能を上げるリフォームについても同様に、「なんか良さそうだな」という程度の動機では、大きなお金をかける気にはなりませんよね。しかし、費用対効果がわかっていれば納得して選択することができ、リフォームのやり方によっては高性能な住まいに生まれ変わらせることができます。

正しくリフォームすれば、長期的に見てコストを抑えられるだけでなく、生活の質を上げることもできるのです。そのために必要な知識として、**本書では「やらなければいけない」メンテナンスや、「やった方がいい」性能を上げる方法、そして、老後や災害時の備えとして「やりたい」対策について、詳しく解説していきます。**是非これからのリフォームの参考資料として、ご活用いただければ幸いです。

第1章　建てた年代によって違うリフォーム

（ア）必要なリフォームは年代で決まる

序章でも触れましたが、リフォーム費用は現在の家の性能によって大きく変わってきます。では皆さんのお住まいには一体どのくらいのリフォーム費用が必要なのでしょうか。予算に関わるところは一番気になりますよね。そこで、ある程度のリフォーム予算を推測できるよう、**建築した年代に分けて必要な工事**を考えてみようと思います。というのも、住宅は建てた年代によって、ある程度一般的な仕様というものが存在するからです。法律の改正などが仕様変更の引き金となることが多いため、この法改正に着目して、ざっくりと年代を分けてみました。是非ご自分の家が建てられた年代のページをご覧いただき、どんなリフォームが必要か、という目安にしていただけたらと思います。

（イ）1981年以前（旧耐震基準）の家にお住まいの方

1981（昭和56）年に建築基準法が改正され、耐震性の最低基準が大きく引き上げられました。この後に建てられた家は通称「**新耐震基準**」と呼ばれ、それまでの家を「**旧耐震基準**」と呼んで区別するようになりました。では改正前に建てられた旧耐震基準の家は具体的にどうなのかというと、当時の耐震基準は「震度5程度の地震に耐える壁量」だったため、それより大きな地震に遭った場合に倒壊する可能性が高い状態です。そのため国は旧耐震基準の建物に対して耐震化を推進しており、旧耐震基準の家が耐震化のリフォームを行う場合は、地方自治体から何らかの助成が用意されていることが多いです。したがって、旧耐震基準の家にお住まいの方に第一に行っていただきたいのは、人命を守る耐震化のリフォームです。ここで気をつけていただきたいのは、この年代の建物は不足している性能が多いため、全てを整えようとすると建て替えを上回る予算になる可能性があるということです。あと何年暮らすのかという人生設計と照らし合わせながら、部分的なリフォームで間に合わせるか、建て替えも視野に入れるかなど、慎重にご計画いただければと思います。

●やらなければいけないリフォーム…第2章 P37 第4章 P87へ。

お勧めメニュー…

- ↓スレート屋根の棟板金メンテナンス　P177
- ↓スレートから金属屋根へ重ね葺き（カバー工法）　P178
- ↓スレート屋根・瓦屋根の葺き替え　P179
- ↓モルタル外壁の塗装　P180
- ↓サイディング外壁のメンテナンス　P181
- ↓モルタル外壁に金属サイディングを重ね張り　P182
- ↓サイディング外壁への張り替え　P183
- ↓バルコニーの防水メンテナンス　P184
- ↓防蟻処理　P185
- ↓水道管（鋼管）を樹脂管へ更新　P187
- ↓在来浴室からユニットバスへの改修　P188
- ↓耐震補強工事　P199

※「耐震補強工事」については、「やった方がいいリフォーム」の章でご紹介していますが、ご自宅が旧耐震基準の場合は「やらなければいけないリフォーム」に位置づけられます。

●やった方がいいリフォーム…第3章 P61へ。

お勧めメニュー…

- ↓防湿コンクリート打設　P186
- ↓内窓の設置　P189

↓断熱ガラスに交換　P190
↓断熱サッシに交換　P191
↓断熱玄関ドアに交換（カバー工法）　P192
↓床下から断熱材を充填　P193
↓天井裏または屋根裏への断熱材充填　P194
↓外壁に外張り断熱材を追加　P195
↓外壁に断熱材充填（内部より）　P196
↓標準的な換気システムの設置　P197
↓熱交換（省エネ）型換気システムの新設　P198
↓制震システムの設置　P200

●やりたいリフォーム…**第5章　P105**へ。

お勧めメニュー…

↓太陽光発電システムの新設　P201
↓家庭用蓄電池システムの新設　P202
↓V2H・電気自動車の家庭利用システム　P203
↓電気で給湯・エコキュートの新設　P204

（ウ）1981〜1999年（新耐震基準）の家にお住まいの方

耐震基準は1981年の6月を境に大幅に改正されました。この後に建てられた家は通称「**新耐震基準**」と呼ばれます。初期の頃は基礎には鉄筋の入っていない無筋コンクリートが一般的でしたが、徐々に鉄筋を入れる鉄筋コンクリートが普及し、後期には鉄筋コンクリートの布基礎が一般的になりました。建築資材の発展が目覚ましい時期でもあり、初期にはモルタル外壁に瓦屋根という組み合わせが一般的な外観でしたが、後期にはサイディング外壁にスレート屋根という外観が台頭してきました。

20年分をまとめるので当てはまらないものもあるかもしれませんが、目安は以下の通りです。

●やらなければいけないリフォーム… **第2章 P37**へ。

お勧めメニュー：

↓スレート屋根の棟板金メンテナンス　P177
↓スレートから金属屋根へ重ね葺き（カバー工法）　P178
↓スレート屋根・瓦屋根の葺き替え　P179
↓モルタル外壁の塗装　P180
↓サイディング外壁のメンテナンス　P181
↓モルタル外壁に金属サイディングを重ね張り　P182
↓サイディング外壁への張り替え　P183
↓バルコニーの防水メンテナンス　P184
↓防蟻処理　P185
↓水道管（鋼管）を樹脂管へ更新　P187

●やった方がいいリフォーム…**第3章 P61** **第4章 P87**へ。

お勧めメニュー：

- ↓在来浴室からユニットバスへの改修　P188
- ↓防湿コンクリート打設　P186
- ↓内窓の設置　P189
- ↓断熱ガラスに交換　P190
- ↓断熱サッシに交換　P191
- ↓断熱玄関ドアに交換（カバー工法）　P192
- ↓床下から断熱材を充填　P193
- ↓天井裏または屋根裏への断熱材充填　P194
- ↓外壁に外張り断熱材を追加　P195
- ↓外壁に断熱材充填（内部より）　P196
- ↓標準的な換気システムの設置　P197
- ↓熱交換（省エネ）型換気システムの新設　P198
- ↓耐震補強工事　P199
- ↓制震システムの設置　P200

●やりたいリフォーム…**第5章 P105**へ。

お勧めメニュー：

- ↓太陽光発電システムの新設　P201
- ↓家庭用蓄電池システムの新設　P202
- ↓V2H・電気自動車の家庭利用システム　P203
- ↓電気で給湯・エコキュートの新設　P204

（エ）２０００年以降（品確法・住宅性能表示制度・建築基準法改正）の家にお住まいの方

メーカーや工務店がそれぞれに品質向上のための地道な努力を重ねる中、建物の品質を大きく引き上げるきっかけとなる法律ができました。２０００年の**「住宅の品質確保の促進等に関する法律」**、通称**「品確法」**です。これにより売主には、新築住宅の構造上主要な部分や雨漏りなどの瑕疵（欠陥）を10年間補償することが義務づけられました。いわゆる「建て逃げ」が許されなくなったのです。さらに**「住宅性能表示制度」**が創設され、見た目では判断できない建物の性能を、購入者にわかりやすく表示するという概念が生まれました。住宅性能表示制度は任意のため、実際には制度を利用して表示する建物は多くはありませんでしたが、大手ハウスメーカーや一部の工務店が取り組み始めたため、それにつられるかたちで住宅業界全体の性能が大きく向上していきました。また、２０００年には建築基準法の改正もあり、１９８１年に制定された耐震基準を強化するかたちで、更に細かい基準が追加されました。この耐震基準が現行の基準となっています。

◎**これまでと仕様が変わった点**

・サイディング外壁に通気工法が普及し始め、外壁の耐久性が向上した
・水道管に樹脂管の使用が一般的になり、水道管の寿命が延びた
・床下の防湿が普及し始め、木材の腐朽やシロアリに対する耐性が向上した
・窓（サッシ）にペアガラスが普及し始め、断熱性能が向上した
・耐震基準の厳格化により、基礎・金物・壁バランスなどの仕様が強化された
・階段への手すり設置が法律で義務化された

●**やらなければいけないリフォーム…****第2章 P37**へ。

お勧めメニュー：

↓スレート屋根の棟板金メンテナンス　P177
↓スレートから金属屋根へ重ね葺き（カバー工法）　P178
↓スレート屋根・瓦屋根の葺き替え　P179
↓モルタル外壁の塗装　P180
↓サイディング外壁のメンテナンス　P181
↓モルタル外壁に金属サイディングを重ね張り　P182
↓サイディング外壁への張り替え　P183
↓バルコニーの防水メンテナンス　P184
↓防蟻処理　P185

●やった方がいいリフォーム… **第3章 P61** へ。

お勧めメニュー：

↓内窓の設置 P189
↓床下から断熱材を充填 P193
↓天井裏または屋根裏への断熱材充填 P194
↓外壁に外張り断熱材を追加 P195
↓外壁に断熱材充填（内部より） P196
↓標準的な換気システムの設置 P197
↓熱交換（省エネ）型換気システムの新設 P198
↓制震システムの設置 P200

●やりたいリフォーム… **第5章 P105** へ。

お勧めメニュー：

↓太陽光発電システムの新設 P201
↓家庭用蓄電池システムの新設 P202
↓V2H・電気自動車の家庭利用システム P203
↓電気で給湯・エコキュートの新設 P204

(オ) おまけ・2009年以降(住宅瑕疵保険・長期優良住宅)の家にお住いの方

品確法で10年間の保証が義務づけられたと言っても、万が一その間に売主が倒産してしまったら、誰も補償してくれない……。そんな事件が現実に起こってしまいました。世間を大きく騒がせたマンションの耐震強度偽装事件、いわゆる「姉歯事件」です。そこで万が一売主が倒産しても買主に補償ができるよう、2009年に「**住宅瑕疵担保履行法**」が制定され、住宅瑕疵保険と呼ばれる保険制度が始まりました。これにより10年保証がより安心なものとなったのですが、実はこれには副産物のような効果がもう一つありました。それは、保険会社が加入の条件として建築中に2回の現場検査を行うのですが、それが「第三者の厳しい目」として施工品質の向上に役立っているのです。私も検査員として現場を拝見することがありますが、どんなに丁寧に仕事をされていても、ミスというのは起こってしまうものです。それらを発見し、是正してもらうのが検査員の役目ですが、このような現場検査が無かった時代に比べたら、施工品質は格段に良くなっていると感じます。なお、大手ハウスメーカーなど資金力のある売主は、保険に加入せず「供託」という自力で万一に備える方法を選択することができます。第三者の現場検査が無くて品質は大丈夫なのか？　と心配になるかもしれませんが、大手ハウスメーカーなどは自主検査を厳しく行っているところも多いようです。

それから2009年にはもう一つ、「**長期優良住宅**」の制度が始まりました。「長期優良住宅の普及の促進に関する法律」によって住宅を長持ちさせるための厳しい基準が設けられ、この認定を受ければ税金などの優遇も受けられます。それまでの「木造は30年で建て替え」という慣習を断ち切り、「孫子の代まで住み継げる家づくり」を目指す国家的プロジェクトと言えます。また、一戸建ての住宅でも10年ごとに計画的に点検やメンテナンスを行う「維持保全計画」という概念も生まれ、建物を正しくメンテナンスして長持ちさせるという住まいのあり方に土台がつくられました。

リフォームの内容は（エ）と変わりませんが、耐久性の高い外装材が採用されているケースも増え、外装メンテナンスの頻度が少なく済む場合もあります。

（カ）これからの住宅予測

参考までに、これからの住宅についても考えてみようと思います。**「建築物省エネ法」**の改正により、２０２１年4月から、新築住宅では省エネ基準の達成状況が消費者に説明されるようになります。そうなれば省エネ基準をクリアすることは当たり前となり、その高性能な家を長持ちさせようとするトレンドは、今後ますます強まると思われます。消費者は新築時の建設費が上がっても、その後のリフォーム費用や光熱費を抑えて安く長く住める家を求め、供給側もそれを叶えるため、性能を上げるだけでなく耐久性の高い建材を使い、災害にも強い家づくりなどを進めていくでしょう。本書ではいろいろなリフォーム方法を解説していきますが、究極的にはそれらのリフォームをしなくても安心して快適に住み続けられる家が理想です。技術は日々目覚ましく進歩していますが、そんな「メンテナンスフリーな家」が夢ではなくなる日も訪れるのでは、と期待しています。

column

建て替えるべきかを迷ったら？

建て替えも同時に検討してみたいという方は、工務店やハウスメーカーなど気になるところを1社選び、見積り依頼をしてみることをお勧めします。

建て替えはリフォームと違い、単価を決めて見積りを算出しやすくしているところが多いので、概算見積りは比較的すぐに出してもらえます。リフォームの込み入った打合せが始まる前に、あらかじめ**建て替えの概算見積り**を取得しておくと、予算条件を立てやすくなり、リフォームでの意思決定を早く行えるようになります。

↓リフォーム業者の選び方　P125

とは言え、現時点ではまだ建て替える計画が無いのに、概算とは言え見積り依頼はちょっと気が引ける……という方もいらっしゃると思います。そんな時は、お互いに余計な手間をかけずにすむよう、依頼する際には以下の点に配慮すると良いでしょう。

1. まだリフォームと迷っているので概算で構わない旨を伝える

2. 必要な広さと求める性能（断熱・耐震（制震）・メンテナンスのしやすさ）な

どを伝える

3. 設備などは標準仕様を聞くだけでいいと伝える（細かい打合せは不要）

リフォームとの比較に必要な見積りの要素は、面積と性能です。間取りは多少変わっても、面積が変わらなければさほど金額に影響しません。断熱性能や耐震性能、制震装置の有無、外装材のランク（メンテナンスのしやすさ）などは、それによって予算が変わるため、是非確認しておきたい項目です。キッチンやお風呂、内装などの商品グレードも見積りに影響はしますが、それはリフォームにしても同じ金額がかかるものですので、この時点であまりこだわる必要はありません。建て替えの概算見積りならそれほど手間はかかりませんので、無料で応えてくれるところがほとんどです。ただ、先方の営業さんが熱心にどんどん動いて下さる場合は、「まだ話を進められる段階ではないので、これ以上は結構です。もしリフォームではなく建て替えることに決まりましたら、またこちらからご連絡させていただきます。」などと丁重にお断りすれば、先方に余計な負担もかけずにすみます。

第2章　家の絶対寿命を決めるもの

(ア) やらなければ住めなくなるリフォーム

さて、年代に応じて必要なリフォームにはどのようなものがあるかを知っていただいたところで、次は家の絶対寿命について考えてみましょう。そもそも家が壊れてしまっては、絶対的に住めなくなってしまいますよね。

まず家の絶対寿命はどうやって決まるかというと、基本的には構造体である柱や梁などがしっかりと強度を保っていることが条件です。では柱や梁に使われている木材の寿命はというと、数百年～1000年程度は伐採時の強度を保つと言われるほど非常に長持ちする材料です。その耐久性は、既に日本の歴史的な寺院などが実証してくれていますよね。

しかし、そんな強靭な木材にも弱点があります。**雨漏りとシロアリ**です。住宅に使われている木材は外壁と内壁に挟まれ密閉されているので、ひとたび雨漏りが発生すると、壁の内部に閉じ込められた水分によって木が腐ってしまうのです。腐った木材はシロアリの大好物ですので、シロアリ被害も受けやすくなります。つまり、**構造体を雨から守る屋根や外壁などの外装バリアが機能しなくなることは、木造住宅にとっては死に至る病にもなり**

得るのです。また、家というのは構造体だけでなく、水道などのインフラも大事な要素です。

これらの家の絶対寿命を延ばすために実施するメンテナンスは、やらなければ住めなくなるという意味で、**「やらなければいけないリフォーム」**に位置づけられます。このリフォームでは、限界まで使ってしまうと重大な被害につながる部品を、適切に延命・交換していきます。ではやらなければならないこととは一体何なのかを、次に見ていきましょう。それぞれのメンテナンスに対し工事費の目安を載せていますが、建物の大きさや選ぶ商品などによって金額は異なりますので、あくまで資金計画の目安としてご参考にしていただけばと思います。

(イ) 雨水との戦い

雨漏りは木造住宅にとって死に至る病にもなり得る、とはなかなか衝撃的な表現をしてしまいましたが、そのくらいの覚悟でしっかりメンテナンスをしていただきたいところで

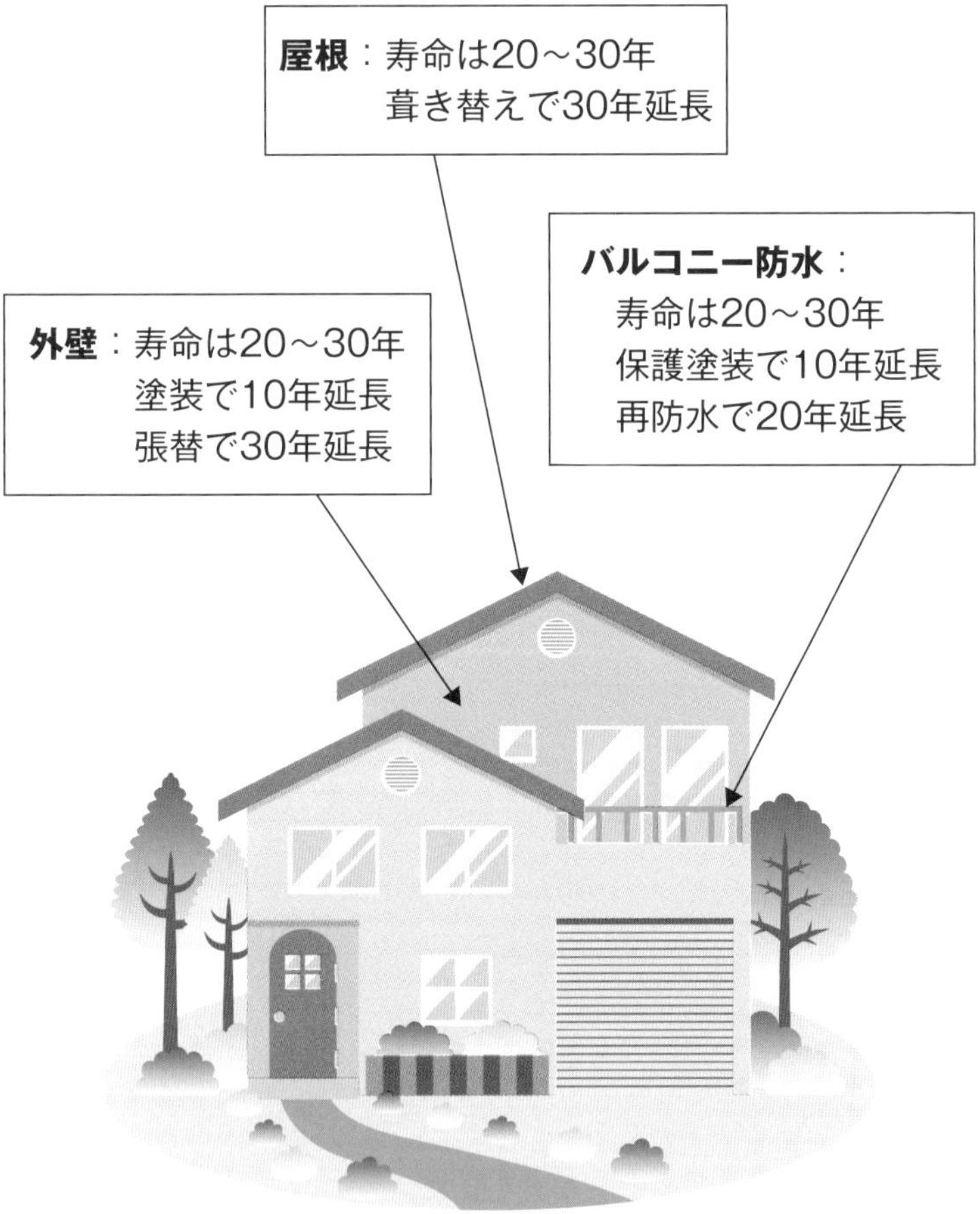

図表2－1：雨から守る外装材の延命方法

す。では、構造材を雨から守る重要な役割の外装材について、その寿命と延命方法について考えていきましょう。

主要な外装材は、**図表2―1**のとおり**屋根・外壁・バルコニーの3つ**です。これらは新築から10年以内に雨漏りを起こせば、「瑕疵（欠陥）」として売主に補償を求められる部位です。外装材は常に強い日差しにさらされていますので、基本的には定期的に塗装をすることで紫外線から保護し、塗膜による防水効果などにより部材の延命を図ることがメンテナンスの中心となります。材質や部位によりメンテナンス方法は異なりますので、それぞれの部材について詳しく見ていきましょう。

●屋根について

まず、**雨から家を守る一番の主役は屋根**です。家を建てるときも、上棟と言って柱・梁のフレームを一気に組み立てた後、真っ先に造るのは屋根からです。雨の多い日本では、建てるときから家をできるだけ濡らさないよう配慮されているんですね。そんな重要な屋根ですが、家を構成するパーツの中では最も過酷な環境に置かれています。雨も紫外線も空から降り注いでいますし、真夏には直射日光により屋根の表面温度は60℃以上に上がることもあります。ですから、屋根材には耐久性の高い材質として、**和瓦、スレート、金属**

などが使われています。

　では屋根の寿命を考えるために、まずは屋根がどうやって雨漏りを防いでいるのか、その仕組みを見てみましょう。**図表2－2**のように、屋根は瓦などの仕上げ材から万が一水が漏れてしまっても、その下のルーフィングと呼ばれる防水シートがブロックし、雨漏りは発生しない二重の防水構造になっています。つまり屋根の寿命は表面に見えている屋根材だけを考えるのでは足りなくて、下地のルーフィングについても一緒に考えなければなりません。実はこのルーフィングが20年程度で劣化し、防水機能を失ってしまうのです。では20年経ったら雨漏りが始まるのか？　というと、もちろんそう単純な話ではありません。下地のルーフィングはあくまで「万が一の防水層」であって、表面の屋根材が正常に機能していれば雨漏りは発生しません。ではそ

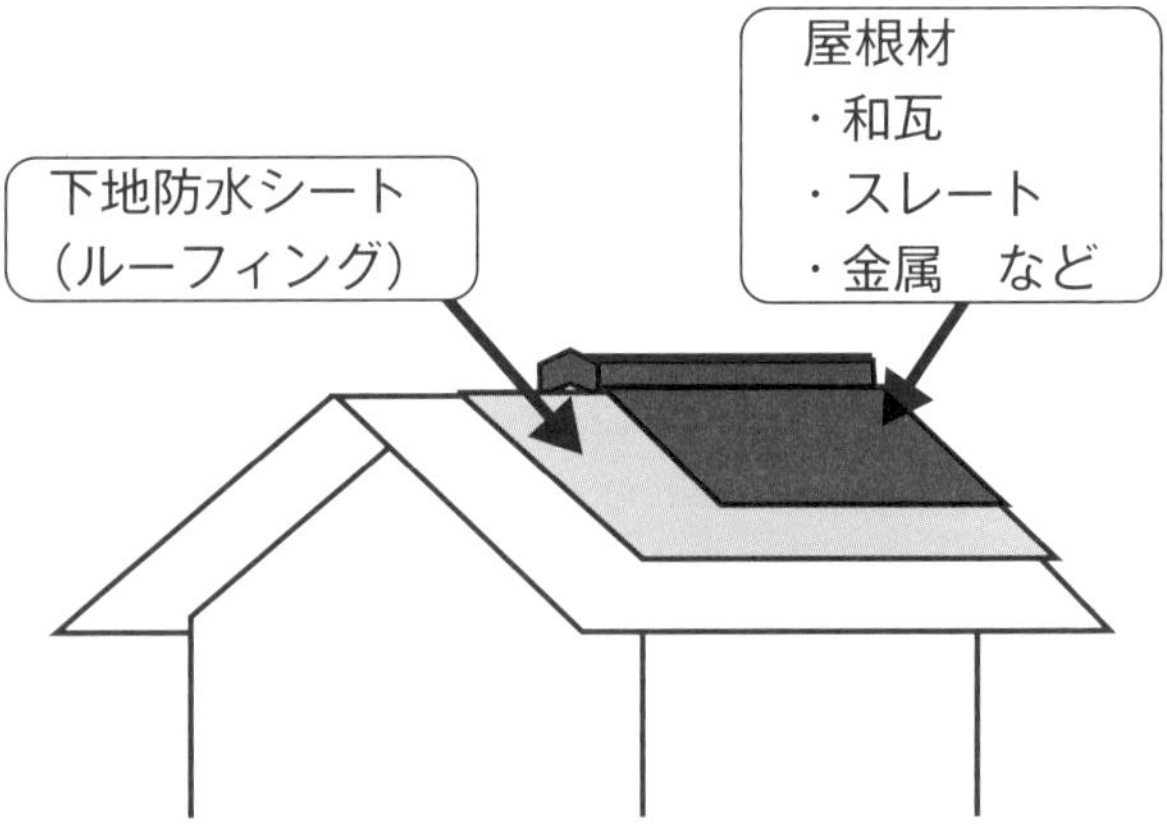

図表2－2：屋根は二重の防水構造になっている

の下地との組み合わせを踏まえた上で、屋根材ごとに寿命を見てみましょう。（**図表2―3**）

和瓦とは粘土質の土を瓦形にして焼いた陶器瓦で、特別なメンテナンスをしなくても60年以上と言われる高い耐久性を持っています。しかし、衝撃により割れやすい、古くなると留めている釘の劣化により強風時にズレたり飛散したりしやすいなど、弱点も多くあります。こうした瓦の損傷時には下地のルーフィングによる防水が不可欠になるため、瓦の寿命よりルーフィングの寿命を意識する必要があります。ルーフィングは寿命となれば交換するしかありませんが、そのためには仕上げの瓦をいったん下ろさなければなりません。その際、下ろした瓦を再び載せるのを葺き直し、新しい屋根材に交換するのを葺き替えと言います。同じ瓦に仕上げるなら、葺き直しの方が瓦の処分と材料費がかからない分費用を抑えることができますが、葺き替えの場合は瓦以外のローコストな屋根材に変更することも可能です。瓦は重い屋根材ですが、これを金属などの軽い屋根材に葺き替えることで、地震の際に建物に加わる衝撃を軽減させることができ、耐震性を向上させる効果も期待できます。

図表２－３：屋根材ごとのメンテナンス方法と寿命

	和瓦	スレート	金属
写真			
メンテナンス	基本的にメンテナンス不要。割れ・ズレなどを定期点検し、瓦の差し替えなど部分補修を行う。 **補修予算** **５万円～**	棟板金を10～15年程度で交換。スレート本体の塗装は延命というより主に美観のため。割れなどは部分補修。 **棟板金交換予算** **10万円～**	トタンは錆に弱く、10年目から5～8年毎に塗装。ガルバリウム鋼板は錆に強く15年目から10年毎に塗替。 **塗装予算** **25万円～**
寿命	瓦そのものの耐久性より、下地のルーフィングの寿命に合わせ、20～30年で葺き直しまたは葺き替えが必要。 **葺き直し予算** **80万円～** **葺き替え予算** **140万円～**	スレートの寿命である20～30年で葺き替え。下地が健全なら金属屋根のカバー工法も可能。 **葺き替え予算** **120万円～**	寿命はトタンが15年、ガルバリウム鋼板は25年程度で、下地がしっかりしていれば重ね葺きが可能。 **重ね葺き予算** **60万円～**

概算は屋根15坪程度の目安（足場代は別途20万円～）

スレートは、セメントを平板や瓦型に固めたものに塗装を施したもので、寿命は20～30年程度と言われています。90年代までのアスベストを含有したものは耐久性に優れているものも多く、30年を超えても健全な状態を保っている場合もあります。90年代半ばからアスベストを含まないノンアスベスト製品に変更されましたが、アスベスト含有時代に比べると耐久性に劣る商品が一時流通し、20年程度で葺き替えが必要になる場合もあります。屋根材がしっかりしていれば塗装することも可能ですが、屋根材の延命というより、主に苔やカビなどを除去し退色を防ぐという美観を保つことが目的です。また、頂部には**「棟《むね》板金《ばんきん》」**と呼ばれる金属部材が使われているのが一般的ですが、それが強風などで飛散する事故も多く発生しているため、10～15年を目安に棟板金の交換をしておくと安心です。

↓スレート屋根の棟板金メンテナンス　P177

このように、屋根材と下地のルーフィングの寿命をトータルで勘案すると、20～30年の間に葺き替えを行うのが望ましいと言えます。アスベスト含有品を撤去する際には処分費が割高になりますが、下地が健全ならカバー工法といって、今ある屋根材を残したまま上から新しい屋根材をかぶせる割安な方法を選択することも可能です。

↓スレート屋根から金属屋根へ重ね葺き　P178

まだ使えるうちに屋根材を交換するのはもったいないと思われるかもしれませんが、限界まで使って雨漏りを発生させてしまったら、下地の修理代が加わるだけでなく、十分な検討もできないままに焦って工事を発注してしまうなど、結果的に高くつく場合が多いのです。

金属屋根は、昔はトタンと呼ばれる材質が一般的で、鉄板に防錆のための亜鉛めっきが施されています。トタンの劣化の原因は錆びですが、この亜鉛めっきが傷むと錆びやすくなるため、一般的には10年目までには最初の塗装をし、以後5～8年毎に定期的に塗装を行うことで錆びを防ぎ、延命していくことができます。90年代からはガルバリウム鋼板が主流となり、亜鉛に加えてアルミとシリコンのめっきを施すことで、トタンより錆に強い材料となりました。ガルバリウム鋼板のめっきの寿命は25年程度とも言われており、15年目頃から塗装によるメンテナンスを行っていけば、より安心です。金属屋根は丁寧に塗装を行うことで、錆びから守り長持ちさせることができますが、やはり下地のルーフィングの寿命に合わせ、30年程度が葺き替えの目安となります。こちらも下地が健全なうちは、今ある屋根材を残したまま上から新しい屋根材をかぶせる重ね葺きやカバー工法など、割安な方法を選択することができます。リフォームで金属屋根を採用する場合は、２０１６年に登場したスーパーガルバリウム（ＳＧＬ）鋼板がお勧めです。こちらはガルバリウム鋼板を更に耐久性を高めたもので、より長寿命となっています。20年目頃から塗装によるメンテナンスを行っていけば、建物の寿命と共に、相応の耐用年数が期待できます。このSGL鋼板を使用する場合は、超高耐久な屋根材の寿命に合わせ、下地のルーフィングも超高耐久仕様にしておきたいところです。

ここで一つ金属屋根の注意点として、金属は沿岸部では特に錆びやすい性質があることにご注意ください。このため、沿岸部にお住まいの方は、前述の目安よりも短い間隔で塗装によるメンテナンスを行うことをお勧めします。

それぞれの屋根材の特徴を見てきましたが、概ね**「屋根の寿命は30年」**と言えそうです。**20年を過ぎた頃から天井の雨漏り跡に注意し、30年を迎えるまでには葺き替える、と考えておくといいでしょう。**また、今は下地のルーフィングにも耐久性の高いものが開発されていますので、屋根材と下地材を上手に組わせることで、葺き替え後はより長寿命な屋根にすることが可能です。あと何年この家に住むのか？　という計画と共に、予算に応じてルーフィング・屋根材の組合せを慎重にご検討いただけたらと思います。

↓スレート屋根・瓦屋根の葺き替え　P179

●外壁について

次に**外壁**ですが、外壁は屋根と違い、必ず雨に濡れるとは限りません。当然、雨がかからなければ外壁からの雨漏りは生じません。つまり外壁から雨漏りが発生するかどうかは、雨の当たり具合、具体的には雨を防ぐ屋根の形状に大きく左右されています。

図表２－４：雨がかかりにくい外壁

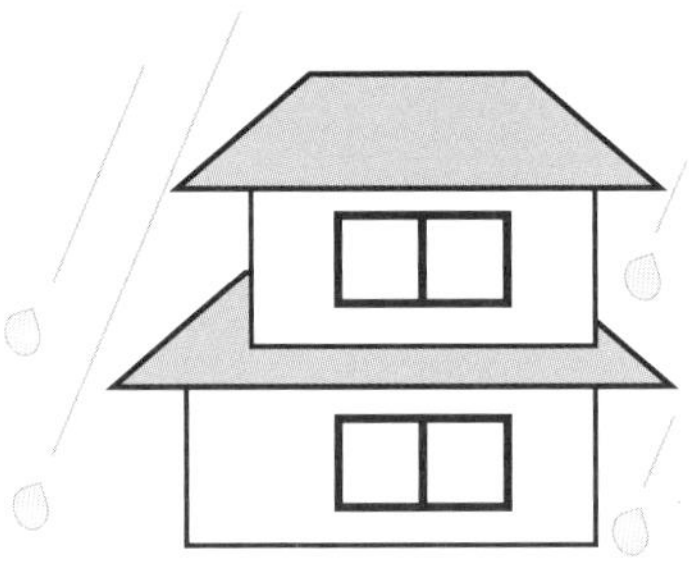

図表２－５：雨がかかりやすい外壁

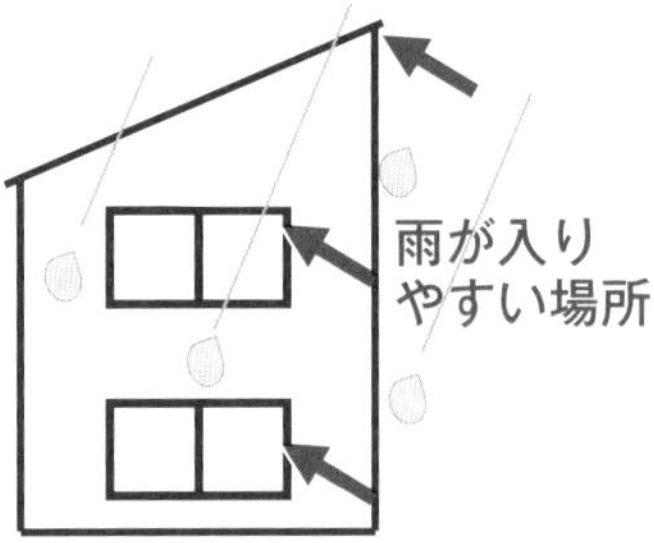

図表2─4は昔ながらの家に多く見られる外観ですが、軒の出が大きく存在感のある屋根が特徴です。このように屋根の端が全て下り勾配になっている「**寄棟**《よせむね》」と呼ばれる屋根形状は、「**雨仕舞**《あまじま》**い**」という雨水を上手く排出するシステムに優れています。また、軒先

で雨宿りなんて言いますが、大きな軒が傘の役割を果たし、日常の雨から外壁の水濡れを防いでくれています。もちろん台風などの強風をともなう雨の場合には外壁も濡れてしまうため、メンテナンスは必要ですが、基本的には外壁からの雨漏りが発生しにくい形状と言えます。それに対し、**図表2―5**は業界用語で**「軒ゼロ」**と呼ばれる、近年人気の軒の出がほとんど無い屋根形状です。シンプルモダンの潮流に乗り、屋根をコンパクトに見せることがデザイン的にウケているようですが、これでは傘が無く、外壁は雨のたびに濡れてしまいます。また、軒ゼロに加え、**図表2―5**のような片側が上りっぱなしの**「片流れ」**と呼ばれる屋根形状も人気ですが、こちらは屋根の頂部に当たった雨が外壁を伝って流れ落ちる際に、部材の継ぎ目などから建物内部に水が入りやすいという弱点もあります。この形状は全ての外壁が雨の度に濡れますから、外壁に隙間を作らない「完全防水」を維持することが何より肝心になります。

また、外壁も屋根と同じく2重の防水構造になっています。つまり表に見える外壁材の下にも更に防水紙が貼られていて、万が一外壁材から水が漏れてしまっても、下地の防水紙が構造体内部への浸入をブロックしてくれるのです。この防水紙の寿命は20～30年と言われており、特に**図表2―5**のような外壁の完全防水を維持しなければならない場合には、下地の防水紙の寿命も重要になります。反対に、**図表2―4**に示したような雨がかりの少

図表2－6：外壁材のメンテナンス方法と寿命

	モルタル＋塗装	サイディング
メンテナンス	定期的な塗装とひび割れ補修を行い、雨水の侵入を防ぐことが肝心。塗料の材質によって耐用年数が異なる。シリコンで10年程度目安。 **外壁塗装予算100万円～**	シーリングの一般的な寿命に合わせ、10年毎にシーリングの打ち替えを行う。その際にサイディングにも塗装を行えば延命になる。 **シーリングの打ち替え予算45万円～** **上記＋外壁塗装予算120万円～**
寿命	瓦そのものの耐久性は高く、メンテナンスを続ければOK。ただし雨がかかりやすい場合は下地の寿命を考慮し30年程度でサイディングへ張り替えがお勧め。下地が健全ならカバー工法も有。 **サイディング（カバー工法）張り替え予算180万円～**	サイディングの寿命は20～30年程度で、メンテナンス次第ではそれ以上も可能。雨漏りが生じる場合は下地の防水紙から張り替えがお勧め。 **サイディング張り替え予算200万円～**

概算は建物30坪程度の目安（足場代含む）

ない外壁では、それほど寿命を気にしなくても外壁からの雨漏りに悩まされる可能性は低くなります。そこで外壁のメンテナンスを考える際は、外壁への雨のかかりやすさに応じて、適切な計画を立てていくことが大切です。

では外壁のメンテナンスについて考えていきましょう。外壁の仕様は「モルタル＋塗装」か「サイディング」が8割以上を占めていますので、まずはこの二種類について見てみます。
（**図表2―6**）

まず**「モルタル＋塗装」**ですが、モルタルはコンクリートと同じくセメントに水と砂を混ぜた材料で、砂の粒が大きいものをコンクリート、小さいものをモルタルと呼びます。通常はモルタルを塗った上に、リシンと呼ばれる粒を混ぜた塗料を吹き付けたり、ローラーやコテなどを使って塗り壁仕上げにしたりします。モルタルそのものは耐久性が高く長寿命ですが、仕上げ材の塗膜の寿命に応じて、定期的に塗装などのメンテナンスが必要になります。また、ひび割れが生じやすいため、ひび割れ部分の防水補修も大事なメンテナンスです。サッシまわりなど部材の取り合い部から水が入りやすく、下地の防水紙がしっかり機能していることも重要です。昔からあるモルタル外壁ですが、このように雨漏りしやすいという弱点があるため、これまで前述の**図表2―4**のように大きな屋根と組み合わせることで雨漏り対策がなされてきました。近年は**図表2―5**の小さな屋根の流行と共に、次にあげる防水の信頼性が高いサイディングが選ばれるようになってきましたが、モルタルの継ぎ目のない外観が好まれ採用されている場合もあります。小さな屋根＋モルタル外壁の組合せの場合は、下地の防水紙の寿命なども踏まえ、20～30年程度での張り替えをお勧めします。下地がしっかりしているうちなら、既存の外壁をそのままに、軽い金属製サイディングを上から重ねて張る「**カバー工法**」でコストを抑えることも可能です。

↓モルタル外壁の塗装　P180

↓モルタル外壁に金属サイディングを重ね張り　P182

次に「**サイディング**」ですが、工場で生産されたパネル状の外壁材で、品質が安定していて防水性能も高く、印刷技術の向上によってデザインも豊富ということで、近年多く採用されています。種類は窯業系と呼ばれるセラミック素材や、金属製で断熱材とセットになったものなどがあります。80年代からモルタルと並んで選ばれるようになり、2000年代からはサイディングの裏側に空間を設けることで湿気や雨水を排出しやすくした**「通気工法」**の普及により、雨漏りに対しても信頼性が高い外装材として認知されてきました。板状の外装材を張り合わせるため継ぎ目ができるのが特徴で、継ぎ目やサッシまわりなどの取り合い部の隙間は、シーリングと呼ばれる材料で塞ぐのが一般的です。シーリングの寿命は一般的に10年程度のため、メンテナンスは10年ごとにシーリングの打ち替えを行います。特に雨がかかりやすい外壁では、シーリングによって防水性能を保っている場合が多いため、このシーリングの打ち替えは非常に重要なメンテナンスとなります。その際、外壁全体にも塗装を行えばサイディング材を保護し延命することができますが、多色使いで質感を出している商品は塗装によって単一の色になってしまい、質感を損なってしまう場合もあります。

↓サイディング外壁のメンテナンス　P181

　サイディングの寿命は何もしなければ20〜30年程度で、塗装を行えば30〜40年程度に延命できるとも言われています。寿命になったらサイディングの張り替えを行います。

↓サイディング外壁への張り替え　P183

●バルコニーについて

最後にバルコニーです。バルコニーと言っても、昔ながらのアルミ製バルコニーは建物の外部に後付けされており、構造が別物なのでここでは関係ありません。メンテナンスが必要なバルコニーとは、手すり壁が外壁と同じ素材の、建物と一体で造られているものです。バルコニーの床は、その下の構造材にとっては屋根となっているため、水を漏らさないようしっかりと防水処理を行うことが大切です。そこで、木造住宅ではＦＲＰ（繊維強化プラスチック）という防水材が多く使われています。ＦＲＰはボートなどの船体などにも使われている材質で、現場の形状に合わせて継ぎ目のない防水層を作ることができるため、優れた防水性能が認められています。このＦＲＰは樹脂のため紫外線による劣化が弱点で、トップコートと呼ばれる塗膜によって紫外線から保護されています。トップコートは10年毎に塗替え、ＦＲＰ本体は20～30年程度で交換というのが一般的なメンテナンスサイクルです。

↓バルコニーの防水メンテナンス　P184

（ウ）本当は怖い水道管の話

構造体に関わる寿命の話をさせていただきましたが、寿命を迎えるのが怖いものが他にもあります。水道管です。**昔の水道管は鋼管と言って鉄が使われているため、放っておくと管の中が錆び、いずれ水漏れ事故を起こしてしまう可能性があるのです。**一般的には「硬質塩化ビニルライニング鋼管」といって、鋼管に水が触れて錆びないよう管の内部にビニルの膜を張ったものが使われていますが、現場で管をつなぐ継ぎ手部分などが弱点となりやすく、内部が腐食してしまうのです。（**図表2―7**）水道用硬質塩化ビニルライニング鋼管の耐用年数は40年（ＷＳＰ日本水道鋼管協会小径管部会公表データより）とされていますが、実際には継手部分などからの漏水事故は、早ければ30年程度でも起こる可能性はあります。

90年代からは継ぎ手の改良によって腐食問題は改善されましたが、現場での施工技術が必要などの課題も残りました。そんな鋼管にとって代わり、２０００年代からは樹脂管が主流となりました。樹脂ですから錆びる心配もなく、管自体が曲がるために継ぎ手を大幅に減らすことができます。また継ぎ手の接続方法もワンタッチのため現場の施工技術に左右されることもなく、漏水に対する信頼性が大きく向上しました。樹脂というと耐久性が心配なところですが、現在、樹脂としての主流となっている架橋ポリエチレン管の耐用年数は、75度の使用条件で55年と推定されています（架橋ポリエチレン管工業会公表データより）。50度以下の使用なら期待寿命は100年というデータもあります。これだけ長寿命な材料なら、鋼管の漏水リスクに怯えながら耐用年数ギリギリまで使うより、いずれ交換しなければならないなら早めに全ての水道管を樹脂管に交換してしまった方が、それ以降ずっと安心して暮らせるというメリットがあります。**樹脂管に交換するのにベストなタイミングは、お風呂をユニットバスに交換するときです。**配管の交換は基本的に床下に潜って作業を行いますが、お風呂の下は潜れない場合があり、仮に潜れたとしても狭くて作業がしにくいためです。1階

図表2－7：鋼管から水が漏れるイメージ

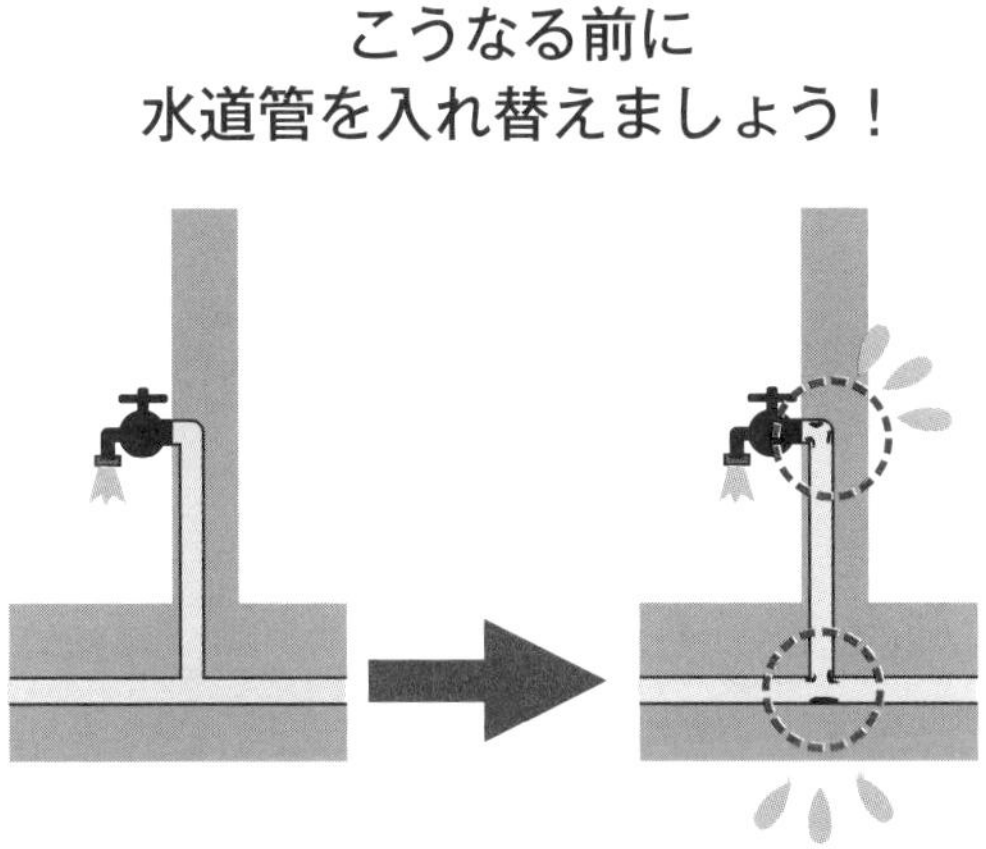

部分の給水・給湯管を全て入れ替える工事を追加した場合の予算は、ユニットバス工事費に加え30万円程度です。また、2階にも水まわりがある場合は、床下から2階まで水道管をどう配管するか、という配管経路の検討も必要になります。

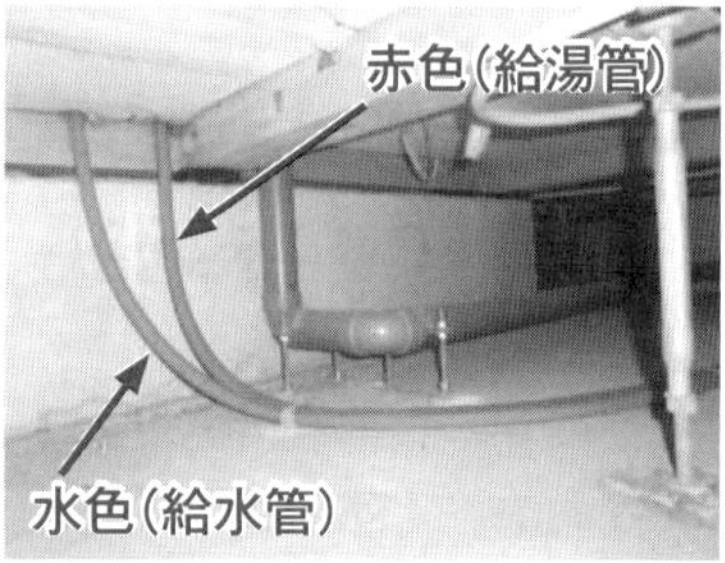

樹脂管の例

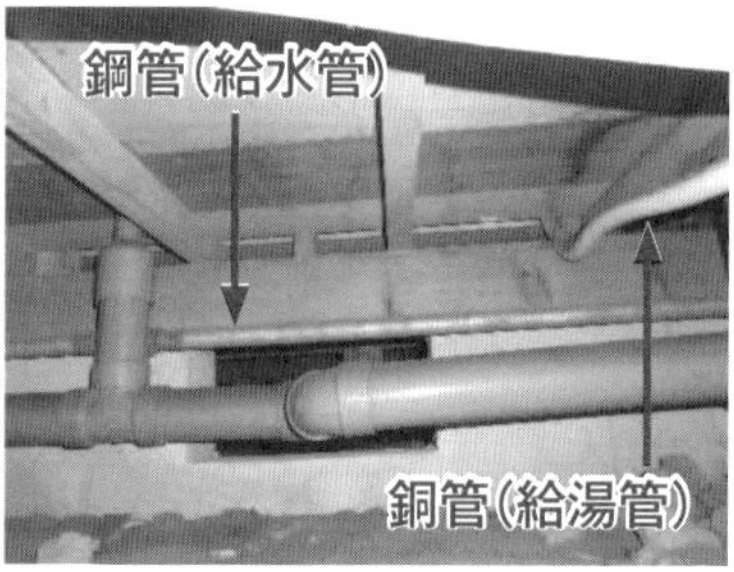

鋼管の例

自宅の水道管が鋼管と樹脂管のどちらかわからない、という方は、一度台所か洗面所にある床下の点検口を開けて覗いてみてください。床下に水色と赤（ピンクやオレンジもある）の緩やかに曲がる管が見えれば、既に樹脂管が使われているということです。ちなみに水色が水、赤がお湯の管です。もし金属の管しか見えなければ水道管は鋼管の可能性が高いので、樹脂管への配管更新を検討すると良いでしょう。

↓水道管（鋼管）を樹脂管へ更新　P187

↓在来浴室からユニットバスへの改修　P188

シロアリはどこにでもいる

シロアリを知らないという人はあまりいないと思いますが、その被害の恐ろしさまでは意外と知られていないのではないでしょうか。この章の冒頭で「木材の弱点は雨漏りとシロアリ」と申しましたが、木造住宅にとっては雨漏りと並んでシロアリの被害は恐ろしいものです。窓にシャッターをつけるために雨戸を撤去したら窓周辺が激しくシロアリに食われていたとか、ユニットバスに変えるためにお風呂を解体したら土台から柱まですっかりシロアリに食われていたとか。小さなものから大きなものまで、リフォーム工事中にシロアリ被害を見つけるのは珍しいことではありません。しかし、ひとたび被害に遭ってしまうと、柱や梁、土台などの構造材の補強修理のために、時には数百万円の追加予算がかかってしまうこともあります。誰だって、こんな予定外の修理代金に悩まされたくないですよね。表から見えないシロアリ被害は、一度侵入を許すと発見が難しく、被害はどんどん広がってしまいます。という訳で、**シロアリは予防に徹するのが一番**です。

シロアリを予防するには、家の床下に潜って土壌や木材に薬剤を直接散布する「**防蟻処理**」という方法や、家の周囲に毒餌を仕掛けてシロアリを巣ごと根絶させる「**ベイト工法**」という方法などがあります。防蟻処理には通常5年の保証期間があり、保証期間が途切れないようにきちんと処理を続けていれば、シロアリの被害に遭う確率をぐっと減らすことができます。**図表2―8**のように、前回の防蟻処理から時が経つほど、シロアリの被害に遭う確率は上がってしまうのです。雨漏りを防ぐにはこれまで解説したようにたくさんのお金をかけてメンテナンスをしなければならないのに対し、防蟻処理の予算は、例えば1階の床下15坪で12万円前後、5年の保証期間中に月々2000円ほどという計算です。「保険」と割り切って、忘れず行うと良いでしょう。

↓防蟻処理　P185

図表２−８：防蟻処理の施工後の保証期間満了日からの経過年数と被害率 国交省資料より

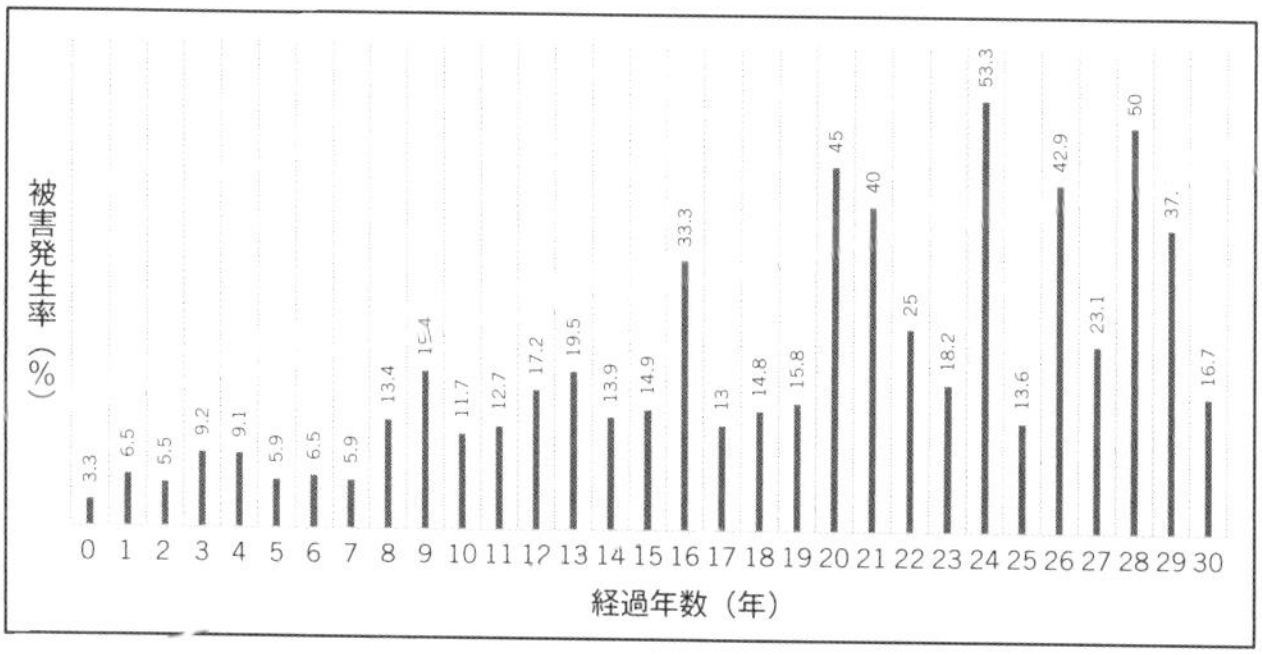

第3章　断熱性能と健康の深い関係

（ア）断熱性能を上げるってどういうこと？

さて、ここまで「やらなければいけないリフォーム」の話をさせていただきました。ここからは、やればより快適・安心に暮らすことができる、**「やった方がいいリフォーム」**の話に移ります。まずは住み心地や光熱費に関係する、断熱性能からいきましょう。省エネ法の改正により、これからの住宅には高い断熱性能が求められるようになります。では、そもそも断熱性能とはなんでしょう？

「雨風をしのぐ」と言えば家と名乗るために必要な最低限の機能ですが、そこに**「暑さ寒さをしのぐ」という機能を加えるために必要なのが断熱性能**です。具体的には、天井（または屋根）・壁・床の外気に接する部分に断熱材を入れ、窓には断熱サッシや二重サッシなどを使います。布団をイメージしていただくとわかりやすいかもしれません。寝室がどんなに寒くても、性能の良い羽毛布団で隙間なく体を包み込めば、自分の体温でホッカホカに温まりますよね。家も同じで、できるだけ性能の良い断熱材を家の外側に隙間なく充填することで、外気の暑さや寒さをブロックし、少しの冷暖房で家中を快適な温度に保つことができるようになります。

　では断熱性能を高めると、どんなメリットがあるのでしょうか。第一には冷暖房にかかる光熱費が少なく済みます。近年は電気代も上昇の一途をたどっており、今後もまだまだ上がり続けると言われていますので、毎月支払う光熱費が少しでも抑えられるのはありがたいことですね。しかしメリットはこれだけではありません。断熱性能を上げ、冬場に家全体を暖かな空間にすることは、健康にも良いというのです。どういうことなのでしょうか？

（イ）気温が下がると血圧が上がる

　断熱性能と健康との関わりを考える際に、まず知っておいていただきたいのが気温と血圧の関係です。**図表3—1**は10℃の温度低下によってどの程度血圧が上昇するのかを、年代別に調査したグラフです。年齢によらず気温が下がれば血圧は上がっていますが、特に注目すべきは、年齢が上がるにつれその影響がどんどん大きくなっていることです。70歳

血圧は変動する

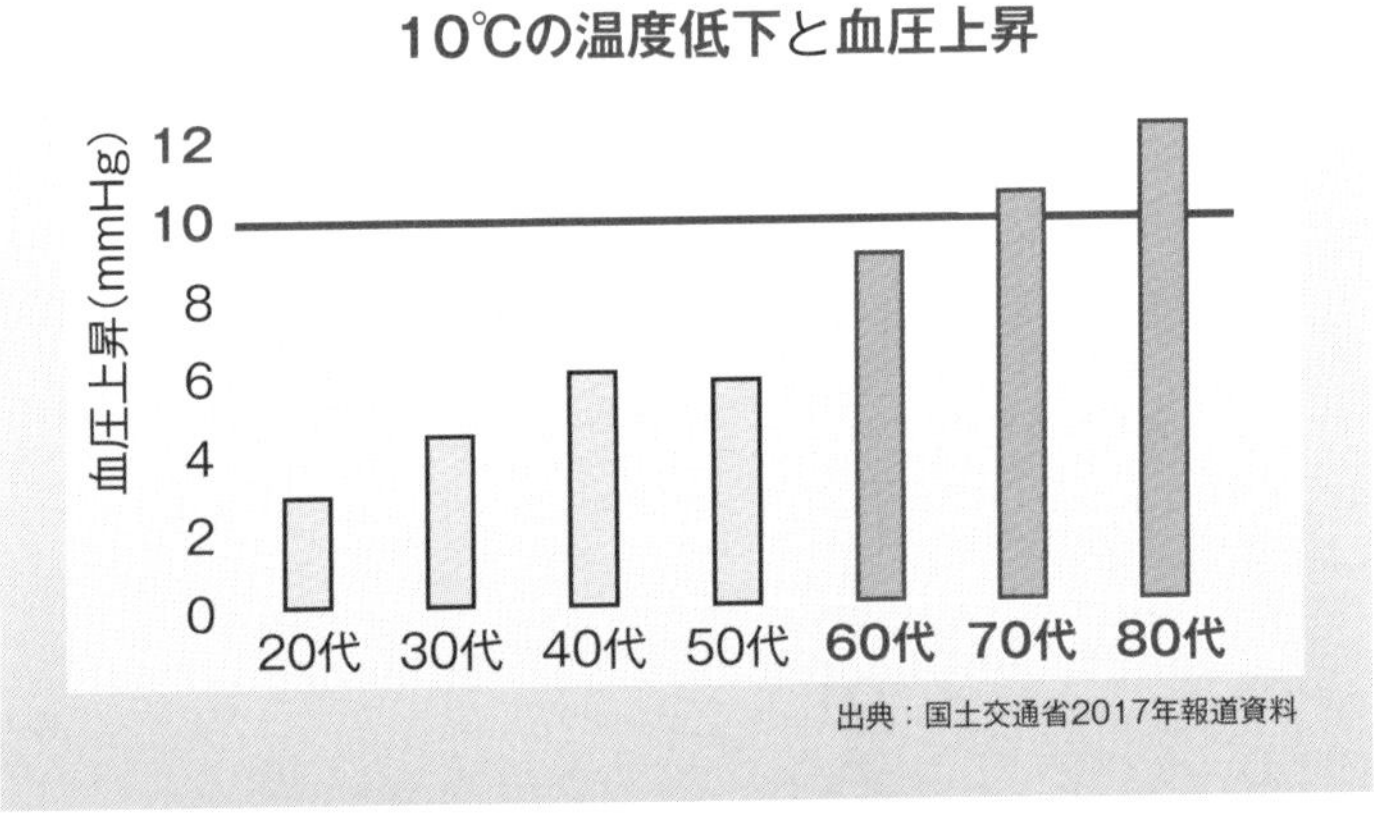

図表３―１：温度と血圧の関係

を超えると、10℃の温度低下で10以上も血圧が上がっています。統計的にも暑い夏より寒い冬に亡くなる方が多いと言われていますが、**高齢になるほど、寒いということ自体で体に大きな負担がかかってしまうのです。**この血圧が高い状態が続くのはもちろん良くないのですが、血圧が大きく変動するというのも体には大きな負担となります。家の話に戻りますが、家の中に温度差があり、血圧に急激な変動を生じさせてしまうことを**ヒートショック**と言います。最近はメディアからもよく聞く言葉となりましたが、暖かいリビングから寒いお風呂に入るときや、温かいお布団から寒いトイレに行くときなどに大きな温度差がある場合、血圧に急激な変動を生じ、最悪の場合死亡事故にもつながるという話です。ヒートショックの原因となる家の中の温度差は、家全体の断熱性能が低いために起こります。断熱リフォームで断熱性能を上げ、家全体の室温低下を防ぐことで、ヒートショックも改善することができます。

（ウ）アレルギーと断熱性能の関係

でも断熱リフォームはお金がかかるから、とりあえず毎月の光熱費はかさむけど暖房器具で隅々まで暖めればいいのではないかしら？　という考え方もありますよね。しかし、そこにも問題は出てきます。冬場の空気は乾燥していますが、ただ室温を上げるだけでは湿度が下がってしまいます。湿度が低い「過乾燥」状態になると、ドライアイやアトピー性皮膚炎の悪化を招き、風邪やインフルエンザにもかかりやすくなってしまいます。健康のために最適な湿度は50～60％と言われていますので、加湿して整えようと思うと、今度はこれが新たな不健康への入口となってしまう場合があるのです。というのも、暖房＋加湿を行うと、窓などの断熱性の低い部分から**「結露水」**がどんどん発生してしまうためです。断熱性の低い一枚ガラスの窓で、朝起きたら窓まわりがビッショリ濡れているなんていうことは、冬の風物詩とも言えるほど見慣れた光景ですね。例えば室内が気温20℃、湿度50％のとき、一枚ガラスの窓は外気温が４℃を下回ると結露が発生します。「冬場は洗濯物を室内に干せば、お部屋の加湿ができて風邪予防に役立つ」なんていう生活の知恵もありますが、実はこれも断熱性の低い家ではＮＧな行為です。洗濯物から蒸発した水分は、窓の結露水へと姿を変えて移動してしまうのです。また、特別な加湿をしなくても、人間の皮膚や呼吸から一晩にコップ１杯分の水分を放出するとも言われますし、石油やガスを使った暖房器具や調理機器からも燃焼によって水蒸気が放出されています。

このように、断熱性の低い家で快適な空間を作ろうとするほど、結露に悩まされることになってしまいます。では、結露がなぜ悪いかというと、放っておくとカビの発生につながるからです。カビはアレルギーなどを引き起こすリスクが高く、人体には有毒な物質です。この結露水が引き起こすカビの繁殖が、健康への被害につながってしまうのです。さらに、カビが繁殖している場所にはダニも繁殖しやすくなります。近年、**ハウスダストやカビなどのアレルギー性疾患にかかる方が増えていますが、このような住環境からくる悪影響と関係があることが、**最近では様々な研究により明らかになってきています。ここで、

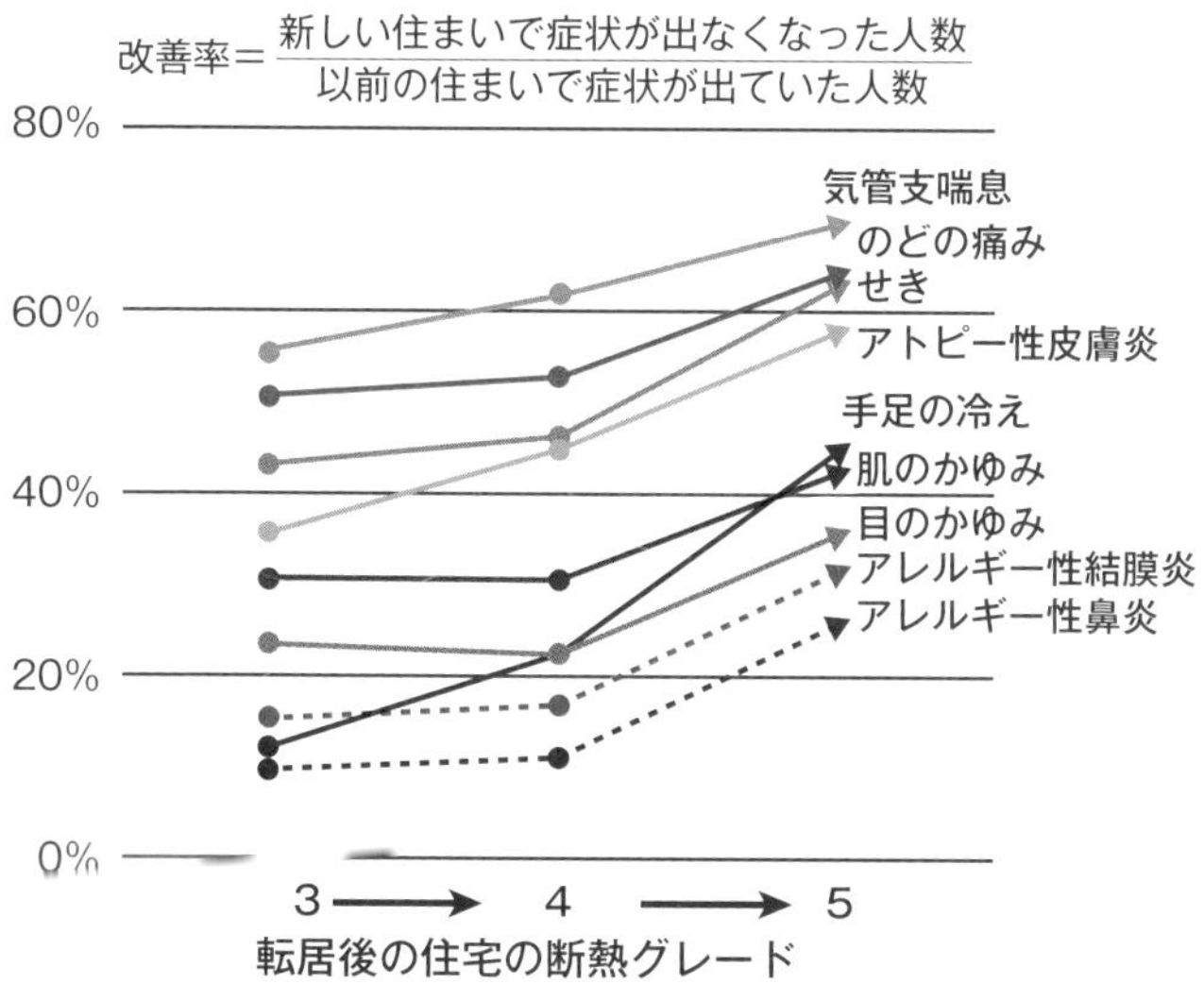

出典：近畿大学岩前研究室

図表３—２：住宅断熱性と健康改善

断熱性能とアレルギー性疾患などの健康被害との関係性を明らかにした、今日の様々な研究の基礎データにもなっている調査結果を一つご紹介させていただきます。

近畿大学の岩前篤教授が２００３〜２００８年の期間を中心として新築の戸建て住宅に転居した約２万４０００人を対象に調査したもので、**図表３—２**は転居後の住まいの断熱性能によって健康上の諸症状が改善された人がどの程度いるか、その割合を示しています。転居後の断熱性能を３、４、５とランク分けしていますが、３は平成４年基準（熱損失係数Q値４・２）、４は平成11年基準（Ｑ値２・７）、５は平成11年基準を上回る基準（Ｑ値２・０未満）とされています。**熱損失係数Ｑ値**とは、室内の熱をどれだけ逃がしてしまうかという性能を示す指標で、数値が大きいほど多くの熱を逃がし、数値が小さいほど断熱性が高いということになります。ちなみに最近はＱ値ではなく、ＵＡ値（外皮平均熱貫流率）というより詳細な性能を示す指標が用いられています。

　この調査でわかったことは、**より断熱性能の高い家に住むことで、気管支喘息やアトピー性皮膚炎、目のかゆみなどのアレルギー性疾患を中心とした症状に対し、改善が期待できる**ということです。断熱性能を上げることで結露が起こりにくくなり、アレルゲンとなるカビやダニの繁殖を抑え、寒く乾燥した季節でも湿度を上げて健康的な空気環境を作ることができるようになります。また、冬場でも室内では薄着で過ごせるようになることも、衣服から肌へ受ける刺激を減らせるなど、住環境の向上につながります。このように、家の断熱性能を上げることは光熱費のメリットだけでなく、赤ちゃんからお年寄りまで安心して快適に暮らせる家になるということなのです。

(エ)わが家の断熱性能は、実際どうなのか?

断熱性能が重要とわかったところで、肝心なのは皆さんの家の現状がどの程度の性能で、性能が足りない場合は何をすればいいのか? というところですね。実は、住宅の断熱性能は目安となる基準が法律で定められており、これまで改正を重ねるたびに基準が引き上げられてきたという歴史があります。つまり、建てられた年代によって、おおよその断熱性能を推測することができるのです。それでは、まずは断熱基準を定めた法律の変遷から見ていきましょう。

住宅の断熱性能は、**「エネルギーの使用の合理化等に関する法律」**(以下**「省エネ法」**)によって、1980(昭和55)年に初めて基準が示されました。これにより、まずは床・壁・天井に断熱材を入れるという概念が生まれました。1992(平成4)年の法改正では、断熱性能の強化だけでなく、家全体の隙間をふさぐ気密という概念も新しく生まれました。そして1999(平成11)年には断熱性能の強化、気密住宅を前提、計画換気や暖房設備などに関する規定も加わりました。その後にも一部改正などを重ねてはいますが、

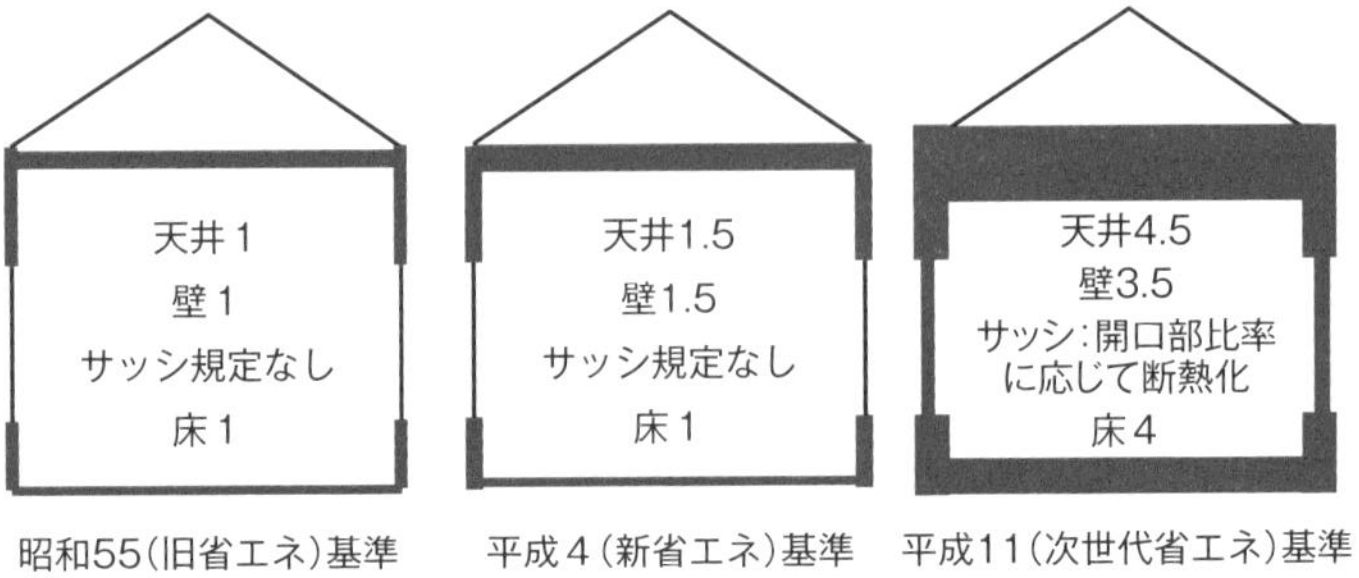

図表3－3：昭和55年（旧省エネ）基準を1とした場合の断熱性能の推移（東京エリアで比較）

この**平成11年基準**は「**次世代省エネ基準**」と呼ばれ、現行の断熱性能の基準となっています。ちなみに最初に制定された**昭和55年基準**は「**旧省エネ基準**」、その後の**平成4年基準**は「**新省エネ基準**」と呼ばれ、区別されています。これらの断熱基準には、残念ながら達成の義務はありませんでした。つまり、皆さんの家が建てられた年代の基準の断熱性能が、皆さんの家に備わっているとは限りません。しかしながら、この断熱基準によって住宅業界全体の断熱性能が引き上げられてきたのも事実なので、それぞれの時代の断熱性能の目安として見ていきましょう。

図表3－3は、昭和55年基準を1とした場合の断熱性能の推移を表したものです。こうしてみると、昭和55年基準から平成4年基準への変更時には大きく変わっていない印象ですが、平成11年基準への変更時に数

値が大幅に引き上げられたのがわかります。この平成11年基準が現行の断熱基準ですから、まずはここまで性能を引き上げることが目標と言えます。では皆さんの家はどうかというと、昭和56年以降に建てられた家の90％以上は平成11年基準を満たさない水準となっています。しかしそれだけでなく、前述でご紹介した岩前教授の研究結果からは、平成11年基準を更に上回る断熱性能の家に住むことで一層の健康改善が見られたとされています。というのは平成11年基準であっても、実は窓がその他の部位に比較して弱点となっている場合があるのです。どういうことか、まずは窓に使われているガラスの性能を見てみましょう。

図表3－4では4種類のガラスの性能を感覚的にわかりやすいよう、「結露」が発生する温度で比較してみました。室内気温が20℃で湿度50％のとき、窓などのガラス表面が9・3℃を下回ると結露が発生します。つまり、室温が20℃のときに外気温が何℃になるとガラスの表面が9・3℃になるのか？　という比較です。まず前項でもお話した通り、①の1枚ガラス（5ミリ厚）は外気温が4℃で結露を生じます。それが②のペアガラス（ガラス3ミリ＋空気層6ミリ＋ガラス3ミリ）ならマイナス7℃になるまで結露せず、更に③の遮熱ペアガラス（LOW-E（遮熱）ガラス3ミリ＋アルゴンガス層12ミリ＋ガラス3ミリ）ではマイナス20℃になるまで、④の真空ペアガラス（LOW-E（遮熱）ガ

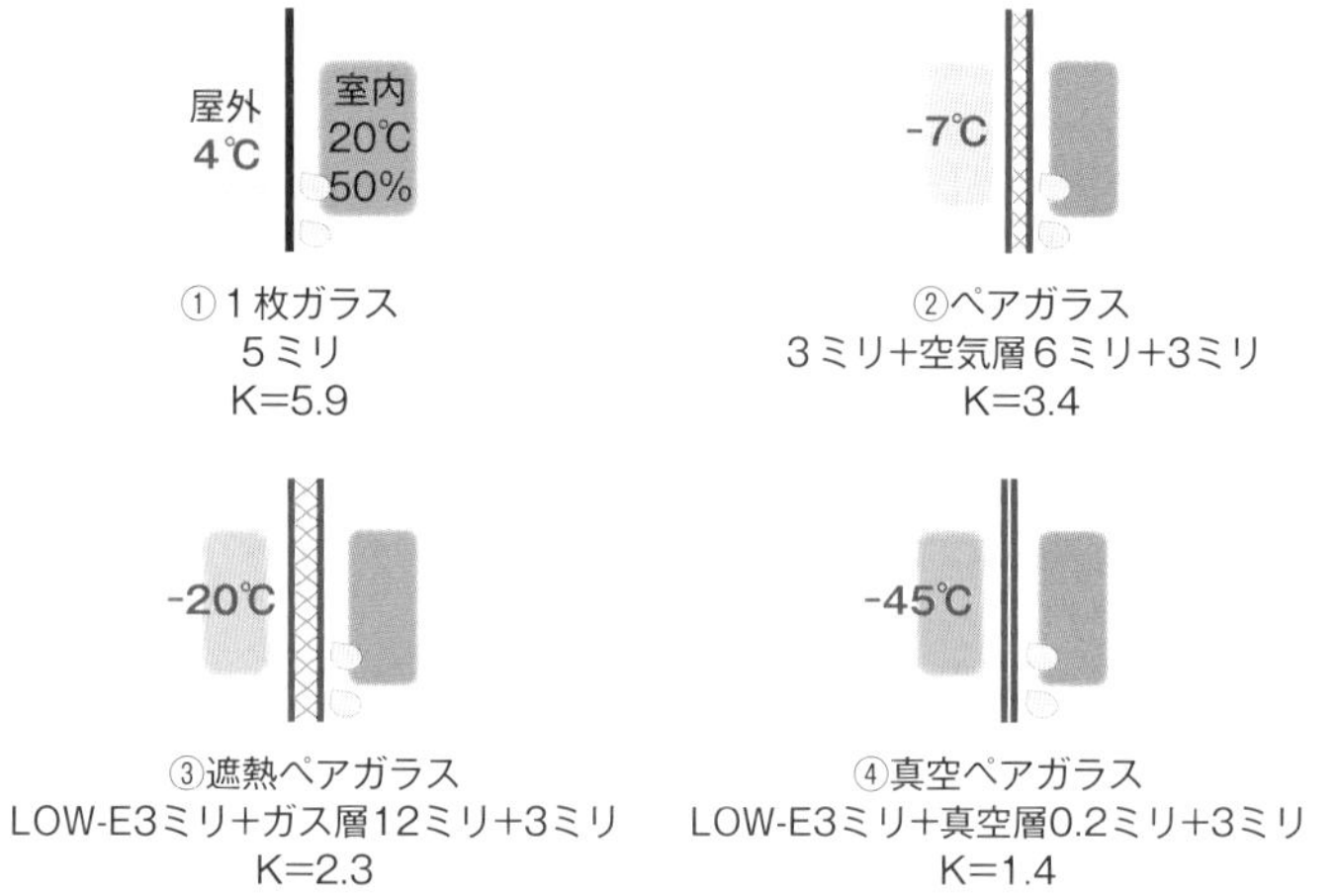

K：熱貫流率（W/㎡・K）（数値が小さいほど断熱性能が高い）

図表３—４：室温20℃、湿度50％の時、外気温が何度になると結露が発生するか？

ラス３ミリ＋真空層０・２ミリ＋ガラス３ミリ）ではマイナス45℃になるまで結露が生じません。ガラスの種類によって、断熱性能に大きな違いがあることがわかりますね。

断熱基準の話に戻りますが、東京地域の平成11年基準では、窓の大きさによっては②のペアガラス＋アルミサッシの組合せでも基準をクリアさせることができます。しかし、サッシ（フレーム部分）に使われているアルミはガラスよりも熱を伝えやすく、断熱性能が低い材質です（一般に断熱サッシと呼ばれるものには、熱を伝えにくい樹脂が使われています）。また、②のペアガラスは、③の遮熱ペアガラスや④

の真空ペアガラスなどと比較すれば、断熱性能は大きく劣ります。このような場合、平成11年基準をクリアしていても、窓に関しては決して「それで十分」と言える仕様ではないのです。つまり、**平成11年基準を満たす家でさえも、窓まわりを断熱リフォームすることで更に暮らしを改善できる可能性があるということです。**このように、断熱不足というのは建てた年代に関わらず、皆さんが当事者という認識を持つべき問題と言えます。では断熱リフォームとは具体的にどんなことをすればいいのか、考えていきましょう。

（オ）今からでも、断熱性能は上げられる

まず断熱材はどこにあるかというと、壁の中や床下、天井裏など、室内と室外の境界部分の通常仕上げ材に隠れて見えない場所に入っています。ということは、新築と同じ仕様に作り直そうとすれば、仕上げ材を剥がしてまたもとに戻すなどの工事も必要になり、断熱工事以外の余計な費用がかかってしまいます。しかし、リフォームはいくらでもお金をかけられる訳ではありませんから、費用対効果も考えなければなりません。幸い、断熱性

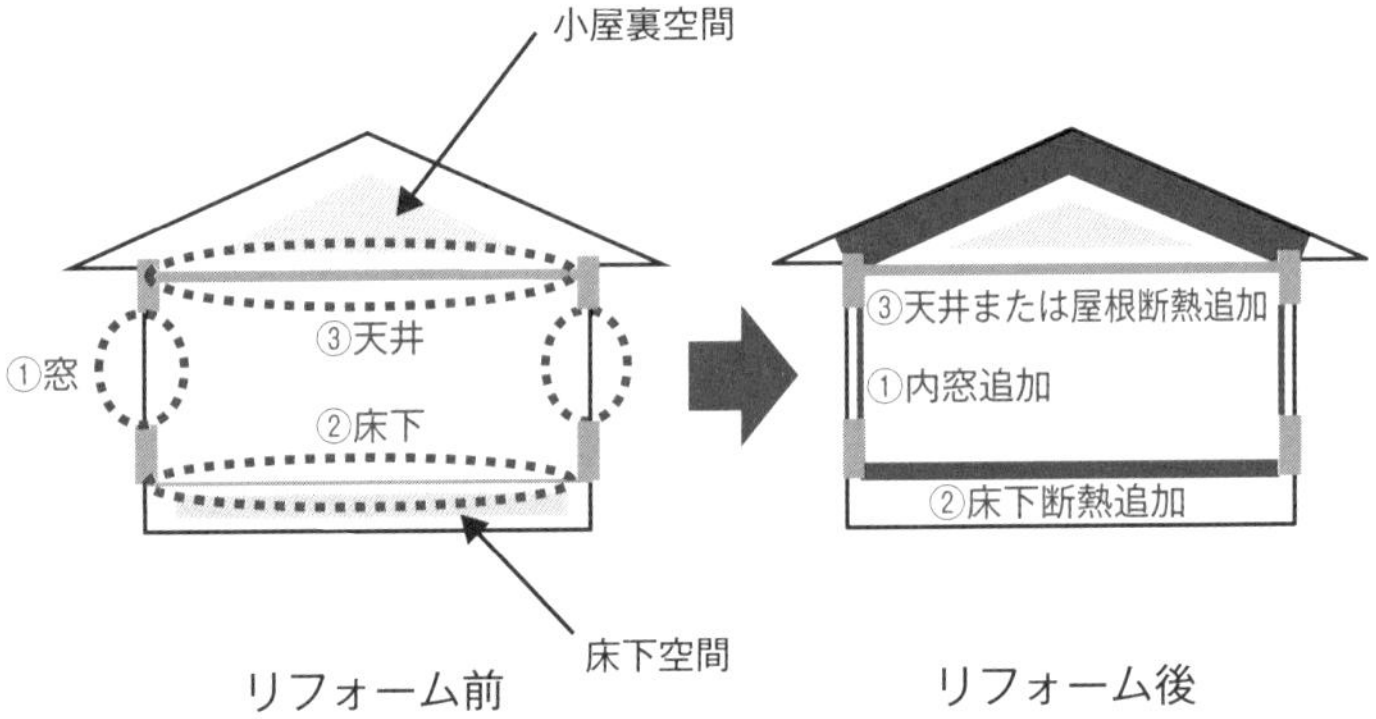

図表3—5：部材を追加・交換するだけの断熱リフォーム

図表3—6：部位別断熱リフォームの方法と予算

	内容	予算
①窓	内窓追加	140万円～
	断熱サッシに交換	250万円～
	断熱ガラスに交換	150万円～
②床下	断熱材追加または吹付	25万円～
③天井または屋根	断熱材追加または吹付	35万円～

サッシ20か所、30坪総2階程度にて試算

能は全部を完璧にしなければ性能を発揮できないということではなく、**部分的な断熱補強工事でも、ある程度全体の性能を引き上げていくことは可能**です。そこで、まずはコストパフォーマンスを重視し、できるだけ既存を壊すことなく部材の追加や交換だけでできる断熱リフォームから考えてみましょう。

まず、比較的簡易に断熱性能を追加しやすい部位に、窓・床下・天井（または屋根）の3か所があります。それぞれを詳しく見ていきましょう。（**図表3—5・図表3—6**）

●窓について

まず**窓**ですが、窓には大きく3通りの断熱方法があります。1つ目は「**内窓**」という、今あるサッシはそのままに、内側にもう一つのサッシを取り付ける方法です。内窓は樹脂でできた断熱性の高い窓で、今あるサッシとの間にも更に空気層を作ることができますので、高い断熱性能とおまけに遮音性能も期待できます。また、ただ取り付けるだけの簡単な工事ですから、窓一つからいつでも気軽に行うことができ、3通りの中では最も費用対効果の高い方法です。

↓内窓の設置　P189

とは言え、内側に窓が付くとなると開閉は二重になって不便だとか、間取り的に内開きには付けられないなどの制約が出てくる場合もあります。そんな場合は2つ目に、「サッシそのものを交換する」という方法があります。と言っても、今あるサッシを撤去するとなると外壁も絡む大工事になってしまいますから、ここでは今あるサッシの枠だけ残し、その上に新しいサッシを被せる「カバー工法」を行います。樹脂製のフレームに断熱ガラスが入った断熱サッシに交換することで、窓の断熱性能を上げることができます。メリットは窓の開閉が今までと同じ1回で済むということですが、デメリットは内窓より高額、今の窓寸法より一回り小さい窓になるという点です。また、お住まいの地域によってはカバー工法を採用することができない場合もありますので、事前に施工店とよく打ち合わせる必要があります。

↓断熱サッシに交換　P191

さて、内窓もサッシ交換もできないとなれば、3つ目は今あるサッシのガラスだけを「断熱ガラスに交換する」という方法があります。断熱ガラスというのは二枚のガラスの間に空気層や真空層などを設けて熱を伝えにくくしたもので、ガラスを交換するだけですから、こちらも簡単な工事です。金額はガラスの性能によりかなり幅がありますが、高性能なガラスになると、内窓よりも工事代金が高額になる場合もあります。また注意点としては、サッシの枠は既存のままなので、アルミ枠の結露などは解消しません。ガラス交換の場合はガラス面が小さい窓より大きな窓の方が、より断熱効果を実感することができます。

↓断熱ガラスに交換　P190

床下について

さて、窓まわりの断熱ができたら次は**床下**です。2章のコラムでもご説明しましたが、床下はシロアリの防蟻処理や給排水のメンテナンスのため、通常設けられている床下点検口から内部に人が入れるようになっています。そこで点検口から床下に潜り、床板の裏側から断熱材を追加で張り上げたり、吹き付けたりすることができます。床の断熱性が上がると、足元に直接触れる冷たさが解消されるため、体感的にはより効果を実感できるようになります。また、床暖房を入れた場合の暖房効率も良くなります。在来工法の木造住宅は床と壁の間に隙間があいていることが多いため、この隙間を塞ぐ**「気流止め」**という処理を行うと、より一層の断熱効果を期待できます。発泡系の断熱材を吹き付ける場合は隙間を塞ぎやすいため、気密性を確保しやすいというメリットがありますが、発泡系断熱材はシロアリの被害が拡大しやすいというデメリットもあるため、防蟻剤入りの断熱材を選ぶなど、施工業者とよく打ち合わせる必要があります。

↓床下から断熱材を充填　P193

天井について

そして最後に**天井**ですが、屋根の形状にもよりますが、通常は天井裏に**「小屋裏」**と呼ばれる空間があり、天井に設置された点検口からこの小屋裏へ進入できるようになっています。この小屋裏空間がある場合は点検口から小屋裏へ上り、屋根面に断熱材を吹き付けたり、天井の裏側から断熱材を追加で敷き詰めたりすることができます。このとき、床と同様に天井と壁の間にも隙間があいていることが多いため、天井面で断熱を行う場合にも**「気流止め」**の処理を行います。天井に点検口がない場合は簡単に作ることはできますが、天井が屋根に沿った勾配天井など、そもそも小屋裏空間という余裕のスペースが無い場合もあります。その場合は天井をいったん壊してまた元に戻す、という工事が必要になりますので、施工業者とよくお打合せの上、ご自宅に合った断熱方法をお選びいただければと思います。

↓天井裏または屋根裏への断熱材充填　P194

さて、窓・床下・天井の工事はすぐにでも行うことができそうですが、この3つの部位を断熱化することで、一体どの程度の効果があるのでしょうか。それを知るために、冬場に暖房の熱がどこから逃げているのか、部位ごとにその割合を示した**図表3−7**を見てみましょう。窓からはなんと暖房熱の48％、約半分を逃がしてしまっています。床の10％、屋根（天井）6％と合わせると64％です。つまり、**窓・床・天井の断熱工事を行うことで、全体の3分の2の性能を引き上げることができる**ということになります。

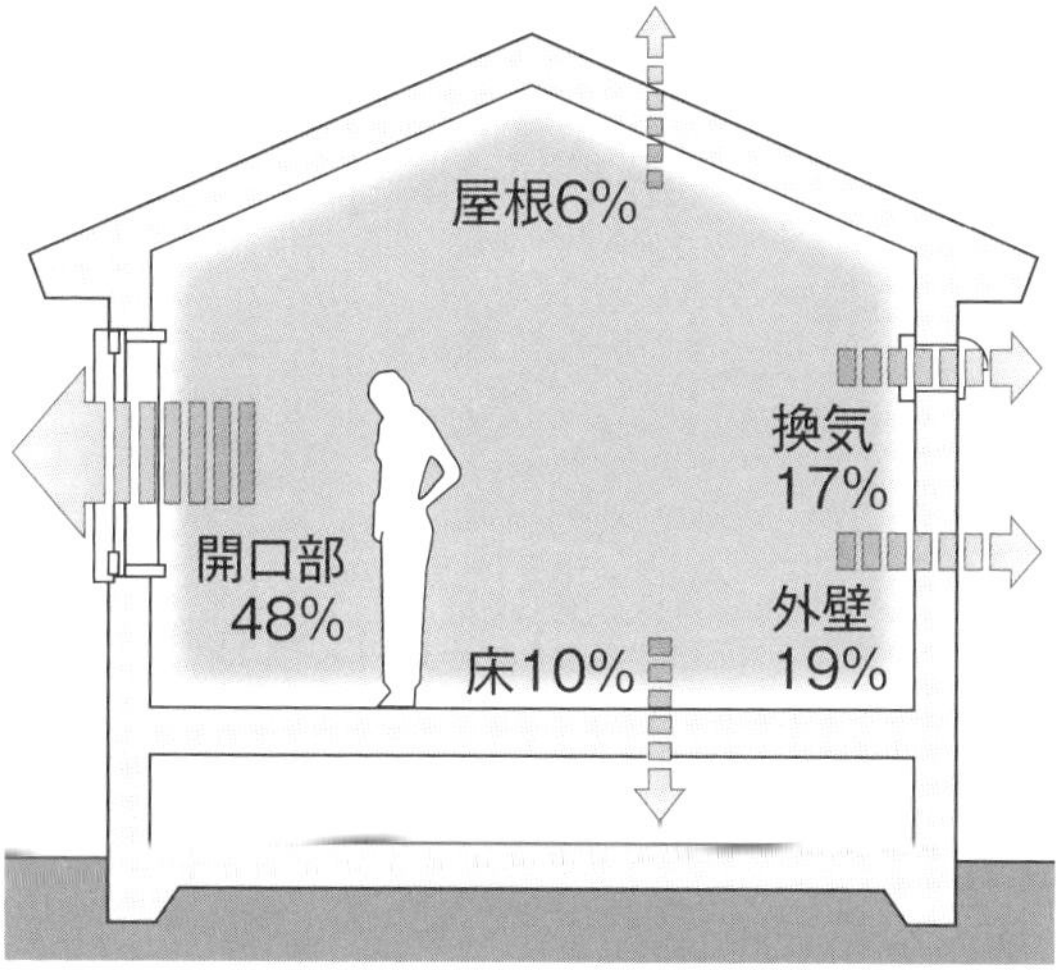

出典:「住宅省エネルギー技術講習基本テキスト」
企画・発行　一般社団法人 木を活かす建築推進協議会

図表3—7：冬の暖房時に外に熱が逃げる割合の例
（平成4年省エネ基準レベルの家全体での計算例）

となると残る外壁19%と換気17%も何とかしたいところですが、実はこの二つを改善するのはあまり簡易にはできません。外壁の断熱性能を上げるためには、室内側か外壁側か、どちらかの仕上げ材をいったん撤去する必要がありますし、熱を逃がさない換気システムを作るのも同様に、壁や天井の撤去工事などが必要になります。

つまり、やりたい工事の他にくっついてきてしまう工事が多く、全体の工事代金が高額になりやすいのです。そこで、外壁と換気の断熱化を検討する場合は、他のリフォーム工事に合わせて行うなどで費用を抑える工夫をしたいところです。例えば外壁を張り替えるタイミングに合わせて外部に断熱材を張る「外張り断熱」を追加したり、耐震補強工事で室内側の壁を剥がすタイミングで室内側から断熱材を追加したりという方法があります。このように複数のリフォームを組み合わせることによって合理的に行う方法などもご検討いただければと思います。

↓外壁に外張り断熱材を追加　P195

↓外壁に断熱材充填（内部より）　P196

断熱工事を行う手順をまとめると、まずは窓・床下・天井を断熱化します。これらは解体など他の工事との絡みがなく、工期もそれぞれ1～2日と短期間で、荷物の移動も必要なく工事にともなう施主の負担が少ないなどの理由から、それぞれ単独の工事として比較的気軽に行うことができます。次に外壁と換気の断熱化については、なるべく他の工事と一緒に行い、できるだけ余計な工事を抑えられるよう計画します。

では、断熱リフォームはいつやったらいいのか？　という問題がありますが、答えは「一日でも早くやった方がお得」です。なぜなら、断熱リフォームは家そのものの性能を引き上げるため、建物がある限りずっとそのメリットを享受できるからです。**図表3—8**は断熱工事に掛かる費用を投資と捉え、「何年で回収できるか？」と試算した表です。この表によれば、光熱費が下がるという効果で26年、健康維持によって医療費の削減などの

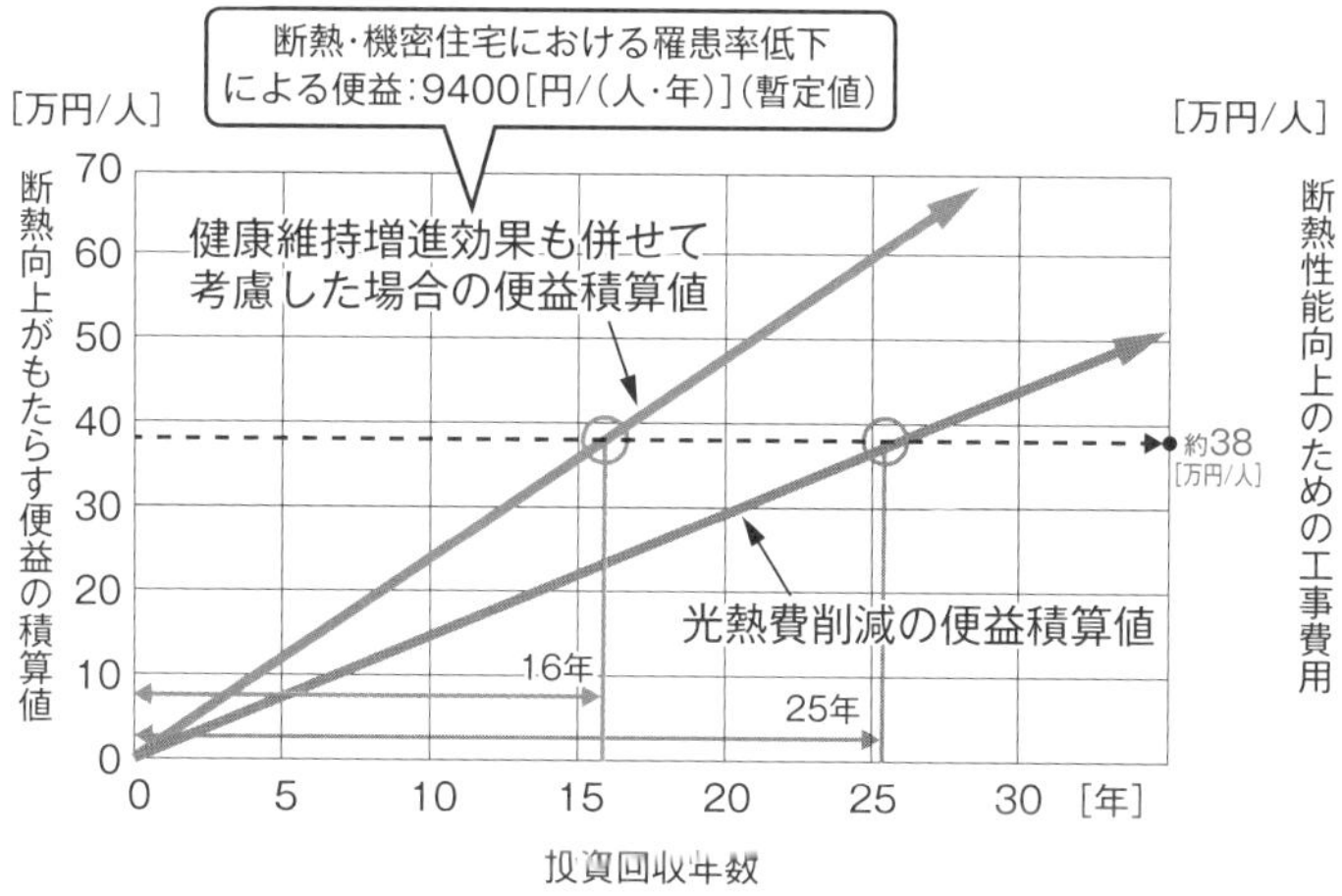

出典：2014年資源エネルギー庁省エネルギー対策課公表資料より

図表３―８：断熱性能向上の費用対効果

効果も合わせれば16年程度で回収ができると試算されています。実際何年で元がとれるか、というのは条件が複雑で一概には言えませんが、ある程度の回収が見込める投資であることは間違いありません。工事をしたその日から快適な家に住むことができますし、悩まれている方は是非、早めの工事をお勧めします。また断熱リフォームは、国家的な目標であるCO_2削減や、健康維持によって医療費が削減される効果が高いことから、国を挙げて推進している事業でもあります。補助金や減税などの資金的なバックアップ制度が各種用意されていますので、これらを活用して更にお得にリフォームしていただけたらと思います。ただし、これらの制度を活用するには、いくつか注意点があります。それは、自らが手続きをしなければならないことと、締め切りや申請時期、工事内容などに条件があるため事前の準備が必要ということです。タイミングによって使える制度が異なりますので、ご検討の際には是非、補助金・減税制度も併せて確認してみてください。

↓補助金制度　P151
↓減税制度　P173

断熱リフォームを行うには施工業者との詳細な打合せが不可欠となりますが、断熱工事はリフォームの中でも難易度が高く、専門の技術者がいなければ正しい施工ができません。間違えた施工を行うと断熱材の内部で結露を起こし、最悪の場合構造体を傷めてしまう可能性もあります。第6章で解説しますが、是非信頼できる業者を選び、ご自宅にあった断熱方法をご選択いただければと思います。

↓リフォーム業者の選び方　P125

column

法改正によって資産価値が下落する

２０２０年4月から**「建築物省エネ法」**が改正され、住宅に求められる省エネ性能がより厳格になりました。省エネ性能とは建物の断熱性能や設置する機器類の消費エネルギー量のことで、これに数値目標などを定めたものが省エネ基準です。今までも基準は存在していましたが、一般的な住宅ではあくまでも努力義務として、達成するかどうかは市場に任されていました。これが**２０２１年４月から、建物が省エネ基準をクリアしているかどうかを、新築の設計の際に建築士による説明が義務づけられる**ようになりました。と言っても、適用になるのは設計から請け負う注文住宅だけで、完成した状態で販売する建売住宅はまだ対象外です。

当初は「省エネ基準達成の義務化」（基準をクリアしなければ新築できない）の予定として発表されていましたが、最終的には「説明の義務化」に留まり、しかも建売は対象外という中途半端な内容になってしまいました。法改正の内容についてはまだまだ今後も議論が必要ですが、しかし、建築業界内に断熱基準クリアの必要性を浸透させたという意味では大きな前進と言えます。人口が減少している現在、新築の着工棟数も減る一方ですから、売る側はできるだけ売れる家を造ろうと頑張っています。注文住宅では断熱性能の基準をクリアするのが当たり前になっていくでしょうし、建売住宅でもその方が売れるとなれば、断熱性能のいい、燃費のいい（＝毎月の光熱費が安い）家を競って造るようになるでしょう。消費者にとっては大変喜ばしいことですね。

と、ここまではこれから家を建てる人に関わる話でした。でも気になるのは、この法改正が既に家をお持ちの皆さんにどんな影響を与えるのかというところですよね。結論から言えば、**既存建物の資産価値が下がる可能性があります**。なぜなら、法律の改正によって強制的に新しい価値基準が作られてしまうからです。過去にも、1981年に施行された耐震に関する建築基準法の改正を境に、「旧耐震基準」「新耐震基準」と耐震性能によって建物の価値が大きく二分されるという事態が起こりました。今回の改正で、断熱性能にも同様の事態が起こる可能性があります。

断熱基準というのは、これまでも改正を重ねながら存在していました。1980年に初めて制定された通称**「旧省エネ基準（昭和55年基準）」**が、1992年には**「新省エネ基準（平成4年基準）」**に改正され、1999年に改正された**「次世代省エネ基準（平成11年基準）」**が、その後に計算方法や地域区分などを改正しながらも、断

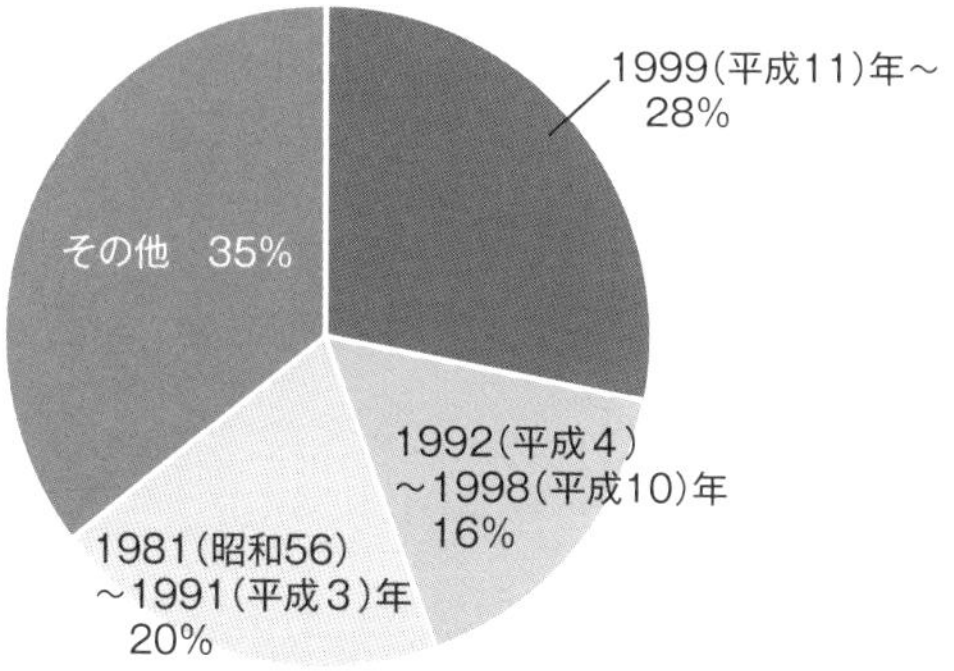

出典：国土交通省 建築物ストック統計（2013.1.1）をもとに作成

図表３―９：住宅ストック約5000万戸の年代別内訳

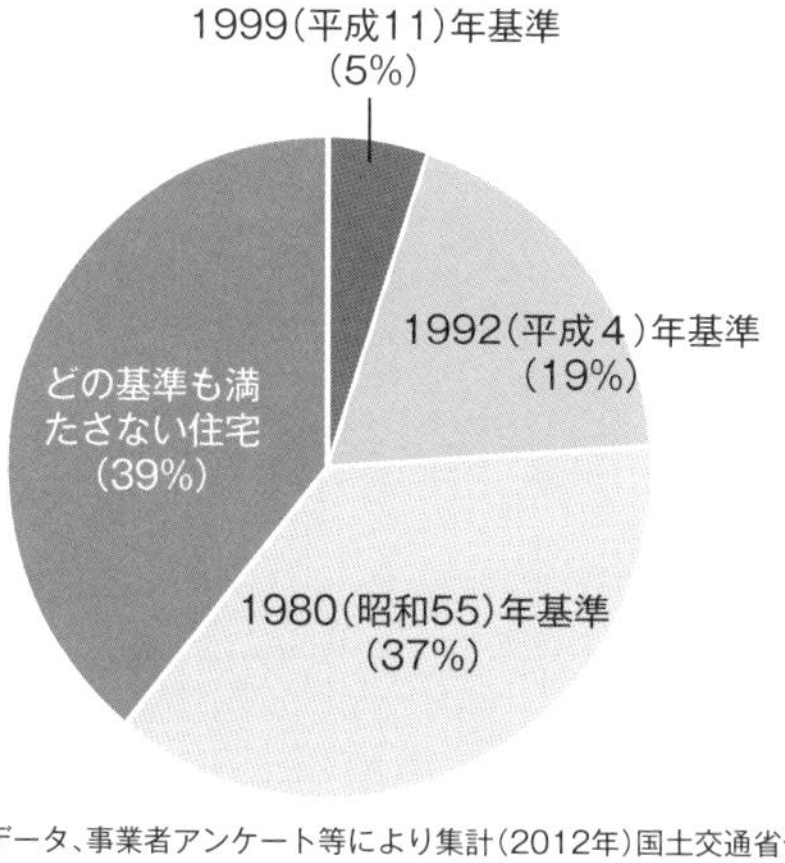

出典：統計データ、事業者アンケート等により集計（2012年）国土交通省作成

図表３―10：住宅ストック約5000万戸の断熱性能

熱性能としては現行の基準となっています。では1999（平成11）年以降に建てられた住宅は全て基準をクリアしているのか？　というと、話はそう簡単ではありません。先ほども申し上げた通り、今までは単なる努力目標値に過ぎず、それを達成するかどうかは市場に任されていたためです。では実際、既存建物の断熱性能はどの程度なのか円グラフで見てみましょう。**（図表3—9・図表3—10）**

2012年までのデータですが、1999年以降に建てられた住宅は28％存在するのに対し、平成11年基準をクリアしているのは5％、つまり1999年以降に建てられた住宅のうち18％しか基準をクリアできていないということです。それどころか、平成1992年の平成4年基準をクリアしている19％を合わせても計24％ですから、平成4年基準すら満たしていない住宅もあるということです。今までどれだけ断熱性能がおろそかにされていたかがわかりますね。このように既存住宅は「断熱性能が足りていない」家がとても多いため、これからは**「断熱性能をいかにリフォームで補うか」が資産価値を保つカギ**となるでしょう。

第4章　地震に耐えられるか？

（ア）年代で決まる耐震力

雨風をしのぎ、暑さ寒さもしのげる快適な家に暮らしていても、地震で倒壊してしまっては肝心の人命を守ることができません。この章では、「やった方がいいリフォーム」の中でも、耐震性能についてお話しさせていただきます。**地震に耐える力＝耐震性能も、建築基準法に定められている通り、家には必須の性能です。**２０００年代に入ってからは震度６を超える地震も頻発しており、近年は地震の活動期に入ったとも言われています。

「わが家は大地震に耐えられるだろうか？」と心配になりますよね。この耐震性能の目安になるのが、新築当時の建築基準法です。第１章でも触れましたが、これまで建築基準法は、大地震による家屋の倒壊状況などを調査しながら、法改正の度に基準を厳しくしてきました。現在の耐震性能に至るまでの大きな法改正としては、１９８１年と２０００年の改正が挙げられます。まず１９８１年６月には耐力壁の量を現行の水準まで引き上げ、それ以前の建物を「旧耐震基準」、以降の建物を「新耐震基準」と呼ぶようになりました。

そして、１９９５年の阪神・淡路大震災による被災状況を踏まえ、２０００年６月には新

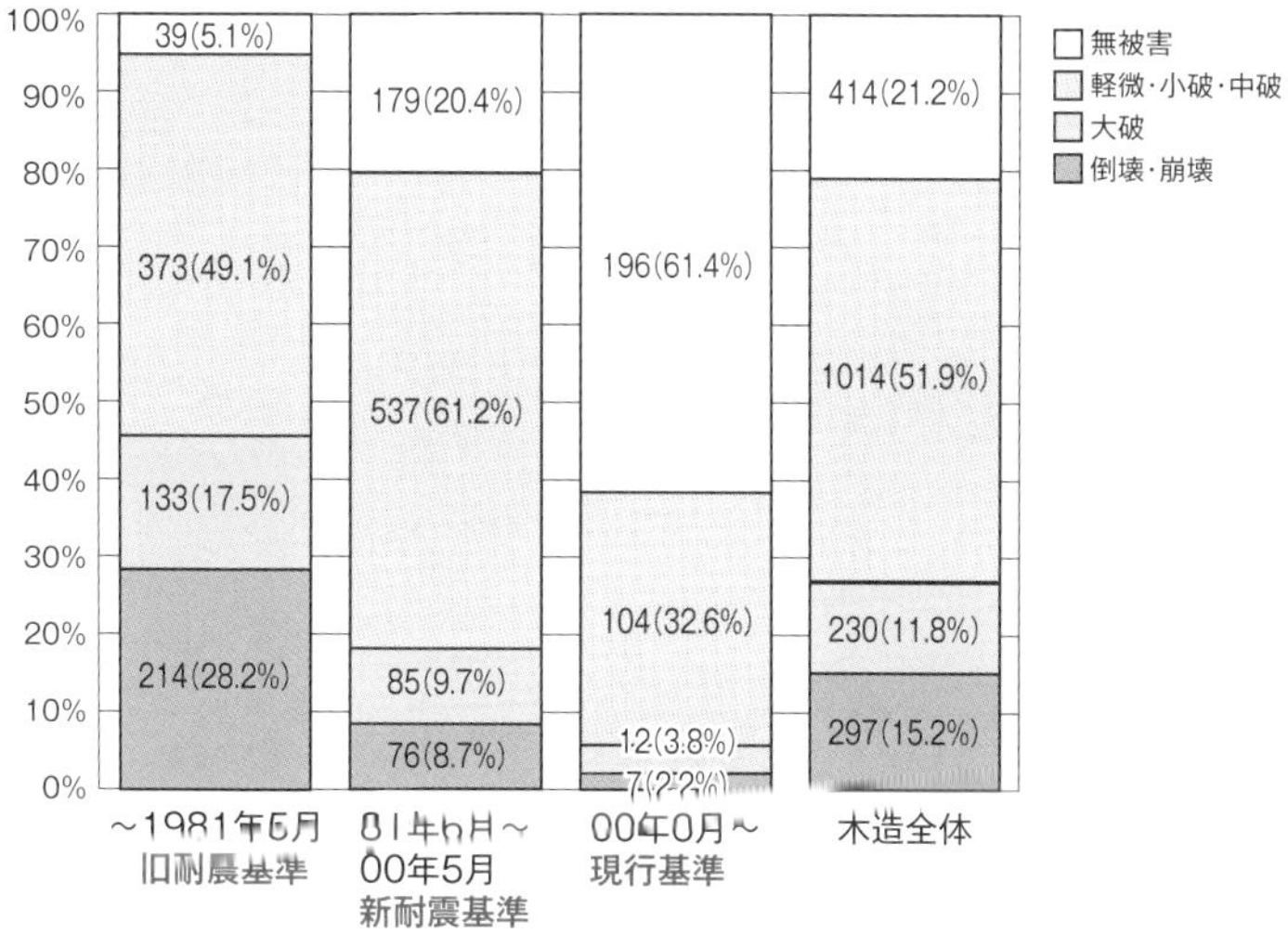

出典：国土交通省住宅局「熊本地震における建築物被害の原因分析を行う委員会」報告書

図表４―１：2016年熊本地震における木造住宅の被害状況

耐震の基準に更に詳細な規定が追加され、これが現行の耐震基準となっています。つまり、既存住宅の耐震基準を建築年代で分けると、１９８１年５月までに建てられた家は**旧耐震基準**、１９８１年６月～２０００年５月までは**新耐震基準**、２０００年６月以降は**現行基準**と３つのグループに分けられます。

この３つのグループが実際の地震に対してどの程度の被害を受けたか、被災状況を比較したデータがあります。**図表４―１**は２０１６年に発生した熊本地震において、被害の大きかった益城町中心部による木造住宅の被災状況を、無被害・軽微～中破・大破・倒壊と4段階に分けたものを年代別に比較したグラフです。

旧耐震基準では倒壊が28・2%と大きな被害が目立ち、人命を守るためにも耐震改修が緊急の課題であることがわかります。それに比べて1981年以降の新耐震基準は旧耐震基準の1・4倍の壁量が確保されているため、倒壊率は顕著に減っています。しかし2000年の法改正を境に新耐震基準と現行基準のグループを比較してみると、現行基準の方は倒壊が2・2%と、倒壊防止に対する有効性を確認できた一方で、新耐震基準の方は倒壊は8・7%と現行基準の約4倍となりました。この新耐震基準の建物が倒壊した原因を分析すると、9割以上で「現行規定の仕様となっていない接合部」が起因していました。次の項目で詳しく説明しますが、2000年の法改正ではこの「接合部」についても新しく基準が設けられたため、この熊本地震の被災状況を踏まえ、**接合部の基準が無かった1981〜2000年の新耐震基準の建物にも、耐震診断・耐震改修の必要性が叫ばれるようになりました。**

それでは耐震改修について考えていきたいと思いますが、まずは家がどうやって地震に耐えているのか、その仕組みから少し勉強してみましょう。

（イ）どうやって地震に耐えているの？

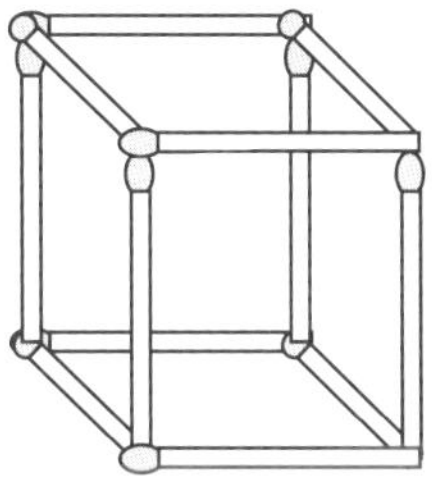
マッチ棒で組み立てた立方体

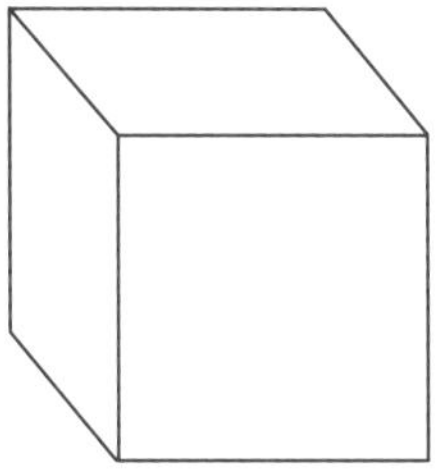
板を組み合わせた立方体

右に二つの立方体がありますが、揺れたときに壊れやすいのはどちらだと思いますか？
そう、見るからに不安定なマッチ棒の方は簡単に壊れてしまいます。そこでバラバラにならないようにお互いをしっかりと接合しても、やはりマッチ棒の方は力を加えると簡単に変形してしまいます。

このモデルを木造の家に置き換えると、マッチ棒の方は**在来（軸組）工法**、板を組み合わせた方は**ツーバイフォー（2X4・枠組み壁）工法**になります。ツーバイフォー工法はこのように「面」で支えているため、一般的には地震に強いと言われています。では在来工法はどうやって地震に耐えるのかというと、「**筋交い**」と呼ばれる斜め掛けの部材をつっかえ棒にして変形を防いだり、合板などの面材を張ったりして補強していきます。この筋交いや面材で補強した「**耐力壁**」がどれだけ入っているかで家の強さが決まります。

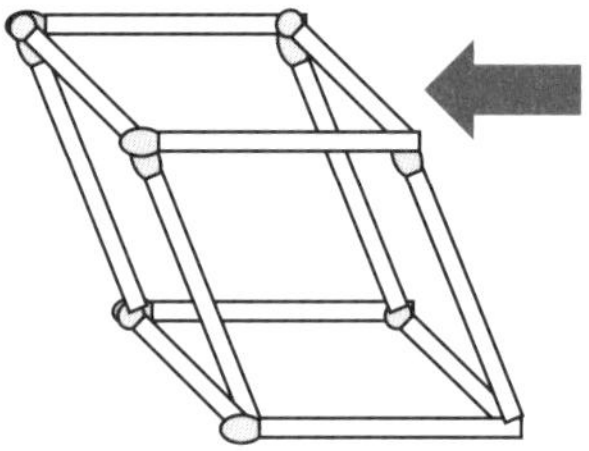
力が加わると変形しやすい

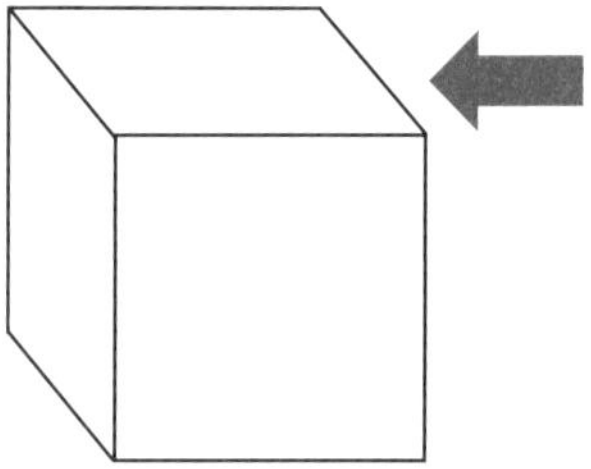
力が加わっても変形しにくい

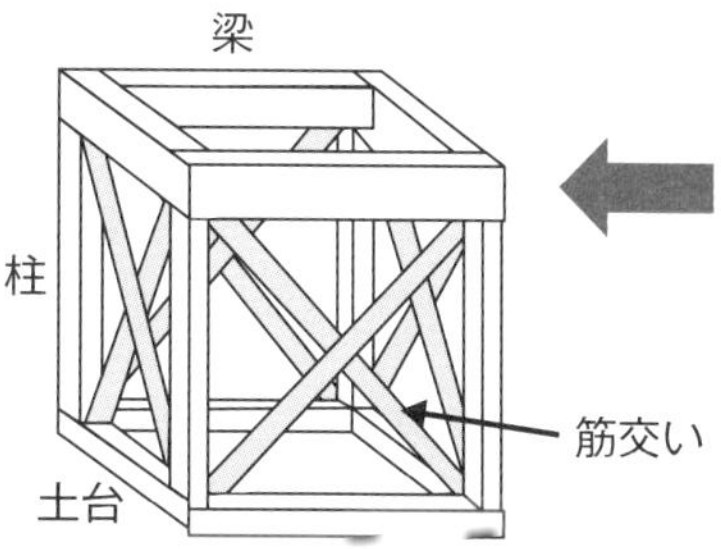

筋交いで補強して変形を防ぐ

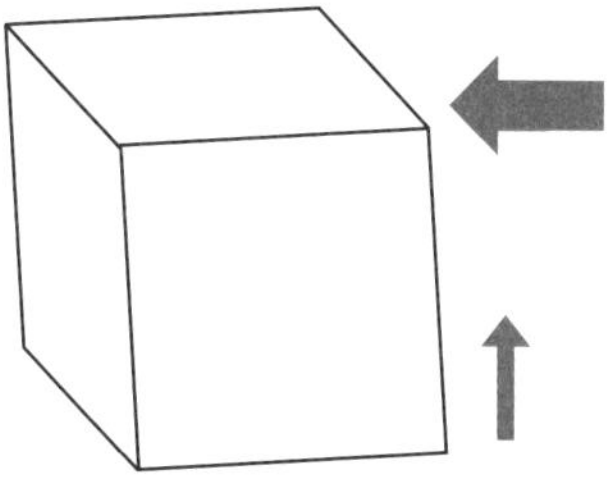

変形しないと回転力となって浮き上がる

ところが耐力壁を増やして家の変形を防ぐと、今度は地震の力が変形ではなく回転させる力として働いてしまい、柱が土台や基礎から引き抜けてしまうことがあります。そこで壁を強くするほど柱が浮き上がらないように、土台や基礎へしっかりと固定する金物が必要になってくるのです。

在来工法の耐震化に必要な要素をまとめると、大きく以下の３つになります。

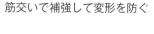

① 柱・梁・筋交いなどの部材が外れないよう**金物で接合**する

② 筋交いや面材によって補強した**耐力壁をバランスよく配置**する

③ 柱が浮き上がらないように**土台や基礎に緊結**する

ここで建築基準法の改正に話を戻すと、1981年の改正時には②の耐力壁の量が規定されるに留まり、バランスに関しては「釣り合いよく配置」とだけ表現されていました。そこで2000年に①筋交いの接合金物、②壁の配置バランス、③柱の引き抜け防止金物について詳細な規定が追加されました

つまり、1981~2000年までの建物は、地震に対する強さを表す耐力壁の量は足りているのですが、壁の配置バランスが悪くて上手く支えることができなかったり、支えられても柱が基礎から引き抜かれてしまったり、筋交いが外れて耐力壁として作用できなくなってしまったりと、耐震性能を発揮できない可能性があるのです。

次ページの**図表4─2**は法改正の流れに沿って筋交いや接合部などの各項目に関する規定の変遷を一覧にまとめた、日本木造住宅耐震補強事業者協同組合監修の資料です。皆さ

んの家の建築年度に照らして、ご自宅はどの規定に当てはまっているかの目安として参考にしていただければと思います。

(ウ)「新耐震」でも油断はできない

では、1981年から2000年までの新耐震基準の家はどうしたらいいのでしょうか。冒頭の熊本地震での被災状況を見てもわかる通り、この年代の建物は9割以上が倒壊を免れています。しかし、一割弱の建物が倒壊、つまり人命を守るための強度が不足していたのも事実です。このように、「わが家は大丈夫か?」と心配なときに頼りになるのが、**耐震診断**です。**図表4―2**の下欄にも書かれていますが、この年代の耐震診断用に、**「新耐震木造住宅検証法」**が2017年に国交省から公表され、所有者自身によって行える簡易診断のチェックリストが用意されることとなりました。床下や小屋裏などに潜らないと見えない部分もあるため、ちょっとハードルが高い箇所もありますが、まずは一度ご自身で挑戦してみるのもいいと思います。床下や小屋裏などに潜って確認する箇所は、既存住宅

●本年表の対象住宅●
◆木造在来工法住宅
◆平屋もしくは２階建て

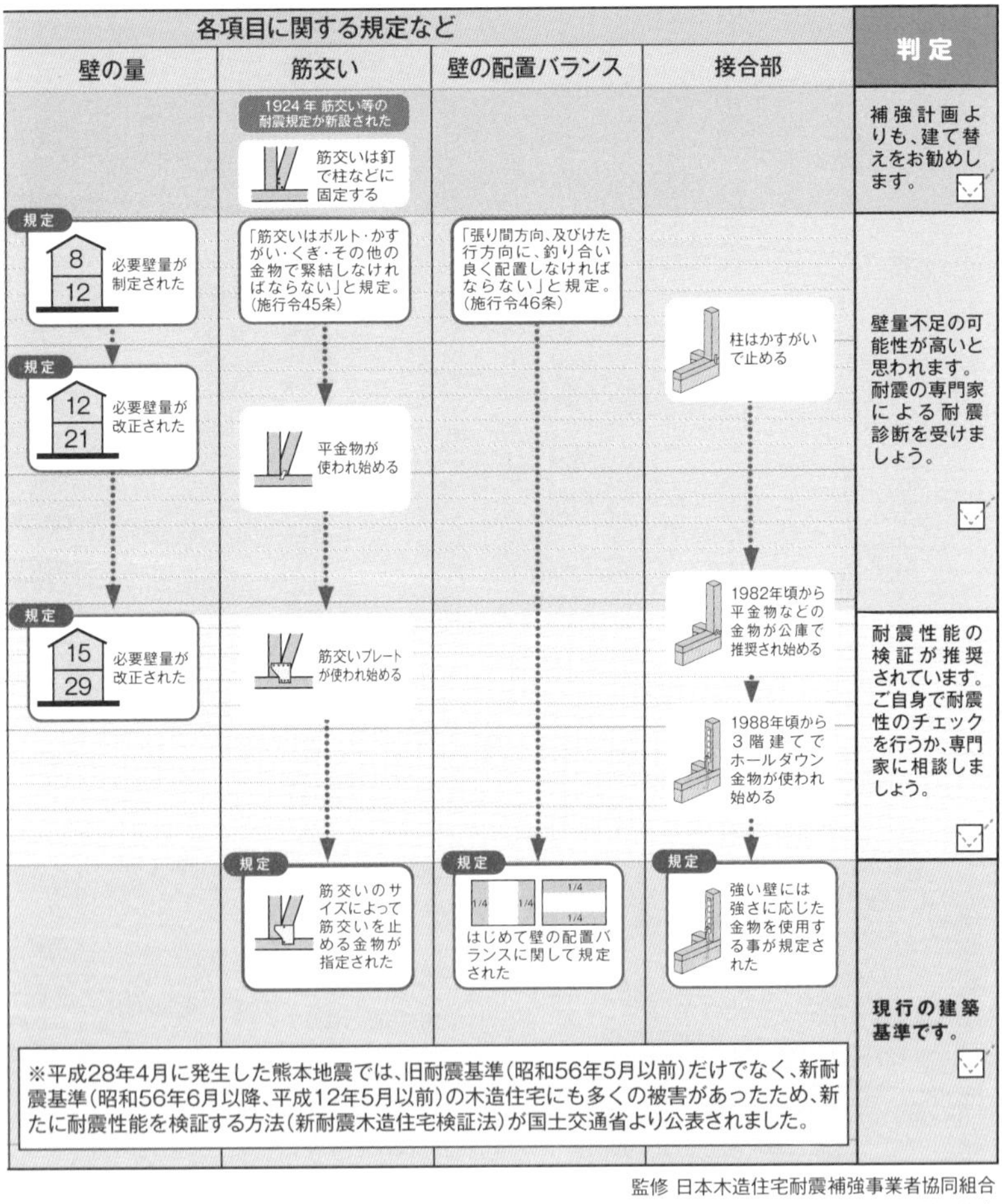
各項目に関する規定など
壁の量
筋交い
壁の配置バランス
接合部
判定
1924年 筋交い等の耐震規定が新設された
筋交いは釘で柱などに固定する
規定
8
12
必要壁量が制定された
「筋交いはボルト・かすがい・くぎ・その他の金物で緊結しなければならない」と規定。（施行令45条）
「張り間方向、及びけた行方向に、釣り合い良く配置しなければならない」と規定。（施行令46条）
柱はかすがいで止める
規定
12
21
必要壁量が改正された
平金物が使われ始める
1982年頃から平金物などの金物が公庫で推奨され始める
規定
15
29
必要壁量が改正された
筋交いプレートが使われ始める
1988年頃から3階建てでホールダウン金物が使われ始める
規定
筋交いのサイズによって筋交いを止める金物が指定された
規定
1/4
1/4
1/4
1/4
はじめて壁の配置バランスに関して規定された
規定
強い壁には強さに応じた金物を使用する事が規定された
補強計画よりも、建て替えをお勧めします。
壁量不足の可能性が高いと思われます。耐震の専門家による耐震診断を受けましょう。
耐震性能の検証が推奨されています。ご自身で耐震性のチェックを行うか、専門家に相談しましょう。
現行の建築基準です。

※平成28年4月に発生した熊本地震では、旧耐震基準（昭和56年5月以前）だけでなく、新耐震基準（昭和56年6月以降、平成12年5月以前）の木造住宅にも多くの被害があったため、新たに耐震性能を検証する方法（新耐震木造住宅検証法）が国土交通省より公表されました。

監修 日本木造住宅耐震補強事業者協同組合
出典：日本木造住宅耐震補強事業者協同組合

●チェック表の使い方●
◆ご自宅の建築年度に線を引き、適用されている建築基準を確認しましょう。
◆表の右側は、建築基準の中でも耐震性に関する項目です。
◆建築年度から判断される耐震性の判定をご確認ください。

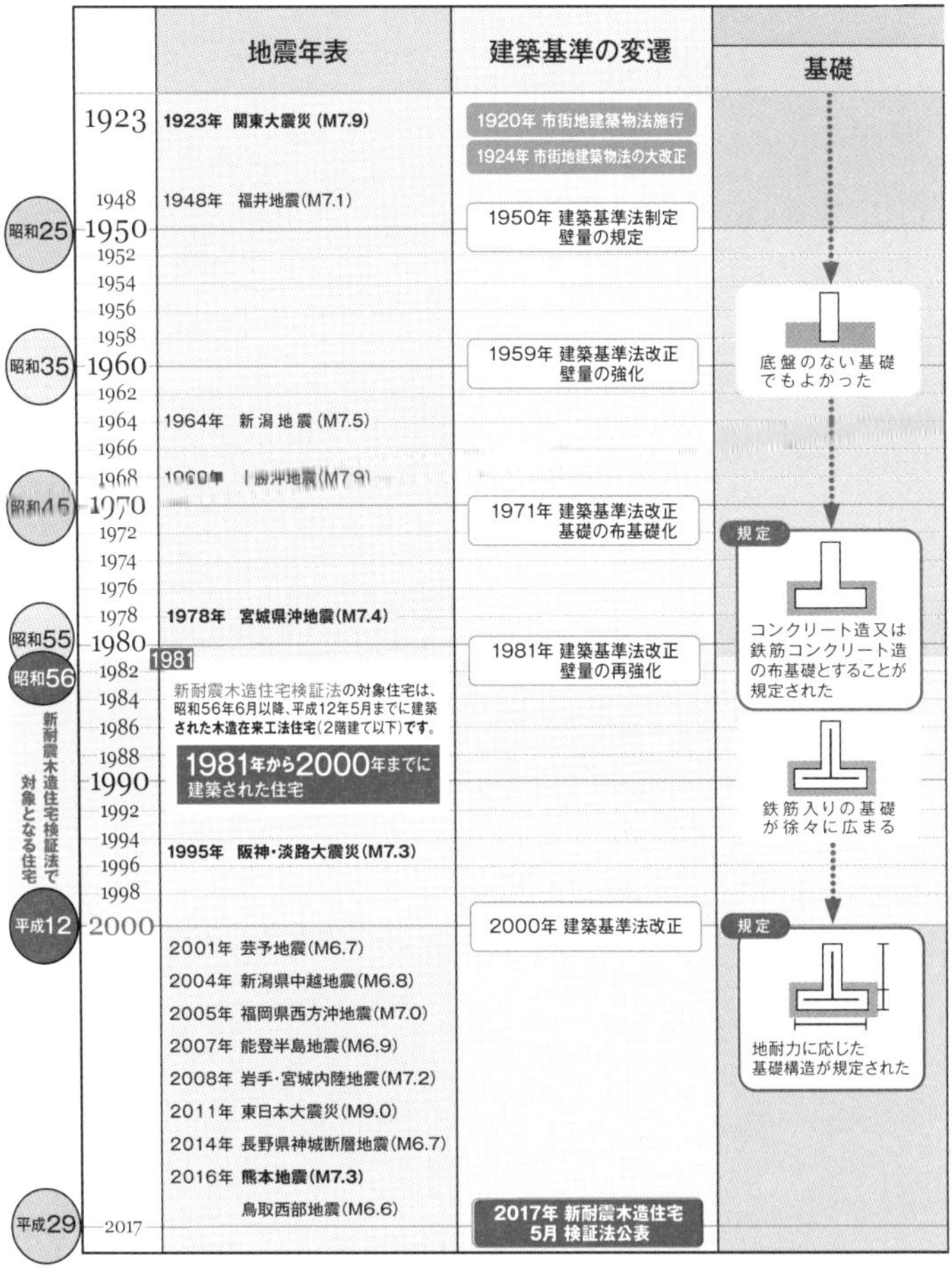

図表4—2：建築基準法と規定の変遷

状況調査（インスペクション）のオプション項目として調査してもらう方法もあります。

↓既存住宅状況調査　P157

HP：一般財団法人 日本建築防災協会

昭和56年6月から平成12年5月までに建築された

木造住宅の耐震性能チェック（所有者等による検証）リーフレット

http://www.kenchiku-bosai.or.jp/nwcon017/wp-content/uploads/2017/11/8100check2.pdf

簡易診断でOKならば、「一応倒壊しない」という判定になります。NGの場合は、専門家の精密診断を依頼し、必要があれば耐震補強工事を行うという流れになります。最初から専門家の診断を依頼したいという場合は、まずはお住まいの自治体に相談されることをお勧めします。これまで旧耐震基準の建物に対しては、従来から耐震診断・耐震改修ともに地方自治体による支援が積極的に行われていました。これが熊本地震以降、1981年から2000年までの建物にも対象を拡大している自治体が増えています。例えば東京都杉並区では、2000年5月までの建物は木造耐震診断士による簡易診断を無料で受けることができます（ただし、新耐震基準の建物については地震保険への加入などの要件が

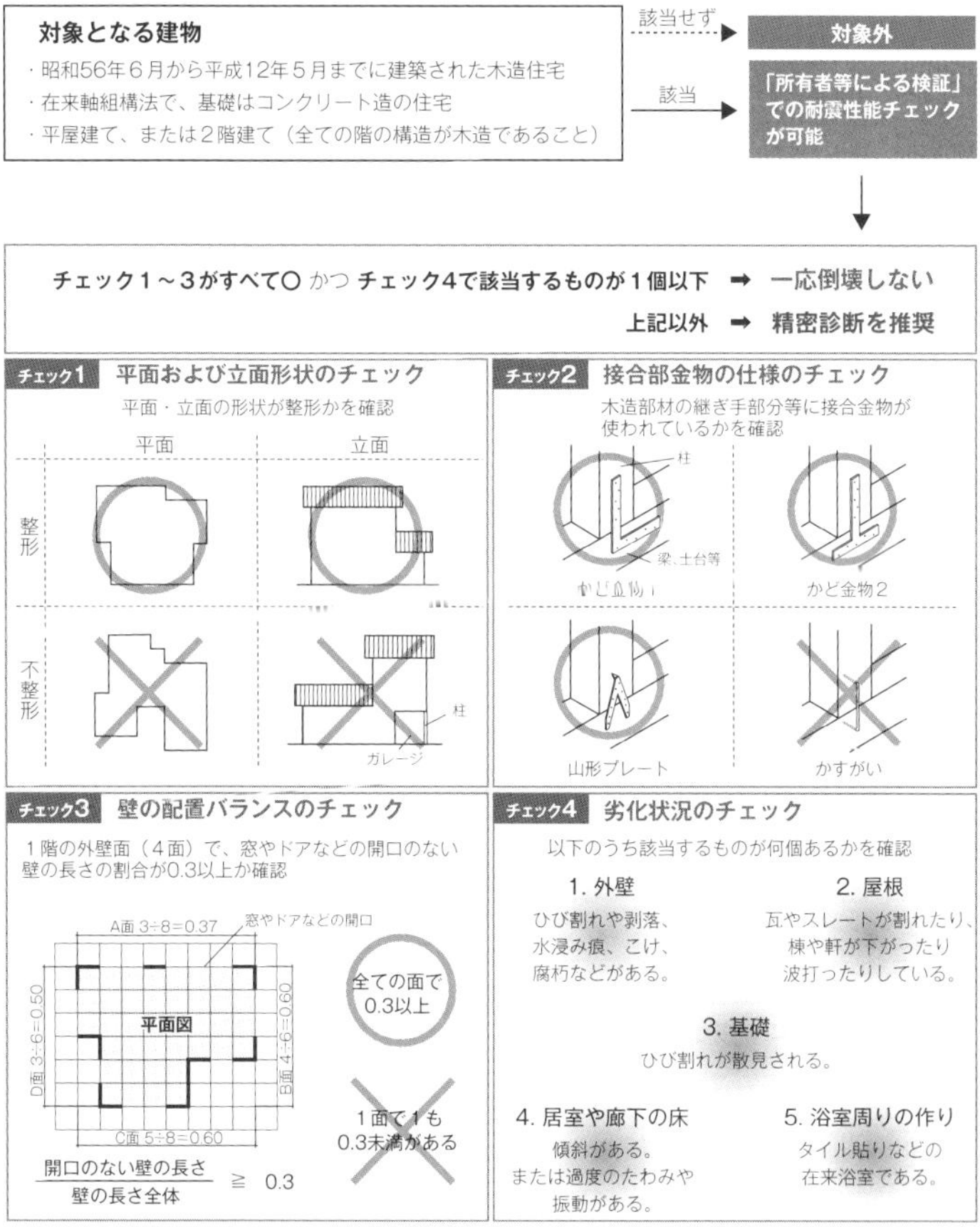
対象となる建物
・昭和56年６月から平成12年５月までに建築された木造住宅
・在来軸組構法で、基礎はコンクリート造の住宅
・平屋建て、または２階建て（全ての階の構造が木造であること）
該当せず
対象外
該当
「所有者等による検証」での耐震性能チェックが可能
チェック１～３がすべて○ かつ チェック４で該当するものが１個以下 ➡ 一応倒壊しない
上記以外 ➡ 精密診断を推奨
チェック1 平面および立面形状のチェック
平面・立面の形状が整形かを確認
平面
立面
整形
不整形
柱
ガレージ
チェック2 接合部金物の仕様のチェック
木造部材の継ぎ手部分等に接合金物が使われているかを確認
柱
梁、土台等
かど金物２
山形プレート
かすがい
チェック3 壁の配置バランスのチェック
１階の外壁面（４面）で、窓やドアなどの開口のない壁の長さの割合が0.3以上か確認
A面 3÷8＝0.37
窓やドアなどの開口
D面 3÷6＝0.50
B面 4÷6＝0.60
平面図
C面 5÷8＝0.60
開口のない壁の長さ / 壁の長さ全体 ≧ 0.3
全ての面で 0.3以上
１面で１も 0.3未満がある
チェック4 劣化状況のチェック
以下のうち該当するものが何個あるかを確認
1. 外壁
ひび割れや剥落、水浸み痕、こけ、腐朽などがある。
2. 屋根
瓦やスレートが割れたり、棟や軒が下がったり波打ったりしている。
3. 基礎
ひび割れが散見される。
4. 居室や廊下の床
傾斜がある。または過度のたわみや振動がある。
5. 浴室周りの作り
タイル貼りなどの在来浴室である。

東京都杉並区のリーフレットより抜粋

図表4―3：東京都杉並区が実施する簡易診断の概要

※上記チェック表は新耐震基準の建物が対象です。昭和56年5月以前に建てられた旧耐震基準の建物には別途耐震診断があります。詳しくはお住まいの自治体までご確認ください。

あります）。新耐震基準の場合は、診断内容はご自身でもできる簡易診断と基本的には同じですが、プロに見てもらえるというのは安心ですよね。**図表4－3**は杉並区のリーフレットに掲載されている簡易診断の概要ですが、間取りの平面図と現況の確認だけで診断できます。杉並区のように新耐震基準の建物まで耐震化の支援対象にしている自治体はまだ多くはありませんが、徐々にその数は広がってきています。

耐震改修の費用にも助成金が支給される場合もありますので、是非お住まいの自治体へ耐震化支援事業の対応状況を確認してみてください。

さて、耐震診断の結果、実際に耐震改修を行うことになった場合は、せっかくですからより耐震性能を高めておきたいところです。耐震性能は2000年に制定された**住宅性能表示制度**により3段階の等級が定められ、その等級によってどの程度地震に耐える力があるかという耐震力を計ることができます。まず最低限となる現行の建築基準法で定められた耐震力であれば等級1、その1・25倍の強さであれば等級2、1・5倍であれば等級3となっています。耐震力が1・5倍と言われてもそれがどの程度かピンときませんが、2016年の熊本地震による被害状況を分析することにより、この等級による被害状況の違いが明らかになりました。**図表4－4**はそのデータで、この章の冒頭でお伝えした熊本地

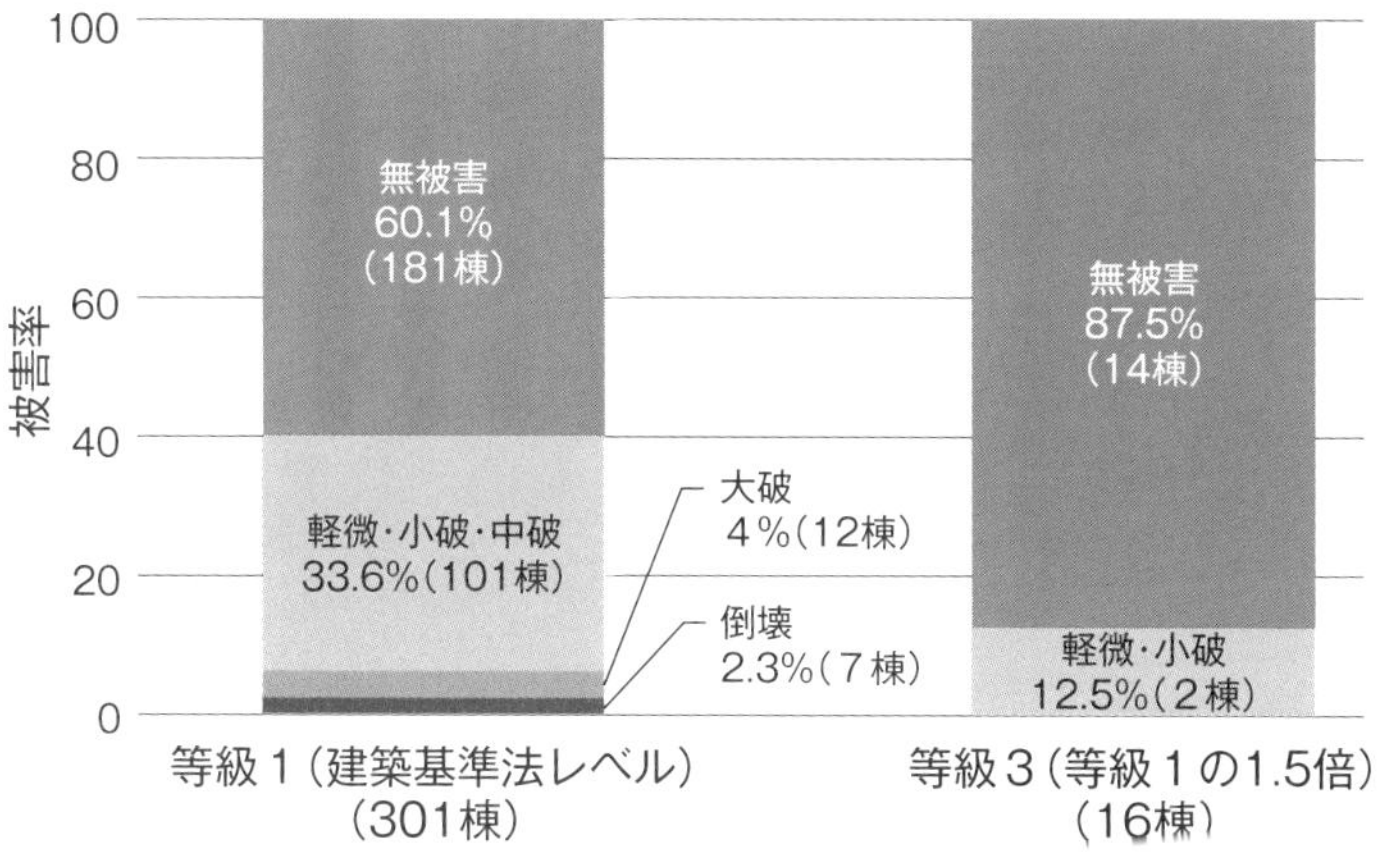

出典：国土交通省報告

図表4―4：熊本地震における木造建築物の被害状況
（等級1と等級3の比較）

震での年代別の被害状況のうち、2000年6月以降の内訳を示したものです。建築基準法レベルの等級1と、その1・5倍の耐震力である等級3を比較していますが、等級3では無被害が9割近くと圧倒的多数を占め、倒壊もゼロとなっています。これからお金をかけて耐震改修を行うなら、等級3レベルまで耐震力を引き上げ、是非この「無被害」を目指していただけたらと思います。地震による被害を受けてから修理費用が必要になるよりも、先手を打って被害を抑える方が結果的に費用も安く済むかもしれませんし、何より安心ですよね。また、既存住宅用の住宅性能表示制度を利用することにより、地震保険料の割引を受けられる場合もあります。

↓既存住宅用の住宅性能表示制度　P166

それから、耐震改修を行うときに思い出していただきたいことがもう一つあります。第3章で検討した外壁の断熱リフォームです。外壁の断熱を行うには室内側か室外側のどちらかの壁仕上げ材を撤去しなければならないとお話しましたが、耐震改修ではこの壁仕上げ材を撤去することが多くあります。室内側・室外側のどちらを撤去する方法もありますが、いずれにしても、仕上げ材を撤去したついでに壁の内部へ断熱材を充填することで、耐震＋断熱化を合理的に行うことが可能です。その際、断熱工事の有無によって耐震計画も変わる可能性がありますので、断熱工事も併せて計画する場合は早い段階から設計または施工業者にお伝えすることをお勧めします。各種助成金が受け取れる可能性もありますので、こちらも忘れずにご確認ください。

↓耐震補強工事　P199
↓外壁に断熱材充填（内部より）　P196
↓補助金制度　P151
↓減税制度　P173

column

制震は揺れを軽減させる

地震に耐える、耐震性能は法律で定められた最低限必要な機能であることはこれまでお話してきた通りです。そこにプラスアルファとして加えたいのが**「制震性能」**です。耐震とは地震に耐える強さを言いますが、**制震とは建物の揺れを軽減させること**を言います。**（図表4―5）**制震性能には耐震のように法律などによる明確な基準がありません。そのため現状ではメーカー各社が独自の試験を行い、それぞれで設置条件などの基準を定めています。制震の方法は様々ですが、地震による装置の変形を熱エネルギーに変え、揺れを減衰させる部材を構造体に取り付けるというタイプが多いようです。これによって建物の揺れ幅が小さくなるため、結果として地震による被害を軽減してくれるというものです。また、建物の耐震力

図表4―5：耐震と制震の違い

	耐震	制震
目的	揺れに耐える	揺れを小さく抑える
設置方法	壁量を増やし接合部を強化	揺れを吸収する部材を設置
特徴	繰り返しに弱い	繰り返しに強い

は繰り返しの揺れを受けることでビスや釘が緩み、性能が低下してしまうという弱点がありますが、制震装置は繰り返しの地震にも威力を発揮し続けるものが多くあります。制震装置を備えることで、このような耐震力の低下を抑えることもできます。最近はリフォームに特化した制震部材も多く開発されており、コストを抑え、比較的簡易に行える工法もあります。

↓制震システムの設置　P200

この制震リフォームは全ての年代の建物にお勧めです。しかし、制震性能とは地震に耐える強さではありませんので、大前提として建物が法律で定められた耐震性をしっかり備えている必要があります。耐震改修と併せて制震機能を付加することもできますが、耐震・制震に関して詳しい専門家による設計が必要です。第6章のリフォーム業者の選び方をご参考に、是非信頼できる業者をお選びいただければと思います。

↓リフォーム業者の選び方　P125

第5章　プラスアルファ、備えたい機能

（ア）老後に備える① バリアフリー

年を取らない人はいませんね。老いは必ず訪れます。最近は「人生１００年時代」とも言われ、長生きを「リスク」と捉える風潮もあります。しかし、人として1日でも長く生きられるなんて、素晴らしいことですよね？ なぜそれがリスクなのでしょう。長生きがリスクになるか幸福になるかは、備えが足りているかどうかにかかっています。備えには、個人の力ではどうにもならない社会的なものもあるかもしれません。しかし、自力でどうにかできるものもたくさんあります。そのうちの一つが、「自宅を備える」ということです。この章では、**安心した老後を迎えるために「備える・やりたいリフォーム」**で自宅を備える方法を考えていきましょう。

まずは、**身体機能の衰えに対する備え**についてです。加齢によって筋力が弱まったり、疾病によって手足に障害が残ったりして、身体的な機能が衰えても安心して住み続けられる家にしようということです。私も最近はバランスが悪くなってきたなと感じることがありますが、ちょっと姿勢を崩したときなど、とっさに手すりを握って転倒を防げたという経験がある方は多いと思います。**バリアフリーとはバリア（障壁）をフリー（取り除く）という意味ですが、どのような身体機能になっても、安心して暮らせる家にする**ということです。そういう意味では断熱リフォームもバリアフリーと言えますが、その他にリフォームでできるバリアフリーにはどのようなものがあるか挙げてみましょう。

1．手すりの設置

先ほどもお話しした通り、バランスを崩したときに頼りになるのが**手すり**です。家の中では段差を乗り越えるときや、姿勢を変えるときがバランスを崩しやすいところです。具体的には、**玄関の上がり框《かまち》**、**階段**、**掃き出し窓からの出入り**、**トイレの立ち座り**、**浴槽に入る際のまたぎ**などです。特に、階段の手すりは2000年以降の建物には法律で設置が義務づけられています。階段からの転落は思わぬ大ケガにもつながりますので、付いていない場合は早めの設置をお勧めします。体の状態によっては廊下や居室にも連続した横手すりが必要になることもありますが、横手すりなら特別な下地補強の工事をしなくても、柱などの構造材を利用して取り付ける方法があります。不要な手すりはかえって邪魔になる場合もあるので、連続手すりは必要になったときに設置するというスタンスで大丈夫です。

手すりの設置はもちろんですが、足を踏み外さないように**階段の踏み板にノンスリップ（滑り止め）**を付けたり、階段の色を周囲の床材よりも明るい色や濃い色などにして目立たせるなどの配慮も有効です。転倒や転落によって骨折したことがきっかけで、歩行が困難になってしまう場合もあります。ちょっとの配慮で防げる事故も多いので、ご参考にしていただければと思います。

2. 床段差の解消

昔のドアは、床に「**沓摺**《くつずり》」と呼ばれる1～2センチメートルの高さの段差がありました。この程度の段差は健常なときには何も意識しませんが、怪我や障害などが原因となり摺り足で歩くようになると、これが引っ掛かりやすい段差となります。トイレや和室にも数センチメートルの段差がある場合もありますが、いずれも床のリフォームを行うついでに段差を無くすことができます。段差を乗り越えるという動作は必ずしも悪いことではなく、体力を維持するためにはむしろ段差はあった方がいいという考えもあります。ただ、数センチメートルのわずかな段差は歩行中の転倒の原因となりやすいため、リフォームの際にできるだけ解消しておくと良いでしょう。

3．収納を手の届く高さに設定

これから収納を考えるなら、高さに配慮したいところです。というのも、70代頃から腕の可動域が狭くなり、**吊戸**などの高所は荷物の出し入れが大変な作業になってしまうからです。また、床下収納も出し入れの姿勢は腰などに負担が大きく、辛くなります。収納は高さが重要で、**上限が目の高さ、下限が膝の高さ**を目安に収めておくと、長く便利に使い続けることができます。吊戸を撤去すれば天井面が広く見えるため、お部屋全体も広く感じられるようになります。リフォームは断捨離のチャンスです。この際思い切って不要なものを処分し、コンパクトな収納に変えるのも良いかもしれませんね。

4．照明の明るさを強化

加齢とともに必要になってくるのが、**照明の明るさ**です。20歳を基準にすると、60代を過ぎると2～3倍もの明るさが必要になるとも言われています。照明計画を変更するには、壁や天井の裏に隠れている電気配線も変更する必要がありますから、壁紙を貼り替えるついでに照明計画も見直しておきたいところです。照明は全てを明るくするよりも、キッチンの手元、食卓、作業台や机の上、玄関など、**作業が必要な場所をスポット的に明るくする**のが効果的です。階段や廊下の危険防止として、足元に暗くなるとセンサーで自動点灯する**フットライト**などを設置するのも良いでしょう。

5．コンロのＩＨ化

住み慣れたわが家であっても、ちょっとしたことで家庭内事故は起こってしまうものです。特に大事故につながるような危険な物には、安全に配慮しておきたいところです。**ガスコンロ**の消し忘れなどはよく心配されますが、２００８年から安全センサーの搭載が義務化されたため、コンロ火災は大きく減少しています。まだ旧式の安全センサーが未搭載のものをお使いの場合は、リフォームで交換されることをお勧めします。**ＩＨクッキングヒーター**もかなり普及してきましたが、やはり「火」を使わない安心感が支持されているようです。着ている衣類に着火するという事故もありますので、ＩＨの方がより安全と言えるかもしれません。キッチンメーカーのショールームなどで実物を確認し、使い勝手に応じて選ぶと良いでしょう。

6. 出入口を広く、引戸へ変更

リフォームで室内の建具を交換する予定があれば、**開口部の幅はできるだけ広く、可能であれば引戸に変えると良い**でしょう。開き戸では手前に開く際には一旦後ろに下がる動作が必要で、障害の程度によっては後ずさりが難しくなる場合もあり、また車椅子対応という点でも引戸は優れています。開け放しても邪魔になりませんし、引戸は誰にとっても使いやすいですね。ドアから引戸に簡単にリフォームできる商品もありますので、施工業者に相談してみてください。

ただし、今よりも開口を広げたり壁を撤去して新しく開口したりする場合は、耐力壁かどうかの確認をしなければ安易に行うことはできません。壁や開口部の位置を変更する場合は、必ず建築士資格を持った設計士に検討してもらいましょう。

7. トイレの改修

トイレは毎日必ず使う場所です。昔勤めていた工務店の社長が「死ぬ3日前まで自力でトイレに行き

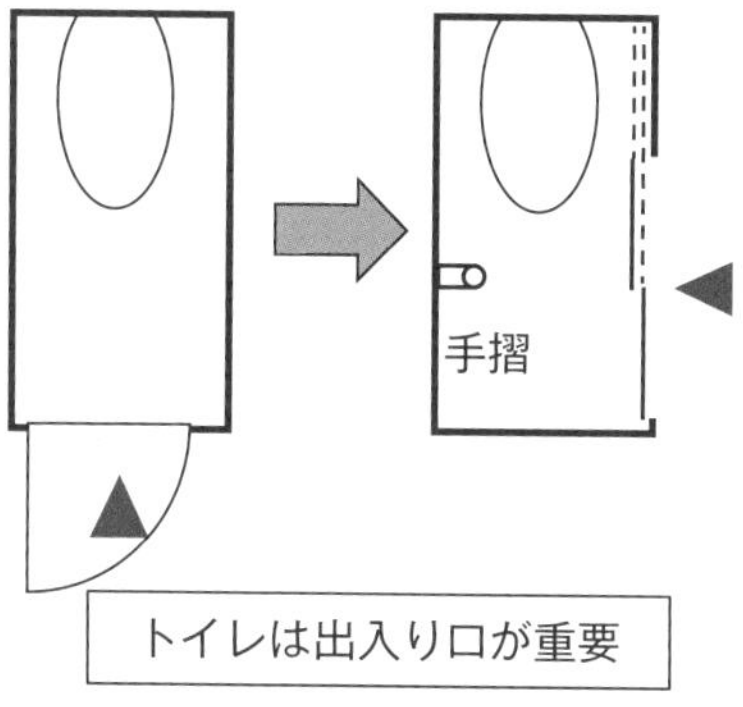

トイレは出入り口が重要

たい」といつも言っていましたが、それを可能にするトイレを是非用意しておきたいものです。高齢期にトイレで問題になるのは、出入口が狭い場合です。体調を崩した時などに介助者に手伝ってもらうというケースは意外に多く、入り口が狭く奥に細長い一般的なトイレでは、これが大変困難なのです。この手のトイレに有効なのは、出入口の方向を変え、できるだけ**開口幅の広いドアとする**ことです。この場合も壁や柱など構造体の変更が伴うため、前項のドアから引戸へ変更するのと同様に、必ず建築士資格を持った設計士に構造を検討してもらいましょう。また、立ち座りの際の支えとなる手すりも一本付けておくと安心です。

8．お風呂の改修

現在のお風呂が出入り口に10センチメートル以上の床段差がある場合は、**ユニットバスにリフォームすることで床段差を無くす**ことができます。また、ユニットバスに断熱材をオプションで追加すれば、家全体の断熱工事まではできない場合でも、浴室だけは温かい空間を作ることができます。お風呂は介護者と一緒に

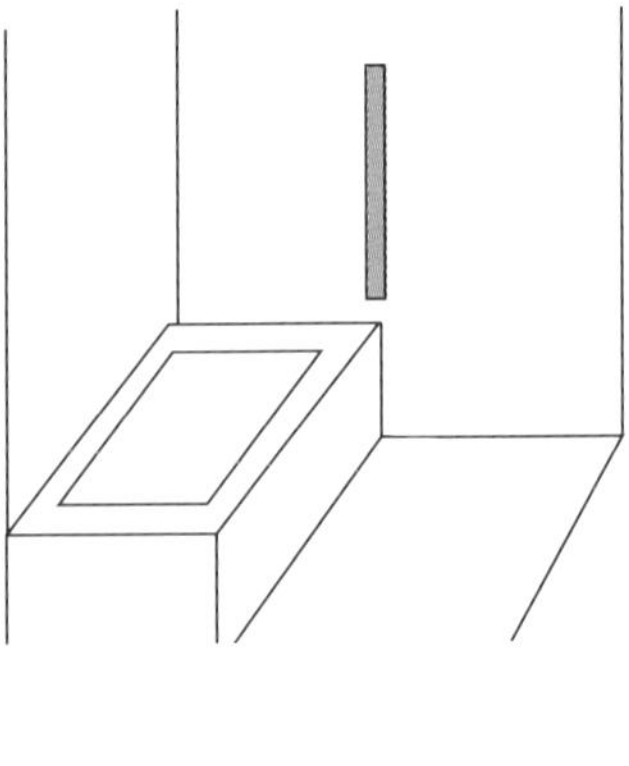

入ることも想定し、トイレと同様に出入り口は開口幅が広めの引戸にしておくと安心です。ユニットバスの手すりは必要になった時に後付けが可能ですが、シャワーの高さを自由に設定できるシャワーバーが手すりを兼ねる商品もあり、浴槽へ入る際の支えにもなり安心です。

↓在来浴室からユニットバスへの改修　P188

(イ) 老後に備える② 介護できる住環境の準備

続いて、介護への備えについて考えていきましょう。病気やケガなどで要介護状態となった場合にも対応ができるよう、住環境を備えておくということです。要介護状態になるときは、「そろそろだな?」と準備ができることは少なく、脳や心疾患などの急な病状の悪化や、偶発的な事故による後遺症など、ある日突然に訪れるケースが多いものです。そんなときは、入院や手術などの対応に追われて自宅のリフォームのことなど考えている余裕もありません。しかし、いざ退院となったとき、住環境が整っていないために自宅での介護は不可能となり、介護療養型医療施設などに入所せざるを得なくなったというケースも少なくないのです。すべてのリスクに備えるのは難しいですが、前述のバリアフリー工事に加え、最低限これだけは備えておきたいというポイントを挙げておきます。

1．1階に寝室にできる部屋を設ける
2．寝室からトイレまでの動線を確保する
3．道路から寝室まで、車いすで通れる経路を設ける（掃き出し窓からでもOK）

元気なうちは寝室が2階でも結構ですが、介護となるとそうはいきません。1階のLDKの一角が仕切れるならそれでも可能です。ただトイレまでの動線には注意が必要です。ポータブルトイレという手段もありますが、長期間に渡ればその管理はとても大変です。寝室からトイレまでは車椅子で移動ができ、トイレにも前項でご説明したバリアフリー対応がなされていれば安心です。それから通院やリハビリなどで外出の機会もありますから、寝室から道路に待機する送迎車まで、移動のための経路を確保することも必要です。この経路は頻繁に通るわけではありませんから、掃き出し窓から庭へ出る際などに多少の段差があっても、簡易スロープなどで対応できる場合が多いです。

これらの介護やバリアフリーのためのリフォームには、介護保険の住宅改修制度の補助金を受けられる場合があります。支給には条件がありますから、ご計画の際には是非自治体に確認してみてください。

↓補助金制度　P151

（ウ）自然災害に備える①　対策のポイントは窓

「備えあれば憂いなし」とはいい言葉ですね。自然災害は予告なく突然襲ってきます。災害そのものの脅威もさることながら、その後に電気や水道などのライフラインが途絶えることも、深刻な被災となりますよね。このように身のまわりに溢れる様々なリスクに、リフォームで備える方法はあるのでしょうか。ここでは**自然災害への対策として「備える・やりたいリフォーム」**について、考えていきましょう。

地震の脅威には耐震で備えるとして、近年は地球温暖化の影響により、台風による被害も深刻になってきています。近年の損害保険の支払額は、西日本豪雨や台風21号・24号など西日本を中心に大きな被害があった２０１８年が史上最高で１兆５０００億円を超え、翌年の２０１９年も関東から東日本にかけて大きな被害を及ぼした台風15号・19号と連続した大型台風の直撃により、史上2番目の1兆円規模になると言われています。保険金の話から始めてしまいましたが、これだけ台風によるリスクが上がってしまった現在では、損害保険への加入は必須と考えた方が賢明です。具体的には、台風による風災・水災被害の修繕費用は、**火災保険**によって補償されています。免責額（0～10万円）や「補償対象となる損害の最低額」などの設定がある場合はその分が差し引かれてしまいますが、ひとたび屋根が吹き飛べば数百万円の損害になりますので、自己負担の額は保険の有無で天と地ほどの差になります。保険に加入する際のお勧めの特約には、**臨時費用保険**というものがあります。損害保険金の10％程度が上乗せされるもので、最初から火災保険にセットされているものも多く、工事中の仮住まい費用など自由に使うことができます。また、被害は自宅だけでは済まないかもしれません。もし自宅の屋根が飛散して隣家の窓ガラスを割れば、損害賠償責任も問われかねません。そのため、特約には**個人賠償責任保険**も含めておくと安心です。それから、災害による被災に災害救助法が適用になった場合は、火災保険の有無にかかわらず公的支援金が支給されます。台風リスクの上昇により火災保険料は年々上がっていますが、いざ被災したときの被害額を考えれば、保険料は決して大きな金額とは言えません。ちなみに地震による被害は火災保険ではカバーできず、**地震保険**にも加入しなければなりません。地震保険は単独では加入できず、火災保険とセットで申し込む必要があります。また、地震保険には耐震等級による割引制度もあります。ご自宅で加入している火災保険・地震保険の内容を、今一度ご確認いただけたらと思います。

↓既存住宅用の住宅性能表示制度　P166

では保険に入っていれば何も手を打たなくていいかと言えば、そうとも言えません。被害によって人命を失うことになっては、何にもならないからです。河川の氾濫などによる水害を抑えることは困難ですが、**強風による被害を最小限に抑えるための対策**はあります。**窓対策**です。窓ガラスは家の中でも最も強度が弱く、飛散物や風圧によって割れるリスクが高い部分です。ひとたび窓ガラスが割れると、強風が建物内部まで吹き込み、被害をより大きくしてしまいます。そこで、風災対策リフォームとして、**窓シャッターの取り付け**をお勧めします。既存の窓にシャッターだけを後付けできる商品がありますので、工事自体は手軽に行うことができます。ただ、2階以上の窓には足場が必要になりますので、その場合は外装メンテナンスと同時に行うようにすると、足場代のコストダウンを図ることができます。また、窓のタイプや設置状況によっては対応できない場合もありますので、詳しくは施工店にご相談ください。

（エ）自然災害に備える② エネルギーの自給自足

自然災害によるリスクは、家の損害だけではありません。たとえ建物が無被害で済んだとしても、その後には断水や停電など、インフラが途絶える場合が多くあります。インフラには電気・ガス・水道がありますが、日頃から蓄えられるものはできるだけ備えておきたいですね。飲料水は1日1人2リットルが3日分あれば、なんとか支援物資の到着まで間に合うと言われています。しかし、水にも消費期限がありますので、「災害用」としてただ備蓄しているだけでは、必要になったときには大幅に消費期限が切れていた！ という事態にもなりかねません。そこでお勧めなのが、**「ローリングストック法」**と呼ばれる、使いながら貯めておく方法です。災害時には水だけでなく食料なども手に入りにくくなりますので、乾物や缶詰など賞味期限の長めの食材なども一緒に、多めにストックしておけるといいですね。リフォームの際には**キッチンの近くに少し大きめの食品庫**を設置すると、使い勝手も良く、「ローリングストック」を日常的にロスなく行えるようになります。

それからガスは調理のためのカセットコンロがあると便利です。カセットボンベ1本で

1時間程度の使用時間なので、朝・昼・晩に20分程度使用したとして1日1本、3日で3本は備えておきたいところです。ここでも非常用として長期保管するには注意が必要で、ボンベの使用期限は製造より6～7年、また保管方法によっては缶が錆びてしまう場合もあります。こちらもできるだけ日常的に利用しながら、ローリングストックができると安心ですね。

さて、いろいろ備蓄をしたところで、途絶えたときに最も困るのは**電気**です。夏場に冷凍食品が全部溶けてしまったら……、真夏・真冬に冷暖房が一切使えなかったら……、スマートホンやラジオすら使えなくなってしまったら……。ここで活躍するのが**太陽光発電**です。近年の自然災害では、「停電時にも太陽光発電のおかげで助かった」というようなニュースもよく見かけるようになりました。太陽光発電は２００９年から始まった**固定価格買取制度**（**ＦＩＴ**）により、「設備投資にかかった費用が売電収入によって回収できる」として、投資目的での設置も含めて大きく普及してきました。ＦＩＴとは、太陽光発電によって生み出した電気を、当初取り決めた価格で10年間（10ｋｗ超は20年間）買い取ることを約束した制度です。この制度によって高額な売電価格の契約ができている方は、電気を買うより売る方が高いため、発電した電気は自宅で使うより売った方が利益は出ます。しかし、このＦＩＴによる買取価格は年々下落しており、更に10年間の契約期間満了後の買取価格は市場での自由取引となるため、電気は買うより売る方が圧倒的に安くなると見込まれています。そうなればせっかく創った電気は、売るより自宅で消費した方がお得ということになります。そこで今脚光を浴びているのが、**蓄電池**です。蓄電池を使えば、発電した電気を蓄え、必要なときに必要な分だけ使うことができるようになります。電気は「後で使う」ということができません。創り過ぎた電気を売らずに自宅で使うためには、蓄電池を備えて貯めておくしか方法がないのです。蓄電池は住宅用だけでなく、電気自動車に備えられた蓄電池を家と連携して利用するシステムもあります。電気自動車用の蓄電池は家庭用に比べ容量が大きいため、非常用としても心強いというメリットもあります。現在太陽光発電システムを備えているという方は、ＦＩＴの10年間が終了するタイミングで、蓄電池システムをご検討いただくと良いでしょう。

↓家庭用蓄電池システムの新設 P202

↓V2H・電気自動車の家庭利用システム P203

なお、**太陽光発電設置のタイミング**は屋根の葺き替えと同時がベストです。発電容量は屋根形状・向き・緯度などによって異なるため、事前に試算することをお勧めします。

↓スレート屋根・瓦屋根の葺き替え P179

↓太陽光発電システムの新設 P201

また、導入のポイントとしては、タイマーなどを活用し、家電をできるだけ昼間に使うライフスタイルに変えて節電効果を高めることです。昼間に使うことで節電効果を狙える家電には、エコキュート（給湯器）、食洗機、全自動洗濯乾燥機、炊飯器、自動掃除機などがあります。エコキュートは床暖房の熱源としても使えるため、お湯として蓄熱したエネルギーを暖房として1日中利用することもできます。地球環境を守るエコのためにも、効率的な活用を是非ご検討いただけたらと思います。

↓電気で給湯・エコキュートの新設　P204

column

壊れてからでも遅くない？　設備機器の交換

設備機器類が壊れると、「この家もそろそろ寿命かしら？」と感じられる方が多いようです。私もリフォームの営業をしていた頃、お客さんから「給湯器が壊れたのだけど、この家もガタがき始めたわね」というようなお話をよく伺いました。やはり目に見えるものが壊れると、いろいろ不安に思う気持ちも出てきますよね。しかしご安心ください。設備機器類というのは、基本的に壊れたらそのものを交換するだけで済むものばかりです。例えば通常の屋外ガス給湯器であれば、壊れたときはお湯が使えなくて不便ですが、給湯器だけ交換すれば何事もなく元通りの生活が送れます。このように設備機器類については基本的にはあまり心配しなくても大丈夫なのですが、中には注意しなければならない機器類もあります。それは以下の機器類です。

①　ビルトイン式電気食器洗機
②　浴室用電気乾燥機
③　屋内式ガス瞬間湯沸器（都市ガス・ＬＰガス）

④ 屋内式ガスバーナー付ふろがま（都市ガス・LPガス）
⑤ 石油給湯器
⑥ 石油ふろがま
⑦ 密閉燃焼（FF）式石油温風暖房機

上記製品は、これまでに長期使用によって水漏れ、火災、一酸化炭素中毒など、実際に死者を伴うケースも含む危険な事故が相次いで起こりました。そのため長期間の使用により劣化した状態で使い続けるのは危険として、消費生活用製品安全法の改正により**「長期使用製品安全点検制度」**が2009年4月から始まりました。これにより上記製品を販売する際に、メーカーは所有者を管理し、所有者が定期的な保守点検を適切に実施できるよう支援することが義務付けられました。具体的には、一定の時期にメーカーから所有者へ点検の案内が送られ、その案内に従って所有者が点検を依頼するという流れがとられています。しかし、**案内が届くのは法律ができた2009年4月以降に購入した人だけ**です。それ以前に購入された方には案内は届きません。もし前述製品を2009年3月までに購入し、その商品をまだ使い続けている方がいらっしゃいましたら、製造メーカーまでお問い合わせいただくことをお勧めします。

第6章　リフォーム業者の選び方

（ア）施工業者を選ぶ

さて、何の工事をしたいかがおおよそ固まったら、次は**「誰に工事をしてもらうか？」**を考えなければなりません。これ、皆さん本当に悩ましいところだと思います。依頼先を選ぶという初期選択を間違えると、結果として「失敗リフォーム」につながる可能性が高まってしまいます。冒頭からマンションとは違う一戸建てのリフォーム、というお話をさせていただきましたが、例えばマンション専門のリフォーム会社に一戸建てのリフォームをお願いしたら、どうなると思いますか？「うちはマンションがメインですから」と断られることは滅多にありません。担当者がやってきて、全力であなたの希望を叶えてくれようとします。あなたはその熱意に感動し、信頼を寄せることでしょう。しかし、熱意や一生懸命さだけでは乗り越えられないのが、知識と経験です。マンションは構造体であるコンクリートの壁以外であれば、内部の間仕切り壁は自由に変更することができます。しかし、木造の一戸建ては、内部の壁一つ一つも構造体として家全体を支えているため、壁や柱の位置を変更するにはそれなりの計算や補強を検討しなければなりません。けれども、マンションしか扱わないその担当者は、マンションと同じように自由に壁の位置を変更し、あなたを魅了するようなプランを全力で作ってくれるかもしれません。その結果、必要な壁を撤去してしまい、家の耐力に問題を抱えることになってしまったら、あまりにも不幸な結末……では済まされない話です。

残念なことですが、このようなことは少なからず現実に起こっています。新築ならば確認申請と言って、計画に違法性がないかどうかを着工前に第三者機関が確認するシステムがあります。しかし、リフォームでは増築などがともなわない一般的な工事の場合、その計画の妥当性を第三者が確認するシステムがありません。もちろんリフォームによって違法状態にされてしまったなら、後から施工業者と裁判などで争うことも可能ですが、そこには大変な労力がかかってしまいます。自分がその当事者にならないために必要なことは、第一に「依頼先を間違えない」ことです。もっと具体的に言えば、**「頼もうとしている工事が得意な業者に依頼する」**ことです。というのも、リフォーム業者というのは世の中に数多く存在しますが、皆それぞれに得意・不得意分野というのがあるからです。先にお話しした事例は、マンションリフォームが得意分野の業者に一戸建てという不得意分野のリフォームを頼んでしまったのが失敗の原因でした。では、得意・不得意分野を見極め、間違いのない依頼先探しをするにはどうしたらいいのか、見ていきましょう。

（イ）第一候補は「建てた会社」

まず、あなたの家を一番良く知るオールマイティーなスペシャリストがいます。**あなたの家を建てた会社**です。建てた会社とは、建築の請負契約を交わした相手のことです。建売住宅の場合は不動産業者と売買契約を交わしているかもしれませんが、その場合は不動産業者が自社で建てている場合もありますし、協力業者の工務店が建てている場合もあります。誰が建設したのかわからない場合は、新築時の「**建築確認申請書**」を見れば、工事施工者を調べることができます。

　建てた会社がわかったら、まずはそこに問い合わせてみましょう。年代によって工法や仕様が決まっている場合が多いため、新築年月を言えば「あぁ、その年代の方からこういうご要望は多いですね」なんて話が通じることもあります。新築時の設計資料は法律で15年間（２００７年以前は５年間）の保存義務が定められていますが、その期間を過ぎていても資料が残っている場合も多いですし、建てたときの現場監督がまだ在籍している場合もあります。あなたの家についてゼロから完成まで関わり、最も知り尽くしている相手です。何かあった場合に、最も正解に近い答えを導き出してくれるパートナーと言って良いでしょう。時々、「新築時に嫌な思いをしたので、もうあの工務店とはお付き合いしたくない」というような話を耳にします。建築というのは人の手で造り上げるものですから、担当者の不手際によって嫌な思いをしたり、施工ミスによって不信感を抱いたりなどの経験された方も多いかもしれません。しかし、それはどこに依頼しても起こり得るリスクです。担当者の対応に不満があるなら担当を変更してもらうこともできますし、施工ミスが心配であれば第三者機関による検査などを利用するという方法もあります。

↓第三者チェック　P156

建てた会社と縁を切るというのは、あなたの大切な財産である家の主治医を失うようなものです。既に倒産していたり、存続していてもリフォームの対応を断られたりしたなら他を探すしかありませんが、そうでなければ一番に相談する相手は「建てた会社」と考えるのがベストです。

また、ハウスメーカーで建てた方は特に注意が必要です。ハウスメーカーというのは独自の技術基準を持っており、自社の設計ルールに従って緻密な計算の基に造られているものです。構造図面は企業秘密として施主にも渡されない場合がほとんどですが、リフォームでは構造図面なくして計画を立てることは極めて困難です。つまり、**ハウスメーカーで**

建てた家は、建てたハウスメーカーでなければ適切なリフォームを行うことは難しいということです。ハウスメーカーで建てた方は、基本的にすべてのリフォームやメンテナンスはそのハウスメーカーに依頼すると考えた方が良いでしょう。

（ウ）リフォーム業者には種類がある

そうは言っても、建てた会社がもう存在しない、人手不足などの理由でリフォームの対応をしてくれない、どうにも不信感が拭えない、などという場合は他を探すしかありません。リフォーム業者は世の中に数多く存在しますので、その中から選ぶ方法を考えていきましょう。リフォーム業者は大きく、次の4種類に分けられます。

Ⅰ．ハウスメーカー系
Ⅱ．地元工務店
Ⅲ．リフォーム専業者

Ⅳ．専門業者

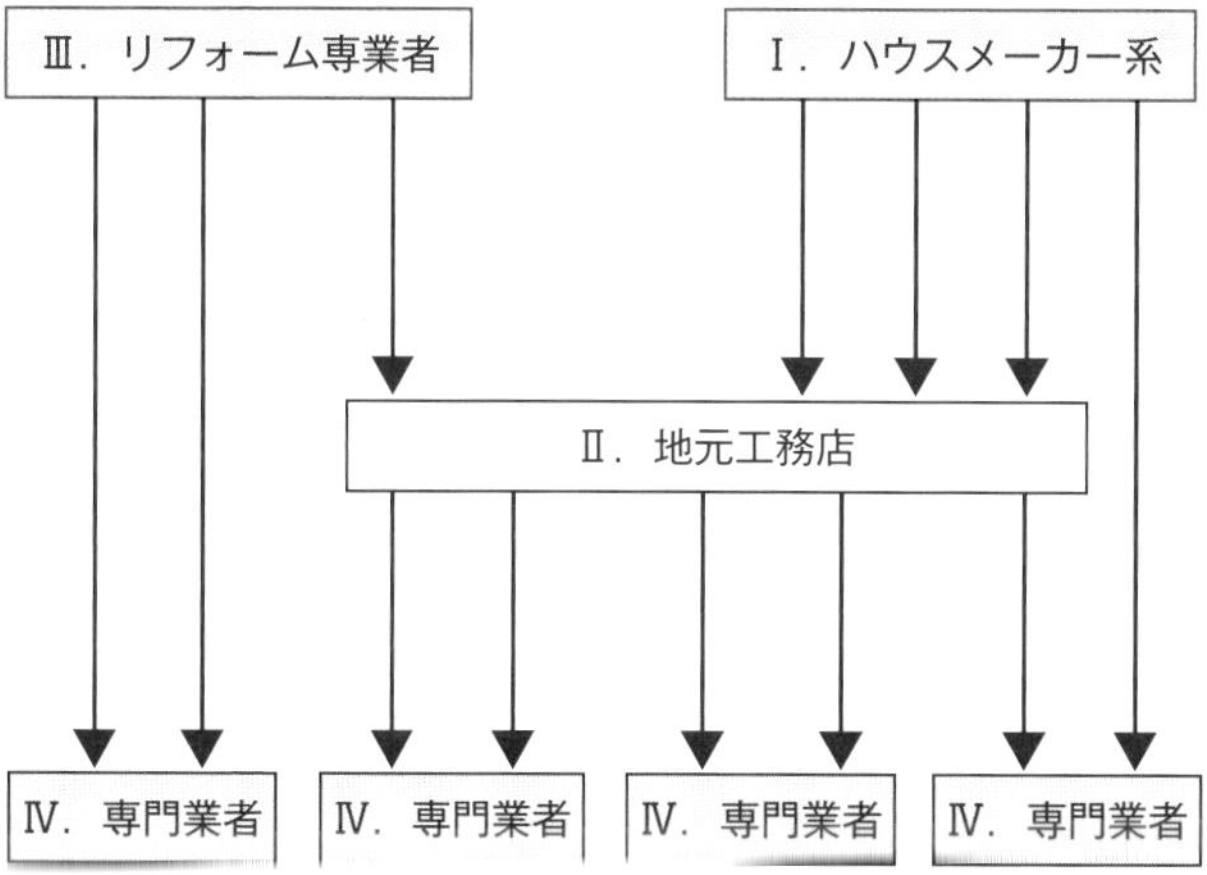

図表6―1：リフォーム業者の分類

この4種類の業者は、**図表6―1**のような関係になっています。**Ⅳ．専門業者**とは、塗装屋、タイル屋、防水屋、左官屋、屋根屋、板金屋、サイディング屋、設備屋、電気屋、ガス屋 等々、実際の作業を行う職人を抱えている業者のことです。リフォーム工事には複数の専門業者が関わることがほとんどですので、各専門業者を統括する監督者が必要になります。その監督者に当たるのが、**Ⅰ．ハウスメーカー系**、**Ⅱ．地元工務店**、**Ⅲ．リフォーム専業者**です。Ⅰ．ハウスメーカー系とⅡ．地元工務店は基本的に新築も行っているところが多いため、一戸建てであれば全般に詳しい知識を持っており、依頼先として安心

図表6—2：リフォーム業者の一般的な特徴

	Ⅰ．ハウスメーカー系	Ⅱ．地元工務店	Ⅲ．リフォーム専業者
長所	・設計や提案に力を入れている ・保証やサービスの質が高い ・ブランド力など信用が高い ・工事監督がいる場合は施工品質も向上する	・地域密着で対応が早い ・現場に詳しい監督がいる ・中間管理費が少ないため比較的低コスト ・全般的にどんな工事にも対応	・低価格路線か、提案やサービスに力を入れた高付加価値路線か、特色が分かれる ・単体の工事なら概ねコストパフォーマンスは良い
短所	・工事は工務店に任せることも多く、高コストになりがち ・直接施工する業者との間に多くの人が関わるため、対応に時間がかかりがち	・設計や提案のスキルが乏しい場合もある ・管理体制がシステム化されていない場合、資料の引継ぎや保管方法が問題	・専門外の工事には極端に知識が無い場合も多い ・都市部ではマンションを得意とする業者も多い

感はあります。ただ世の中にはⅢ．リフォーム専業者の数も多く、こちらは工事内容によっては知識の偏りが大きい場合もあるため、依頼する際には注意が必要です。では、Ⅰ．～Ⅲ．の特徴について、**図表6—2**で詳しく見てみましょう。

Ⅰ．ハウスメーカー系とは、新築を行っているハウスメーカーに属する、リフォームを行う部門や子会社のことです。自社で施工したオーナー専門の場合もありますが、一般建物のリフォームを主力としている場合も多くあります。基本的に工事は下請けの工務店などに任せることが多いため、中間管理費がかかり、費用相場は高めになります。しかし、高付加価値のサービスに力を入れていることが多く、設計提案力・保証・品質・ブランドの信用力などを考えると、出来上がりの満足度や長い目で見た費用対効果も期待できると言えます。デメリットとしては、見積りの算出やアフターサービスなど、何かと対応に時間がかかることが多いという点が挙げられます。これはハウスメーカー系の窓口となる担当者から、実際に現場で動く施工業者までの間に関わる人が多いためです。ハウスメーカー系とリフォームを進める場合は、打合せなどの準備期間を長めに考えておくと良いでしょう。

Ⅱ．**地元工務店**とは、地域の専門業者を取りまとめ、新築やリフォームの現場を一括で管理・監督する業者のことです。ハウスメーカー系やリフォーム専業者などの下請けとなる場合も多いですが、自社で独自に営業活動を行っている場合もあります。地域密着で活動していることが多く、何かあったときには素早い対応が期待できる安心感もあります。ハウスメーカー系に比べれば費用は抑えめとなる場合もありますが、その分提案力が十分でないなどの弱点もあります。もちろん設計や提案に力を入れている地元工務店もありますが、その場合はその設計料が計上されるため、それなりの費用相場になります。地元工務店に依頼するなら、ちょっとした不具合でもすぐに対応してもらえるフットワークの良さや、掛かりつけのお医者さんのように末永いお付き合いができそうなところを選ぶと良いでしょう。

Ⅲ.リフォーム専業者とは、ハウスメーカー系や地元工務店が新築から派生してリフォームを行うようになったのに対し、最初からリフォームを専門としてできた会社です。リフォーム業は500万円未満の工事代金であれば建設業の許可も不要なため、新規参入のハードルが低く、多種多様・大小様々な業者が存在します。中でも皆さんに**ご注意いただきたいのは、特定の工事に特化したリフォーム専業者に依頼する場合**です。リフォームは部分的な工事の需要も多いため、専門業者がリフォーム業を始めるケースが多くあります。例えばキッチンやユニットバスの交換などを行う設備の専門業者が、内装や木工事などのサービスを始めて、設備機器類の交換がメインのリフォーム専業者になったり、塗装の専門業者が足場や防水などのサービスを始めて、外装がメインのリフォーム専業者になったりという形です。この形態では中間管理費などが抑えられるため低価格が狙えますが、建築士などの資格を持った現場監督がいなかったり、現場管理者の知識に大きな偏りがあったりする場合には、知識不足による不良工事が起こる可能性もあります。低価格というのは魅力的ですが、省かれたコストが重要なものであったら、それは安かろう悪かろうとなってしまいます。冒頭から、一戸建てのリフォームはマンションと違い、構造体の修繕も同時に考えなければならないとお伝えしていますが、そのためには**構造体の修繕についての知識を持った監督者が必要**です。業種別に専門業者に直接依頼することを業界用語で**「分離発注」**と言い、それはコストダウンの王道です。しかし、省かれたコストは監督や設計の経費ですから、そこに費用をかけないことは皆さんにとって大きなリスクとなる可能性があります。工事の発注は自己責任ですから、次にお話しする依頼先を選ぶ基準をご参考に、慎重にご検討いただけたらと思います。

(エ) 何を基準に選べばいいのか

依頼先の候補がいくつか挙がったら、次は選ぶ基準を考えます。今はホームページなどである程度の情報収集ができますから、事前に調べられる情報はできるだけ集めておきましょう。

【選ぶ基準】

1．工事の品質は信頼できるか

2．親身になって考えてくれるか

3．末永くお付き合いできるか

一言で表すと、信頼関係が築ける相手かどうかです。結婚相手を探すのと同じようなものですね。品質に間違いがなく、自分のことを一生懸命親身になって考えてくれる相手であれば、末永くお付き合いができるということです。ただ、こんなふわっとした表現では選びようがありませんから、判断材料をいくつか具体的に挙げてみます。

1．工事の品質は信頼できるか

① **自社の工事監理（管理）者**に、建築士または建築施工管理技士などの**有資格者**がいるか

↓工事を下請けに丸投げでは品質を管理できません。有資格者であれば職責を全うするだけの専門知識を持っています。

② 経営者の挨拶や**経営理念**が確認できる場合、**施工品質の向上**が謳われているか

↓経営理念というのは、案外社員に浸透しているものです。社員が向かうベクトルが明確に示されているのは信頼できます。

③**工事現場**を確認できる場合、**整理整頓**されているか

↓整頓された現場ではミスが起こりにくいものです。いい仕事をする職人を大事にしている会社の姿勢などもわかります。

④**リフォーム瑕疵（かし）保険**に加入しているか

↓リフォーム瑕疵（かし）保険とは、住宅のリフォームにおいて、検査と保証がセットになっている保険のことです。第三者の工事検査を受けることになるため、施工品質の向上に前向きな証と言えます。また、万が一会社が倒産しても施主への補償が守られるため、施主への誠意でもあります。

↓リフォーム瑕疵保険　P164

⑤**断熱工事**を行う場合、断熱材の正しい施工と気密の方法に詳しい**技術者**がいるか

↓断熱工事は正しい施工を行わなければ、期待された効果が得られないだけでなく、壁の内部で結露を起こして構造体を腐らせてしまうこともあります。国交省が推進している「住宅省エネ技術講習会」を修了していることなども、一通りの知識を習得している目安になります。

⑥ **耐震補強工事**を行う場合、地方自治体の**耐震化支援事業に対応できる事業者**か

→耐震化支援事業とは、主に旧耐震基準（１９８１年以前に建築）の建物に対し、地方自治体によって耐震診断や耐震補強工事に助成金などの支給を行い、耐震化を支援する事業のことです。耐震補強工事には、既存の基礎へ穴を開けてホールダウン金物を埋め込むなど、新築にはない改修専門の技術が必要になります。自治体によっては、一定の基準を満たした設計・施工事業者を登録制とし、その名簿を公開している場合もあります。耐震改修工事に慣れているかどうかは確認しておきましょう。

2. 親身になって考えてくれるか

① 自分の知識からは答えを出せない質問に、きちんと**調べてから回答をくれる**か

→どんなに若くて経験の浅い担当者でも、情熱を持って調べる姿勢があれば、周囲の手助けが得られているはずです。担当者だけでなく、チームワークが大切です。

② やりとりを**書面などに残してくれる**か

→言葉だけでは後々「言った」「言わない」とトラブルになる可能性があります。打合せ記録や図面の変更記録などを丁寧に残すのは、お互いのためでもあります。

③ **要望と相反することでも**、やった方がいいことを**勧めてくれる**か
↓施主の言いなりになる方が、実は簡単です。それ以上のことを考えてくれるからこそ出てくる言葉には、家とそこに住まう家族を思う愛があります。

3. 末永くお付き合いできるか

① 図面や仕様書など、後から工事内容を確認できる**資料を正確に残している**か
↓担当者がいつまでも在籍しているとは限りません。誰が見ても工事の履歴がわかる状態にしておくことは、家の管理や今後のリフォームのために大切なことです。

② **保証やアフターサービス**などの内容を明確に示した**書面**はあるか
↓後々必要になるものですから、必ず書面を確認します。

2. の親身になってくれるかどうかは、打合せが始まらないとわからないかもしれませんが、それ以外はある程度なら会社情報を自分で調べたり、最初に質問したりして聞き出すことができます。リフォームの打合せというのは、双方にとって大変な労力がかかります。できるだけ早期に依頼先を決定し、信頼関係を築くことに注力できれば、きっとお互いの力を結集させた最高のリフォームを造り上げることができるでしょう。

業者選び

(オ) 依頼するときに伝えるべきこと

さて、打合せを始めるにあたり最も大切なことは、「要望を伝える」という作業です。リフォームは新築と違い、施工範囲も工事内容も予算も、すべてが自由です。まずはあなたがどうしたいかを伝えなければ、先方も身動きが取れません。では施工業者に伝えるべきことを優先度順に整理していきましょう。

① 予算の絶対額

一番大事なのは、どこまでお金をかけられるかです。部分的なリフォームなら、今後の修繕にかかる費用も踏まえた上で、今回のリフォームにかけられる予算の限度額を設定します。もし全体のフルリフォームを行うのであれば、建て替えた場合の費用を基準に絶対額の上限を決めるのも良いでしょう。

↓建て替えるべきかを迷ったら P34

その場合は、建て替えも選択肢にあることを同時に伝えておけば、予算が収まらない場合の判断を速やかに行うことができます。時々「予算を多めに言うと足元を見られると思って…」と、少なめに言う方もお見掛けしますが、**予算はできるだけ正しい情報をお伝えすることをお勧めします**。多少の予備費を見込んでおくのは良いと思いますが、あまり過小に伝えてしまうと、提案自体が縮小してしまい、意に沿わないプランになってしまう可能性があるからです。「足元を見られる」ことが絶対に無いとは言いませんが、そういう状況を散見するのは、いわゆる「一見さん」として継続的なお付き合いを双方が期待していない場合です。こちらの条件を正直に言うのも、**信頼関係のスタート**です。信頼関係が築ける相手なら、予算の範囲内で、できる限りベストな選択肢を探してくれるはずです。

② リフォーム後の暮らし方・工事内容

これは漠然としたイメージではなく、具体的に工事に関わる内容を伝えます。

（1）どこまで綺麗にしたいか（設備機器、床・壁・天井、建具、施工範囲など）
（2）改善したい箇所はあるか（断熱性能、耐震性能、間取り、収納、バリアフリーなど）
（3）メンテナンスに求める耐久性（外装の耐用年数など）

（1）の**どこまで綺麗にしたいか**、というのは、ズバリ何をどこまで工事するのかという工事範囲を示します。これは一つ一つを指示しなくても、「見えるところは全て新品にしたい」「範囲は1階だけ」「2階の子ども室は使わないから何もしない」などの漠然とした表現でも大丈夫です。これだけ言えば、相手から「階段はどうしましょうか？　上から重ねて張る方法もありますよ」などと会話のキャッチボールが始まり、どんどん内容が具体的になっていきます。

（2）の**改善したい箇所**とは、今の生活で不満に思っている部分のことです。断熱性能や耐震性能を引き上げるのも予算に大きく影響することですから、最初にしっかり伝えておかなければなりません。間取りや収納計画などを変更したい場合も、変更が大きいほど費用もかかります。費用を抑えながらも使い勝手を良くする方法があるかなど、プロのアドバイスを受けながら、ここは打合せの中心としてしっかり煮詰めたいところです。また、バリアフリーにしたいと伝えておけば、床の工事のついでに段差を解消したり、建具を交換する時に開口を広げてくれたりと、細やかな配慮を得られたりします。いざ打合せが始まるとどんどん話が進んでしまいますから、今のうちから、日頃感じている不便、不満、不自由などを書き出しておくと良いでしょう。

それから、（3）の**メンテナンスに求める耐久性**も忘れてはいけません。今回どのようなメンテナンスを行うかで、次回のメンテナンスまでの期間が決まります。このメンテナンス内容がリフォーム予算にも大きく影響してくるのです。例えば、最低限の外壁塗装しかやらなければ、費用は100万円で収まるかもしれませんが、また10年後に足場をかけてメンテナンスをしなければなりませんし、いつか屋根の葺き替えをしなければとモヤモヤしながら暮らすことになります。もし、今回屋根も外壁も下地から新しくし、30年耐久の仕様に変更してしまえば、費用は400万円かかるかもしれませんが、30年後まで足場をかけるようなメンテナンスを行わずに済みます。高齢になるほどリフォーム工事も負担になってきますから、ご自身の年齢も考慮し、今後のメンテナンス計画を立てていただければと思います

↓外装メンテナンス P48

③ リフォームで妥協できるところ

全てを予算内に収められれば言うことはありませんが、要望を書き出し始めると、夢と共にどんどん膨らんでしまうのが見積り金額です。そこで、予算をオーバーしてしまう時の調整方法として、妥協できるところがあれば伝えておきます。では、予算の調整がしやすい**妥協ポイントの例**を挙げてみましょう。

（1）設備機器（キッチン・ユニットバス・洗面化粧台・トイレ）の商品グレードを下げる

（2）壁紙のグレードを下げる

（3）個室などの内装工事の施工範囲を縮小する

（1）の**設備機器**は、だいたいどのメーカーも高付加価値グレード（松）、普及品グレード（竹）、量産品グレード（梅）と価格帯を分けて商品設定をしています。定価ベースではあまり差がないように見えても、割引率で大きく差をつけている場合もあります。これがどの程度の差になるかと言うと、キッチン・ユニットバス・洗面化粧台・トイレの4点セットで比較すると、量産品グレードで揃えれば100万円で収めることもできますが、高付加価値グレードで揃えれば500万円を超えることもあり、大きな開きが出ます。国内の大手メーカーであれば量産品グレードでも品質に問題はありませんし、アフターサービスなどもしっかりしています。特別なこだわりが無ければ検討してみる価値はあるでしょう。ただ、あまり聞いたことがないメーカーの商品を安いからという理由で選ぶのはお勧めしません。アフターサービスの対応が悪かったり、故障しやすかったりする場合があります。長く頻繁に使うものですから、アフターサービスのしっかりしたメーカーの商品を選ぶ、というのは妥協したくないところです。

同様に、（2）の**壁紙**でもグレードがあります。普及品グレード以上にはデザイン的なものや色柄が鮮やかなものが多くあります。ただ、好みもありますが、住宅の壁紙は一般的には白っぽい無地のものをベースに、色柄が強いものは一面だけアクセントとして入れるなどの使い方をしたほうが、上品に仕上がります。白っぽい無地のものであれば、量産品グレードで十分です。ベースの無地を普及品グレードから量産品グレードに変更すると、品質や仕上がりの雰囲気を変えずに家全体で10万円程コストダウンすることができます。

（3）の**施工範囲を小さくする**、というのも費用を抑えるには効果的です。例えば2階の個室を何もしない工事対象外としてしまえば、工事中のLDKの家具類を置いておく荷物置場として使用することもできます。もし、後になってやっぱり綺麗にしたいと思ったら、その時に行えばいいと割り切ってしまいましょう。内装工事だけならそう負担の大きな工事ではありませんし、後から行っても大して割高にもなりません。

このように、予算を調整する際には妥協できるところがあるかどうかを探すのは必要な作業ですが、**妥協してはいけないところを明確にしておくことも重要**です。例えば、やらなければいけない**外装メンテナンス**や、やった方がいい**断熱性能・耐震性能アップ**がそれです。これらは目に見える満足度は少ないですが、家の寿命を延ばし、安心・快適に暮らすために必要な工事です。つい欲しいものを優先してこれらの予算を削るということにならないよう、気をつけておきたいところです。

④ 家の基本情報・図面

新築時の設計図書（確認申請図面一式など）や、これまでのリフォーム履歴がわかる資料などが手元にあれば、一式コピーをお渡しします。現場確認の際に、その場で資料の写真を撮ってもらってもいいでしょう。資料が詳細に残っているほど、見積りの精度が上がり、余計なコストを抑えることができます。もし手元に資料が一切ないという場合、それでもリフォームを行うことはできますが、見積りはあらゆる不確定要素を想定しながら予備費を盛り込んで作られますので、資料が少ないと実際にかかる費用よりも高めの金額になってしまう場合があります。家に関する情報は、その家が存在する限り、全て残しておきましょう。今回のリフォーム工事で作成される資料も同様です。

⑤ 第三者チェックの利用有無

依頼先の施工業者の他に、第三者機関による診断・検査を利用する方法があります。これらのサービスを利用する場合は施工業者の協力も不可欠になりますので、早めに伝えた方がスムーズです。また、施工業者によっては対応できない場合もあります。利用したいという場合は、最初の問い合わせの段階で、利用可能かどうか確認しておくと良いでしょう。

↓第三者チェック　P156

⑥ デザイン的なイメージ

これは特になければ伝える必要もありませんが、こうしたいというイメージがあれば、写真、絵、図などで共有しておくと打合せもスムーズです。日頃から雑誌やホームページなどに掲載されている写真で気に入ったものを取っておくようにすると、いざという時に伝えやすいですね。伝えるタイミングとしては、色柄の雰囲気的な内容なら契約後の仕様の打合せ時でも間に合います。ただし、金額に影響するような内容、例えば床材は無垢がいいなど材質を指定するような要望の場合は、最初に伝えておいた方がいいでしょう。

（カ）契約前に確認しよう

工事内容と見積り金額が固まったところで、工事の請負契約をします。数百万円、あるいは一〇〇〇万円を超えるかもしれません。緊張しますね。実は施工業者の担当者も、とても緊張しています。契約と言うのは双方の取り決めですから、不安な要素を残さないよう、わからないことは何でも質問して解決しておきましょう。契約書は記載事項が多いため、事前に郵送してもらうなどして目を通しておくと安心です。それでは**契約前に確認しておきたい点**をまとめます。

① 見積書・図面・仕様書の照合

まず、契約内容に要望がどこまで盛り込まれているかを確認します。契約内容は何で確認するかというと、見積書と図面、それから仕様書です。図面や仕様書が省略されていて見積書だけでは内容がわかりにくい場合は、工事の規模にもよりますが、手描きのスケッチ程度でも構いませんので作図を依頼した方がいいです。また、見積書に記載されている商品名などがわからない場合は、カタログの写しなども添付してもらうと良いでしょう。契約図面と見積書は基本的に合致していなければいけませんから、見積書ではわかりにくい部分は、図面を中心に確認すればＯＫです。打ち合わせた内容が反映されていないと思ったら、早めに伝え、訂正してもらいましょう。

②　契約金額以外に想定される必要経費の有無

契約時にまだ仕様が最終決定していない場合、仕様を変えることで追加金額が発生する場合もあります。そのような誤算が生じないよう、確定していない仕様の追加金額の有無や、契約に含まれていないが費用が別途かかると思われる項目などを想定してもらいましょう。よくある別途費用は、カーテン、照明、エアコン、家具、外構（庭や車庫などの建物の外にある構造物）などがあります。今あるものがリフォーム後に使えなくなる場合は、あらかじめ予算に組み込んでおく必要があります。

③　工程表

契約には必ず工期が記載されますが、その工事期間中の工程表も確認しましょう。大規模な工事になる場合、在宅のままで行うか、仮住まいに移るかで工程が変わってきます。

在宅のまま行う場合は、キッチンやお風呂、洗濯機やトイレなどの設備機器類が使えない期間がいつか、また荷物の移動は自分でやるのか、施工店側にお願いできるのかなどを確認しておく必要があります。仮住まいで1か月以上の長期間になる場合は、途中である程度荷物の取り出しなどができるように配慮してもらうといいでしょう。季節の変わり目に洋服が必要になり、工事中のわが家に取りに帰ったら奥に押し込まれたタンスから荷物が出せない、というのはよくある事態です。工事中は現場監督の連絡先を聞き、コミュニケーションを取りやすくしておくと安心です。

④ 近隣挨拶の段取り

工事中は騒音やホコリなどで、ご近所にはご迷惑をお掛けしてしまいます。お互い様とは言え、他人の工事は気になるものです。着工前に近隣挨拶は必ず行うようにしましょう。工事期間や施工業者の連絡先などを記した手紙を添えて、現場監督と一緒に回るとスムーズです。

column

こんなにもらえる！　補助金は必ずチェック

窓断熱や断熱材の補強などのエコリフォームは、冷暖房効率を高めCO_2の排出量を削減するだけでなく、住まう人を健康にするため医療費の削減にもつながります。また、耐震補強工事は大地震の際に人命を守り、建物の被害も最小限に留めるなど、社会的な損害を抑えることに役立ちます。他にも、バリアフリー工事は家庭内事故を防ぎ、医療費の削減や在宅介護を促す効果があります。これらは社会的にも有益なリフォーム工事として推奨されており、公的機関による補助金が用意されているケースがあります。ここに代表的な制度を掲載しますので、是非ご活用いただけたらと思います。また、一般社団法人 住宅リフォーム推進協議会のホームページで、地方公共団体が実施する住宅リフォーム支援制度を検索することができますので合わせてご参照ください（http://www.j-reform.com/reform-support/）。ただし注意点としては、補助金は基本的に年度単位で予算が組まれるため、予算に達してしまえば年度の途中であっても締め切られることはありますし、毎年同じ内容で継続されているとも限りません。詳細な内容に関してはその都度ごとにご確認いただくことをお勧めします。

業者選び

【長期優良住宅化リフォーム推進事業】

長寿命化や三世代同居へのリフォームなどを実施する場合に、国がその費用の一部を補助する事業で、２０１３年から年度ごとに予算が設けられ、毎年実施されています。対象となるためには詳細な条件があるため、施工業者にはリフォーム依頼時に補助金を利用したい旨を伝え、詳しい条件などを事前に確認しておくと良いでしょう。

補助金額：工事費の３分の１かつ最大１００万・２００万・２５０万円（リフォーム内容により上限額は異なる）、３世代同居リフォームは＋50万円

対象工事：断熱工事、耐震改修、バリアフリー化、維持管理対策、インスペクションなど

↓スレート屋根・瓦屋根の葺き替え　P179
↓サイディング外壁への張り替え　P183
↓防蟻処理　P185
↓防湿コンクリート打設　P186
↓在来浴室からユニットバスへの改修　P188
↓断熱工事　P189~196
↓耐震補強工事　P199
↓電気で給湯・エコキュートの新設　P204

などが該当

受付窓口：施工業者を経由して申請

↓バリアフリー　P107〜113

【耐震化支援事業】

主に旧耐震基準（1981年以前に建築）の建物に対して耐震化を支援する事業のことで、耐震診断や耐震補強工事に助成金などの支給が行われます。まずは地方自治体の窓口にて耐震診断の申し込みをし、必要があれば耐震改修へと進んでいく流れとなります。耐震診断・設計・施工業者を登録制とする地方自治体が多いため、施工業者を選ぶ段階から問い合わせておくと安心です。

補助金額：地方自治体によって補助率、上限額は異なる

対象住宅：1981年5月以前に着工した建物（2000年5月以前の場合も有り）

対象工事：耐震診断、耐震設計、耐震補強工事など

↓耐震補強工事　P190

受付窓口：市区町村の専門部署へ相談

【介護保険による住宅改修補助金制度】

介護保険では、要支援および要介護の認定を受けた方の一定の住宅改修（段差の解

消や手すりの設置等）に対して助成金が支給されます。着工前に受け付ける必要があり、申請には理由書の準備などにも時間がかかることから、早めに相談に行くことをお勧めします。

補助金額：工事金額の7～9割、上限20万円

申請条件：要支援または要介護と認定された人が住む家であり、ケアマネジャーまたは福祉住環境コーディネーター2級以上などの有資格者による理由書があることなど

対象工事：手すり取り付け、段差解消、床材変更（滑り防止など）、引戸に変更、トイレ改修（和式から洋式へ）など

↓バリアフリー　P107～113
↓在来浴室からユニットバスへの改修　P188

受付窓口：市区町村の専門部署へ相談

以上の制度は概ね毎年継続されていますが、この他にも景気対策などでスポット的に予算が組まれる補助金があります。特に省エネ工事は補助金対象になりやすいため、断熱関係の工事を計画する場合は、補助金についても良く調べておくと良いでしょう。

第7章　第三者のプロを味方につける

（ア）第三者チェックってどういうこと？

リフォーム業者もしっかり選び、工事の内容も具体的に固まり、あとは工事を行うだけ……。そこで最後に、「しっかり計画通りに工事が行われるか？」という一抹の不安が胸をよぎることもあるでしょう。リフォーム工事を頼むとき、当事者は基本的に皆さんと施工業者の二者です。施工業者がきちんと工事を行っているだろうかと不安に思っても、皆さんにはその施工が正しいかどうかを判断するのは難しいですよね。そこで、もしも建築のプロが計画の妥当性や工事の施工品質、計画通りに仕上がっているかなどをチェックしてくれたら頼もしいと思いませんか？　このように、施主と施工業者との間に**「第三者チェック」**として入る建築のプロがいます。第6章で施工業者との信頼関係が大切、とは言いましたが、信頼とは必ずしも盲目的に信じることとは限りません。一生懸命やっていてもミスは起こってしまいますから、第三者による二重のチェックで不良工事を防いだり、施工品質を向上させたりすることは、お互いにとって良い結果を招きます。一度造ったものを後から直すのは、手間がかかるだけでなく施主の負担も大きいため、そういった後々のリスクを減らす手段としてもお勧めです。また、第三者による評価があることで、建物の資産価値を適正に査定できる場合もあります。第三者に依頼するには費用はかかりますが、このようにお値段以上のメリットも多くあります。ここにリフォームを行う際に利用できる第三者のサービスをいくつかご紹介いたしますので、是非ご検討してみてください。

（イ）既存住宅状況調査（インスペクション）

「既存住宅状況調査」という言葉を聞いたことがあるでしょうか。インスペクションとも呼ばれ、既存の住宅を建築士など専門の技術者が調査し、劣化や雨漏りなどの状況を報告する家の健康診断のようなサービスのことです。新築のときにはすべてがキレイな建物も、何年、何十年と住んでいれば当然いろいろな部分が劣化してきます。外壁のひび割れなどは自分でも確認できますが、それが構造体に影響を与える劣化かどうか、というところまではなかなかわからないですよね。やはり、プロの目で客観的に見てもらえるというのは安心です。似たようなものに、リフォームを依頼するときに無料で行う「現地調査」

というものがありますが、これはあくまでリフォーム業者が自社の工事を適正に行うためにする調査です。どういうことかというと、例えば塗装屋さんが現地調査をすれば、判断するのは古い塗膜や塗装ができる下地の状態かどうかなど、塗装に関する情報だけです。したがって、塗装屋さんは現地調査で「バルコニーのＦＲＰ防水のトップコート上塗りだけなら自分でもできそうだな」と思えば、良かれと思って「ついでにお安くやりますよ」とトップコートの塗装を提案してくれるかもしれません。しかし、塗装の下地の防水層もしくは構造材が傷んでいた場合でも、そこまで気づいて修理を提案してくれることまではなかなか期待できません。本来、ＦＲＰ防水のメンテナンスは防水屋さんの仕事で、その下地が傷んでいれば直すのは大工さんの仕事だからです。

↓バルコニーの防水メンテナンス　P184

つまり、**インスペクションは「家全体の状態を第三者の専門技術者が客観的に診断」**するのに対し、**リフォーム業者による現地調査は「リフォームを行う箇所を確認する調査」**なのです。現地調査では基本的に自社がリフォームで対応できない箇所は確認しないと思ってよいでしょう。インスペクションの方が、より中立かつ客観的な報告を得ることができます。

インスペクションは、もともと安心して中古物件を売買できるようにと整備されてきた

図表7—1：既存住宅状況調査（インスペクション）の概要

部位	調査報告内容	結果から推測できること
基礎	幅0.5mm以上のひび割れ、深さ20mmを超える欠損、コンクリートの著しい劣化、さび汁をともなったひび割れ、鉄筋の露出 等	基礎の劣化状況（メンテナンスの必要性）、地盤の不動沈下 等
土台・床組	著しいひび割れ、劣化または欠損、著しい沈み、6/1000以上の傾斜、著しい蟻害、著しい腐朽・腐食 等	シロアリの被害、水漏れによる腐朽、構造体の歪み、地盤の不動沈下 等
柱・梁	著しいひび割れ、劣化または欠損、梁のたわみ、柱の6/1000以上の傾斜 等	構造体の歪み 等
外壁・軒裏	外壁下地材まで到達するひび割れ、欠損、浮き、はらみまたは剥落、複数の仕上げ材にまたがるひび割れまたは欠損、仕上げ材の著しい浮き、シーリング材の破断または欠損、建具周囲の隙間または建具の著しい開閉不良、軒裏天井の雨漏り跡 等	外壁・軒裏の劣化状況（メンテナンスの必要性）、雨漏りの可能性、構造体の歪み 等
バルコニー	支持部材または床の著しいぐらつき、ひび割れまたは劣化、防水層の著しいひび割れ、劣化もしくは欠損または水切り金物等の不具合	防水層の劣化状況（メンテナンスの必要性）、雨漏りの可能性 等
小屋裏	小屋組みの著しいひび割れ、劣化または欠損、小屋組みの雨漏り跡	屋根からの雨漏り 等
屋根	屋根葺材の著しい破損、ずれ、ひび割れ、劣化、欠損、浮きまたは剥がれ	屋根の劣化状況（メンテナンスの必要性）等
内壁・天井	下地材まで到達するひび割れ、欠損、浮き、はらみまたは剥落、雨漏りの跡、壁における6/1000以上の傾斜 等	雨漏りの可能性、構造体の歪み 等

歴史があります。サービスは古くからありましたが、検査方法や技術者の技量などもバラバラで、その信頼性には多くの課題があったため、ひと昔前までは、中古住宅の売買と言えば、当たるか外れるかという博打に近い買い物でした。そこで２０１３年６月には法律によって検査方法などのガイドラインが整備され、２０１７年２月には既存住宅状況調査技術者の講習制度を創出、２０１８年４月からは宅建業法により中古住宅の売買時にインスペクションの有無を説明することが義務づけられるなど、国を挙げて普及に力が入れられてきました。こうして、インスペクションを利用すれば建物の状態を事前に判断することができ、不具合が見つかればリフォーム費用を予算に組み込んで物件を購入するなど、対策をあらかじめ検討できるようになりました。そして同様に、リフォーム計画を検討するためにも大いに活用できるサービスとなったのです。

ではまず一般的なガイドラインに沿ったインスペクションでは、一体どんなことがわかるのか見てみましょう。（**図表7―1**）

この他にもオプションで給排水の劣化や漏水、換気・電気・ガス設備などの作動不良などについて確認する項目もあります。

この調査によって報告されるのは、**図表7―1**の「調査報告内容」に記載された項目です。その報告内容から、右欄の「結果から推測できること」に記載したような現象を推測することができます。例えば、柱に1000分の6以上傾斜（1メートルの垂直距離で6ミリ以上のズレ）が見つかれば、何らかの理由によって構造体が歪んでいる可能性があると推測でき、更に詳細な耐震診断などに進むかどうかを検討することができます。また、基礎から錆び汁をともなったひび割れが見つかれば、基礎内部の鉄筋が錆びている可能性があり、コンクリートの中性化を防止するメンテナンスなどを検討することができます。このように、現在の状況を把握することは、適切なメンテナンス計画を立てるためには大いに役に立ちます。場合によっては、リフォームで対応するには費用がかかりすぎるから建て替えた方がいいという判断になることもあり得ます。

ただ、リフォームに活用するためには**調査の範囲と項目に注意**が必要です。というのも、通常のインスペクションの範囲は、原則として外周および内部の目視可能な部分と、床下および天井に設置された点検口から覗き込んで見える範囲のみです。例えば移動できない家具や物置、室外機などで隠れているところや、点検口から見えない範囲は調査の対象外となります。また、調査項目は基本的に劣化と雨漏りに絞られていますので、断熱や耐震などの状況も知りたい場合は一般的なインスペクションだけでは足りません。

そこで、リフォームにインスペクションを活用する場合には、基本の調査に加えてオプションで追加調査をお願いしたいところです。

【リフォームにお勧めのインスペクション追加調査】

①点検口から床下および小屋裏の内部へ進入する詳細調査

②天井・壁・床下の断熱状況、断熱材の種類、厚さなどの調査

③1981~2000年の建物には、接合部の金物の調査

②は現時点の断熱性能を把握することができ、断熱リフォームの計画を立てるために役立ちます。③は第4章でご紹介した、新耐震木造住宅検証法による簡易診断の検査項目の一つなので、プロに見てもらえれば安心です。また、②と③を調査するためには①も必要になりますが、床下を詳細に調査すれば、シロアリの侵入経路となる蟻道や給排水管の漏水などを発見できる可能性も高まります。ただし、これらの追加調査はインスペクションを行う調査会社や個人事業者によっては扱っていない場合もあるため、依頼する前に調査可能かをよく確認しておくことが肝心です。

それではインスペクションを依頼する手順をまとめます。(**図表7―2**)

まず、インスペクションを行うタイミングですが、この結果によってリフォーム計画が

図表７―２：既存住宅状況調査（インスペクション）を利用する手順

依頼のタイミング	リフォーム計画の前に
依頼先の探し方	①一般社団法人 住宅瑕疵担保責任保険協会 https://www.kashihoken.or.jp/inspection/search.php ②公益社団法人 日本建築士連合会 https://aba-svc.jp/house/inspector/index.html ③一般社団法人 全日本ハウスインスペクター協会 https://house-inspector.org/members/inspector ④一般社団法人 日本木造住宅産業協会 https://www.mokujukyo.or.jp/kensetsu/inspection/search.php ⑤一般社団法人 日本建築士事務所協会連合会 http://kyj.jp/inspection/search 上記５団体で既存住宅状況調査技術者（個人）の検索が可能
費用相場	基本インスペクション：５～６万円 【追加調査】床下・小屋裏進入調査：３～６万円 耐震診断・断熱診断：要問合せ

左右される可能性もあるため、リフォームの計画前に行っておきたいところです。次に、依頼先の探し方ですが、インスペクションを行う**「既存住宅状況調査技術者」**（個人）を探すことになります。この技術者は**図表７―２**「依頼先の探し方」の項に記載されている５団体のどこかに登録されており、最寄りの住所などから技術者を検索し、掲載されている連絡先から問合せが出来るようになっています。

そして気になる費用ですが、基本インスペクションの相場は５～６万円です。その他の追加調査については、まずは取り扱っているかどうかを、問合せの際にご確認ください。ホームページなどで取り扱い検査や費用などを明示しているところも多くありますので、こうした情報を参考にされるのもいいと思います。基本調査は2時間程度で行われ、検査後2〜3日のうちに報告書が作成されるという流れが一般的です。

（ウ）リフォーム瑕疵（かし）保険

新築住宅を購入するときには、住宅瑕疵保険と言って「引渡しから10年間に途中で施工業者が倒産しても、瑕疵が見つかった場合には買主がしかるべき補償を受けられる」サービスがあります。実はこの瑕疵保険に任意で加入できるサービスが、リフォームにもあります。それが、**リフォーム瑕疵（かし）保険**です。**保険期間は一般的なリフォームで「構造上主要な部分」と「雨水の浸入を防止する部分」が5年、その他のリフォーム部分は1年**です。この保険は施工業者が加入するもので、リフォーム箇所に不具合が生じても補修にかかる費用を保険金でカバーできるため、必要な工事を確実に実施することができるよ

図表７―３：リフォーム瑕疵（かし）保険を利用する手順

依頼のタイミング	リフォーム工事依頼と同時に
依頼先の探し方	リフォーム工事を依頼する際、施工業者にリフォーム瑕疵保険に加入できるかどうか聞く
費用相場	工事金額・保険金の支払い限度額・検査回数による 例）工事金額60万円、保険金支払い限度額100万円、検査回数１回の場合：３万円程度

うになります。万が一施工店が倒産してしまった場合は、施主から直接保険会社に補修費用を請求できるため、施主・施工業者の双方にとって安心な保険と言えます。この保険に加入する際には、建築士資格を持った検査員による現場検査を受け、保険会社が定める施工基準をクリアする必要があります。これが「第三者チェック」となるのです。リフォーム瑕疵保険は徐々に普及してきていますが、加入は任意のため、どこの施工業者に工事を依頼しても自動的に加入できるというものではありません。むしろ、加入している施工業者は限られるため、施工品質の向上に熱意があり、かつ消費者を守るために真摯に経営していると考えられ、リフォーム業者選び際のプラスの判断材料になるでしょう。

では、リフォーム瑕疵保険を利用するための手順をまとめます。（**図表７―３**）まず依頼のタイミングは、施工業者への工事依頼と同時となります。また、依頼先の探し方ですが、リフォーム瑕疵保険への加入者は施工業者となるため、まずはリフォームを依頼する施工業者へ、保険に加入できるかどうかを問い合わせる必要があります。このため、リフォーム業者の選定と同時並行して探すのが良いでしょう。

↓リフォーム業者の選び方　P125

費用についても、施工業者によっては保険加入を標準仕様として通常のリフォーム金額に含めている場合もありますし、オプションとして加入する場合は別料金が発生することもあります。別料金となる場合の費用ですが、保険料（工事金額や保険金の支払い限度額による）＋検査料（工事内容によって検査回数も異なる）となるため、工事内容と金額がある程度固まってから費用を算出することとなります。なお、リフォーム業者によっては瑕疵保険を利用できる事業者として登録されておらず、加入ができないと断られる場合もありますのでご注意ください。

（エ）既存住宅用の住宅性能表示制度

住宅性能表示制度とは、**住宅の性能を等級によってわかりやすく表示する制度**のことで、新築住宅用と既存住宅用の2種類があります。新築住宅用の利用率は年々増加傾向で、2017年度の利用率は24・5％となり、制度開始からの累計利用戸数は300万戸を超えています。このように新築では定着しつつある制度ですが、既存住宅用は利用戸数が累計でも1万戸に遠く及ばず、普及しているとは言い難い状況です。そんな状況の中、敢えてここにご紹介させていただいたのは、第3章のコラムでお話した2020年4月の建築物省エネ法の改正に関連しています。これからは断熱性能によって建物の資産価値が変わるという話をさせていただきましたが、断熱性能をリフォームによって引き上げた場合に、その**性能を客観的に評価できるシステム**がこの既存住宅用の住宅性能表示制度なのです。

ではどのような制度なのか、具体的に見ていきましょう。

まず、**図表7―4**のように、評価する対象は大きく分けて、「**①現況評価**」と「**②性能評価**」の2種類があります。

現況評価は、この章の冒頭でご紹介したインスペクションと似た内容で、現況検査によって家全体の劣化状況などを評価します。インスペクションでは現況評価で終わりですが、住宅性能表示制度の特徴はこれに、性能評価を追加することができることにあります。

性能評価は、**図表7―5**に示す通り9項目からなり、既存住宅用の基準で評価されます。

【基本】
①現況評価

＋

【オプション】
②性能評価

図表７―４：既存住宅用の性能表示制度

図表７―５：既存住宅用の性能評価項目

項目	評価内容
1.構造の安定	地震に耐える耐震性能
2.火災時の安全	燃えにくさ、避難のしやすさ 等
3.劣化の軽減	材料の劣化の進行を遅れさせるための対策
4.維持管理・更新への配慮	配管の点検・清掃・補修のしやすさ 等
5.温熱環境・エネルギー消費量	断熱性能・日射の遮蔽 等 および、設備の省エネ性能 等
6.空気環境	空気中の化学物質・粉塵濃度、換気対策、石綿の有無 等
7.光・視環境	方位別の窓の面積 等
8.高齢者等への配慮	段差の解消、階段を緩勾配にするなどの配慮
9.防犯	開口部の防犯性能

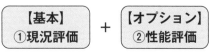

性能評価の方法は、性能に応じて等級が与えられ、項目によって最大等級は2～5までと異なりますが、数値の大きい方が性能は良いということになります。性能評価は必要な項目を選んで行うことができます。例えば耐震補強と断熱リフォームを行った場合は、1.の構造の安定と、5.の温熱環境・エネルギー消費量の2項目だけを評価するという使い方ができます。

検査と評価は、品確法により定められた基準に従い、国土交通大臣によって登録された第三者機関である評価機関が、評価員を用いて行います。つまり、国のお墨付きの評価が得られるわけです。

性能評価を受けると、以下のメリットがあります。

【住宅性能表示制度 ②性能評価のメリット】

1. 構造の安定（耐震等級）に応じて地震保険が最大50％割引になる

2. 万が一のトラブルの際には住宅紛争処理機関（各地の弁護士会）を利用できる

3. 信頼性の高い客観的な評価により、建物の価値を適正に査定できる

1つ目の、地震保険の保険料が最大50％割引というのは大きいですね。例えば東京で木造住宅が保険金額1000万円の地震保険に加入した場合、1年間の保険料は3万8900円です（2019年1月現在）。仮に、性能評価に20万円程度の費用がかかったとしても、耐震等級3を取得して地震保険料が50％割引になれば、性能評価にかけた費用を10年程度で補填できる計算になります。ちなみに耐震等級3とは第4章でもお伝えした通り、熊本地震レベルでも倒壊ゼロの安心の耐震力です。耐震補強のリフォームを行う場合は是非この耐震等級3を目指し、地震に対する備えと経済的なメリットの両方を手に入れていただけたらと思います。

↓新耐震でも油断はできない P95

メリットの2つ目、万が一のトラブルとは、施主と施工業者との間で紛争が生じた場合のことです。手数料は1件につき1万円かかりますが、いざというときには建築や法律の専門家が間に入ってくれるというのは心強いですよね。

そして3つ目は、自宅を売却するときに威力を発揮するところです。例えば断熱や耐震のリフォームを行った場合に、ただ「リフォーム履歴あり」と表記するよりも、「リフォームによって性能を等級○まで引き上げた」と表記できた方が、より客観的で信頼性の高い情報となります。査定額がいくら上がるというのは断言できるものではありませんが、相場より高い値段であっても「買いたい」と思う人がいれば売買が成立するのが不動産です。物件の魅力を高める手段として、第三者による客観的な評価を得ることは有効と言え

図表7―6：既存住宅用の住宅性能表示制度を利用する手順

依頼のタイミング	①現況評価のみ：リフォーム計画の前に ②現況評価＋個別性能評価：リフォーム工事着手前に
依頼先の探し方	①一般社団法人 住宅性能評価・表示協会 https://www.hyoukakyoukai.or.jp/kikan/hyouka_search.php 住宅性能評価機関を検索し、直接申請 ②リフォームの施工業者に申請代行を依頼
費用相場	①申請料5～6万円 ②申請料10万円＋代行手数料10万円程度

ます。

では住宅性能表示制度を利用するための手順をまとめます。まず住宅性能表示制度は2種類の利用の仕方があります。**①現況評価のみ**の場合と、**②現況評価＋個別性能評価**を行う場合です。**（図表7―6）**

①現況評価のみの場合は、依頼先が違うだけで基本的に前述のインスペクションと流れも利用用途も同じです。このため、ただ現況の劣化状況が知りたいというだけなら、どちらかを利用すればよいでしょう。ただし、不動産の売却をご検討の場合は、インスペクションを利用した方が、売買契約時の重要事項として説明ができ、場合によっては売買瑕疵保険への加入ができるなどのメリットがあります。

一方、②現況評価＋個別性能評価を行う場合は、まず現況の劣化状況を把握し、リフォームによって引き上げた性能を評価し、メンテナンスにより劣化状況を改善した場合は再検査によってその改善内容も評価することができます。申請は自分でも行うことはできますが、リフォームで性能を引き上げたことを証明する書類などを用意する必要があるため、リフォームの施工業者に申請を代行してもらった方がスムーズです。申請はリフォーム後に行うこともできますが、個別性能評価では工事中の施工写真など、後から用意するのが難しい資料の提出を求められる場合があるため、基本的にはリフォーム工事の着工前に申請しておいた方が確実です。既存住宅の性能評価の申請は慣れていない施工業者も多いため、リフォームの計画段階など早めに施工業者にご相談いただくことをお勧めします。

column

払った税金を返してもらおう！　減税制度

リフォームを推進するために、補助金の他に減税制度も用意されています。減税では既に払った税金を返してもらうか、これから納める税金を減額してもらえます。いずれにしても、自分から期限内に申告しなければ減税を受けることができません。ここにリフォームに関する減税をご紹介しますので、是非期限に間に合うように、確実にお手続きいただけたらと思います。

【所得税】

減税額：現金一括の場合は工事代金の10％（最大20～50万円）、ローンの場合は残高の1％または2％を5年間（最大62・5万円）など

対象工事：耐震改修、省エネ、バリアフリー、二世帯住宅化、長期優良住宅化、増改築、住宅ローンなど

申請期限：還付申告なので工事翌年1月1日から5年間

受付窓口：市区町村の税務署へ確定申告を行う

確定申告書、源泉徴収票、住民票の写しの他に、各種工事証明書や契約書などが必要になります。

【固定資産税】

減税額：3分の1～2分の1を翌年の固定資産税から減額

対象工事：耐震改修、省エネ、バリアフリー（工事代金50万円以上）

申請期限：工事完了後3か月以内

受付窓口：市区町村の地方税担当課など

その他に、リノベーション済み中古物件を購入した場合などに登録免許税や不動産取得税が減額になる制度もあります。この場合は中古物件購入の際に、仲介業者もしくは宅建業者の売主に確認すると良いでしょう。

第8章　さあ、リフォームしよう

リフォームメニューから選ぼう

何をやればいいのか、という全体像を一通り知っていただいたところで、具体的なリフォームメニューをご紹介していきたいと思います。一部技術的な記載もさせていただきますが、わかりにくい部分がありましたら、リフォーム施工業者にご相談いただく際の資料としてお使いいただくなど、ご活用いただければと思います。概算は30坪総2階建て（1階15坪・2階15坪）の寄棟屋根形状にて、一般的な作業単価を目安として算出しております。消費税や諸経費、建物形状や現況により別途必要になる費用などがありますので、ご予算はある程度の余裕を持ってご検討いただけたらと思います。

やらなければいけない

メニュー①：

スレート屋根の棟板金メンテナンス

部位：屋根

推奨時期：10年ごと

工事概要：スレート屋根材の頂部に覆い被せている板金部材を棟板金と呼び、この下地の木材が腐朽しやすいため、板金を留める釘が緩みやすい。その状態で強風に遭うと飛散事故が発生しやすく、飛散した棟板金が近隣の家などを破損させる事故が発生している。これを防ぐため、棟板金は定期的にメンテナンスが必要。10年ごとに点検を行い、既に釘の浮きなどがあれば交換し、不具合が無ければ塗装で保護する。安全のためにも15～20年目までには交換しておきたい。

依頼のコツ・注意点：
- 交換する棟板金下地は、耐久性の高い樹脂製がお勧め
- 作業には足場が必要なので、外壁塗装とタイミングを合わせると良い。その際は棟板金だけでなく、他のすべての板金部分も一緒に塗装する
- 台風などで飛散してしまった場合は火災保険が適用になる可能性もあるため、保険会社に相談すると良い
- 足場がかかるついでに、雨樋のごみ・落ち葉等のつまりも清掃すると良い

寿命と次回のメンテナンス：
10年目に塗装の場合は20年目は棟板金の交換を行う。屋根材の劣化状況に応じて屋根全体の葺き替えも検討する。

工期：
半日～1日

概算：
10万円～（足場代別）

ポイント解説

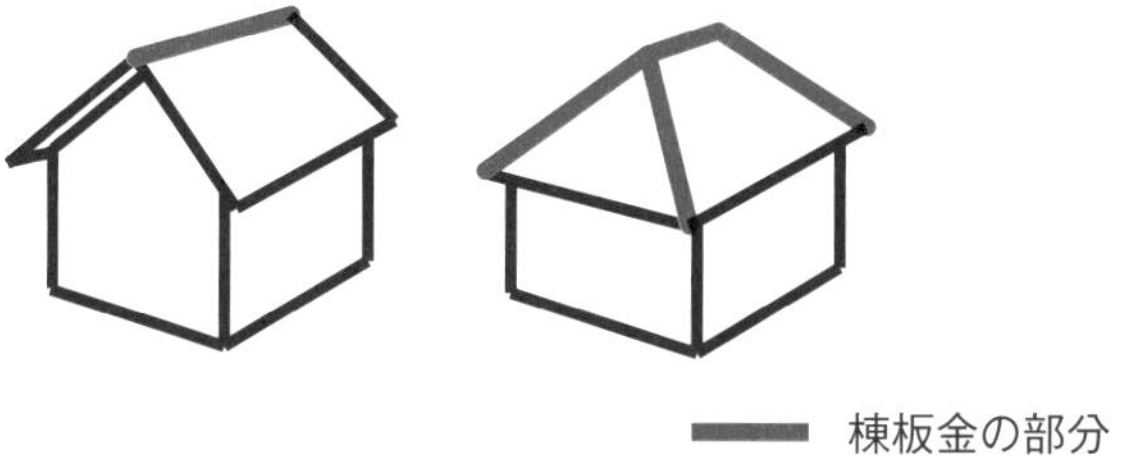

やらなければいけない

メニュー②： **スレートから金属屋根へ重ね葺き（カバー工法）**	部位：屋根 推奨時期：20～30年目

工事概要：重ね葺き（カバー工法）とは、既存の屋根をそのままに、上から下地防水シート（ルーフィング）、軽量の金属屋根材の順に被せる葺き替え方法。屋根材の撤去・処分費が掛からないため、特に既存がアスベスト含有の屋根材の場合、この費用が高額になるのでメリットが大きい。カバー工法は１度しかできないため、できるだけ長寿命の材質を選ぶと良い。断熱材付きの屋根材もあり、高価だが断熱効果も期待できる。
既存の屋根が傷んでいる場合など、現在の状態によってはカバー工法では対応できない場合もある。また和瓦など、そもそもカバー工法が対応できない屋根材もある。

依頼のコツ・注意点：
・屋根材と下地のルーフィングは耐久性を重視して選ぶ
・雨樋も一緒に交換する
・カバー工法は屋根の劣化が進む前に、早めに行うよう計画する
・既存屋根材または下地の劣化が激しい場合は葺き替えへ
・太陽光発電の搭載は基本的にNG。メーカーによっては専用の取付部材を用意している場合もある。事前に確認が必要
・足場が必要なため、外壁メンテナンスとタイミングを合わせると良い

寿命と次回のメンテナンス：
屋根材のメンテナンス方法に従う。次回葺き替える場合は、もともとの屋根も、上から被せた屋根も、ともに全撤去が必要。

工期：
５～10日

概算：
110万円～
（雨樋含、足場代別）

ポイント解説

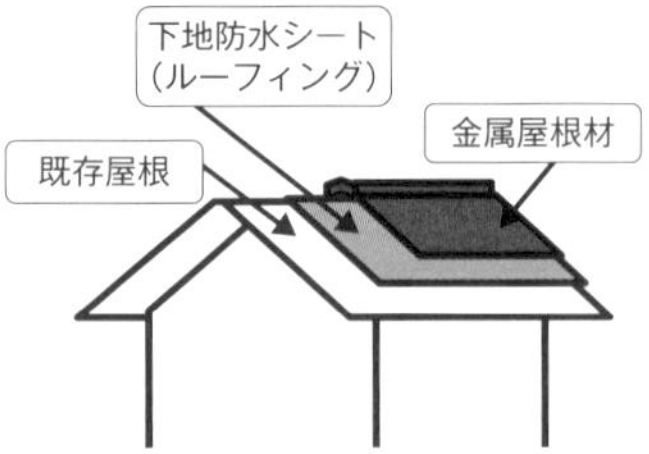

【金属屋根材の種類】

スーパーガルバリウム鋼板：
従来のガルバリウム鋼板の３倍の耐食性を持つとも言われる金属屋根材。塗装により長寿命が期待できる
穴あき保証25年、塗膜保証20年など。

ジンカリウム鋼板：
ガルバリウム鋼板などに天然石粒をコーティングしたもの。塗装はできないが、耐久性・美観に優れる。高価。
保証30年、耐用年数50年など。

やらなければいけない

メニュー③：
スレート屋根・瓦屋根の葺き替え

部位：屋根

推奨時期：20～30年

工事概要：既存の屋根材を撤去し、新しい屋根材を下地から葺き替える方法。既存を残すカバー工法に比べ、屋根が軽くなるのがメリットだが、既存を撤去・処分する費用がかかるため割高となる。カバー工法ではなく葺き替えなければいけないケースは、屋根材や下地材の傷みがひどい場合、既にカバー工法による重ね葺きをしている場合、瓦屋根の場合など。古い屋根材がスレートや瓦の場合は、軽量な金属屋根に葺き替えることで、耐震性を向上させることも可能。金属屋根は一般的に高価格帯にはなるが、屋根材・下地のルーフィングともに耐久性の高い材質を選ぶことで、将来的な維持費を減らすこともできる。屋根の外張り断熱（メニュー⑱）を同時に行うのも良い。

依頼のコツ・注意点：
- 今後何年住むかに応じて、耐久性とコストの兼ね合いから材料を選定する
- 屋根材の耐久性に合わせ、下地のルーフィングの耐久性にも注意
- 雨樋も一緒に交換となる
- 太陽光発電の新設（メニュー㉕）はこのタイミングに合わせて行い、屋根も耐久性の高い仕様にしておけば、将来屋根のメンテナンス時に太陽光パネルを一旦下ろしてまた載せるなどの余計な費用の発生を抑えられる
- 撤去する屋根材にアスベストが含まれている場合は、撤去・処分費が割高になる

寿命と次回のメンテナンス：
屋根材の種類による。基本的にメンテナンス回数の少ないものを選びたい。ただし、超高耐久でメンテナンスが長期間不要なものであっても、10年程度に一度は点検を行っておきたい。

工期：
1～2週間

概算：
120万円～
（雨樋含、足場代別）

ポイント解説

和瓦：

元々和瓦であれば和瓦に葺き替え可。スレートから和瓦へは建物の耐震性が悪くなる可能性があるため注意。防災瓦は耐風・耐震性に優れる。下地のルーフィングは超高耐久がお勧め。高価。

スレート：

和瓦より軽量なため、和瓦からの葺き替えなら耐震性の向上が期待できる。寿命は30年程度だが、初期費用は安い。

金属：

スーパーガルバリウム鋼板、ジンカリウム鋼板など（メニュー②参照）、超高耐久仕様が可能。屋根材の中でも最も軽く、耐震性向上を期待するならお勧め。屋根材の耐久性に合わせ、下地ルーフィングも超高耐久仕様とする。長期的に見てコストパフォーマンスが良い。

やらなければいけない

メニュー④： **モルタル外壁の塗装**	部位：外壁 推奨時期：10〜15年ごと

工事概要：モルタル外壁とは、モルタルを塗った上に塗装などで仕上げた外壁で、継ぎ目が無いのが特徴。モルタルそのものは長寿命だが、ひび割れがしやすいのが弱点。塗膜によってモルタルを保護しているため、塗膜が寿命を迎える前に再塗装する必要がある。塗装の方法は、既存の外壁に高圧洗浄を行い汚れを落とした後、亀裂や隙間などが生じている場合には適切に防水処理を施し、塗装を下塗り・中塗り・上塗りの計３回行う。作業には足場を組む必要があるため、屋根などのメンテナンスも同時に行うように計画する。

依頼のコツ・注意点：
- 足場が必要な工事はまとめて行うようにする（屋根・雨樋・サッシなど）
- 塗装工事だけと思っても、下地や構造の傷みなどを発見できる場合も多い。傷みが気になる場合は、塗装業者に直接頼むのではなく、工務店に依頼すれば監督者に建物全体の状況を見てもらうことができ、下地の補修方法なども適切に判断できる
- 塗料の種類により寿命（次回の塗装までの間隔）や価格が異なる。塗料の寿命については契約前に確認する
- 外壁だけでなく、雨樋、雨戸（戸袋）、シャッターボックス、屋根、板金部分など、見積り金額に含まれている塗装範囲はどこまでかを契約前に確認する

寿命と次回のメンテナンス： 次回の塗装のタイミングは塗料の耐用年数によるが、ひび割れなどの不具合を早めに補修するためにも、10〜15年に１回は足場を立てる計画にすると安心。塗膜を触って手に粉がつく状態（チョーキング）は塗膜の寿命がつきているため、そうなる前に塗装を行うことが重要。	**工期**： １〜２週間 **概算**： 100万円〜（足場代含）

ポイント解説

【塗料の種類と耐用年数】

シリコン系：耐久性とコストパフォーマンスのバランスが良い。10〜15年。

フッ素系：耐久性は高いが高価。一度フッ素を塗ると、他剤との密着が悪いため、原則としてその後もずっとフッ素を塗ることになる。15〜20年。

遮熱系：熱線を反射する遮熱効果があり、特に東西面の直射日光による暑さ対策に効果を発揮。高価。15〜20年。

やらなければいけない

メニュー⑤： **サイディング外壁のメンテナンス**	部位：外壁 推奨時期：８～12年ごと

工事概要：サイディング外壁とは、工場で作られたパネル状の外壁材を現場で組み立てたもので、パネルの継ぎ目があるのが外観の特徴。材質は窯業系と呼ばれるセラミック質のものや、金属製などが代表的。サイディング本体は防水性能に優れ、寿命も20～30年程度と言われるが、パネルの継ぎ目や窓回りなどの隙間はシーリングと呼ばれる弾力性のある防水材で塞がれており、このシーリングの一般的な寿命に合わせ、８～12年程度でシーリングの打ち替えを行う。工事には足場を掛ける必要があるため、ついでにサイディングにも塗装も行えば、サイディングの延命にもなる。

依頼のコツ・注意点：
・シーリングは古くなると痩せて凹んでくるため、古いシーリングを撤去せずに上から重ねて打ち増す業者がいるが、打ち増しではシーリングの量が少なくすぐに剥がれてしまうため、必ず見積り時に古いシーリングの撤去が含まれているかどうかを確認する
・シーリングは防水業者、塗装は塗装業者と専門が異なるため、工務店に依頼して監督者に管理してもらうと安心
・シーリングには超高耐久仕様（寿命30年程度）のものもある。サイディングの寿命と併せてシーリング材料を選びたい

寿命と次回のメンテナンス：	**工期**：
シーリングの耐久性に応じて次回の打ち直し時期を決める（一般的な目安は８～12年程度）。	４～14日
	概算： シーリングのみ45万円～（足場代含） 上記+外壁塗装120万円～

ポイント解説

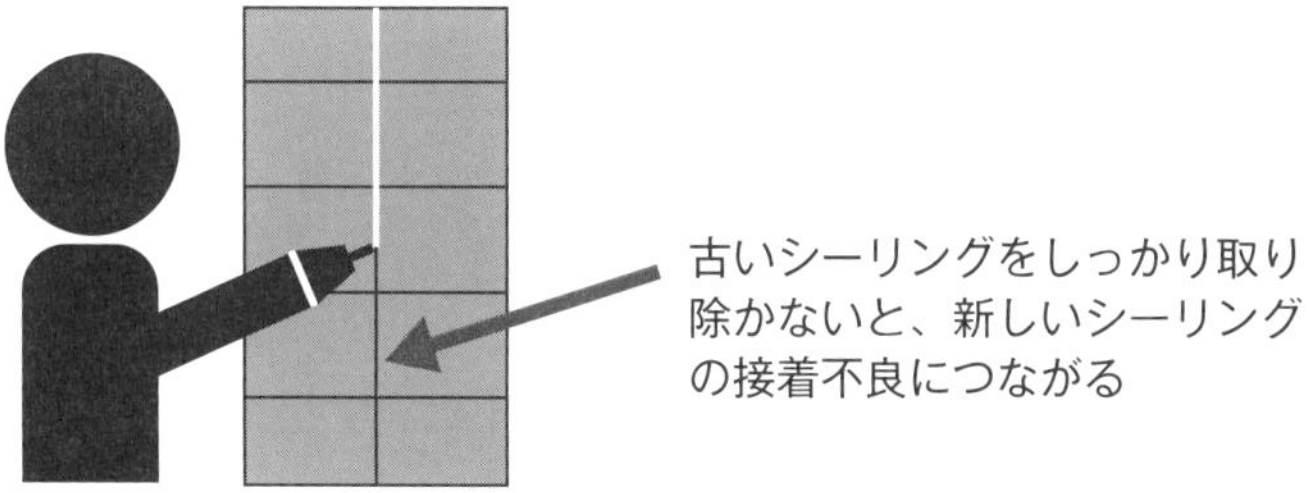
古いシーリングをしっかり取り除かないと、新しいシーリングの接着不良につながる

やらなければいけない

メニュー⑥： **モルタル外壁に金属サイディングを重ね張り**	部位：外壁 推奨時期：25～30年

工事概要：古い外壁をそのままに、上から防水紙+通気胴縁+金属製の軽いサイディングを重ね張りする方法。既存を撤去・処分する手間が省けるため、張り替えより費用を抑えられる。通気胴縁によってできた隙間から水分を排出しやすくなるため、防水性能も向上する。しかし、壁内部の通気は確保できないため、壁断熱を行う場合は外張り断熱材を追加（メニュー⑲）を同時に行うと良い。現在の外壁が劣化している場合はカバー工法では対応できない場合もある。また、外壁が厚くなるため、屋根などが納まらない、外周部のスペース不足などの理由で選択できない場合もある。その場合は既存外壁を撤去して張り替え（メニュー⑦）へ。

依頼のコツ・注意点：
- 既存の外壁を撤去しないため、重量のある窯業系などのサイディングは避け、軽量の金属サイディングがお勧め
- サイディングに合わせ、シーリングにも耐久性の高い材質を選ぶと、次回のメンテナンスまでのサイクルを延ばすことができる。契約前にサイディング・シーリングともに寿命を確認しておく
- 外壁外張り断熱（メニュー⑲）、断熱サッシ交換（メニュー⑮）、バルコニーのFRP防水やり直し（メニュー⑧）は外壁の補修が必要になるため、同時に行うと合理的

寿命と次回のメンテナンス：	**工期**：
シーリング・サイディングの耐久性によってメンテンスサイクルは異なるため、仕様を選択する際によく確認する（一般的にはシーリングは10年、サイディングは30年程度で交換）。	２～３週間 **概算**： 180万円～（足場代含）

ポイント解説

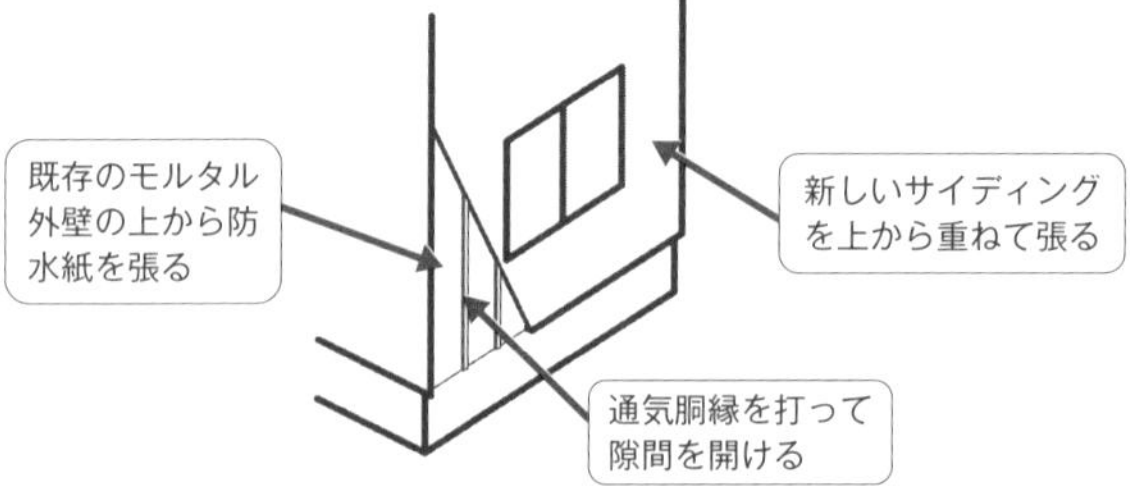
既存のモルタル外壁の上から防水紙を張る
新しいサイディングを上から重ねて張る
通気胴縁を打って隙間を開ける

やらなければいけない

メニュー⑦： **サイディング外壁への張り替え**	部位：外壁 推奨時期：25～35年

工事概要：既存の外壁材を撤去し、下地の透湿防水シートを張り替え、通気胴縁とサイディングを新たに張る方法。昔のモルタルやサイディングの外壁には通気層が無い場合が多いため、この方法で新たに通気層を設置することで、外壁防水の信頼性を高め、壁内の断熱材の内部結露を防止する効果にも期待できる。外壁の断熱工事を検討する場合は、外張り断熱（メニュー⑲）を同時に行うと費用を抑えることができる。また、モルタル外壁からの張り替えの場合、外壁が軽量化できるため耐震性が向上する。

依頼のコツ・注意点：
・サイディング・シーリングにも耐久性の高い材質を選ぶと、次回のメンテナンスまでのサイクルを延ばすことができる。契約前に材料の寿命を確認しておく
・外壁外張り断熱（メニュー⑲）、断熱サッシ交換（メニュー⑮）、バルコニーのFRP防水やり直し（メニュー⑧）は外壁の補修が必要になるため、同時に行うと合理的
・屋根の葺き替え（メニュー②または③）も同時に行い、それぞれ耐久性の高い仕様にしておくと、今後の外装メンテナンスの心配を減らすことも可能
・窯業系・金属系がありそれぞれの特徴が違うため、外観の好みや今後のメンテナンス方法などをあわせて比較検討したい

寿命と次回のメンテナンス： シーリング・サイディングの耐久性によってメンテナンスサイクルは異なるため、仕様を選択する際によく確認する（一般的にはシーリングは10年、サイディングは30年程度で交換）。	**工期**： ３～４週間 **概算**： 200万円～（足場代含）

ポイント解説

【窯業系サイディング】

セメントと繊維が主な材料のセラミック素材。耐火性に優れ、デザインも豊富。重量はモルタル外壁に比べ、およそ1/2と軽量。経年劣化により水分を含みやすくなるため、塗装によるメンテナンスで延命が可能。

【金属系サイディング】

表面がガルバリウム鋼板などの金属で、内部には断熱材が充填されている。断熱効果もあり、窯業系より更に軽量。金属なので吸水性はないが、錆のリスクがあるため、20年目程度から塗装は行いたい。

やらなければいけない

メニュー⑧： **バルコニーの防水メンテナンス**	部位：バルコニー 推奨時期：10年ごと

工事概要：木造住宅のバルコニー防水には一般にFRP（繊維強化プラスチック）が使われている。FPRはトップコートと呼ばれる仕上げ塗料によって紫外線などから保護されているため、メンテナンスとしては10年ごとにトップコートの塗り替えが必要。紫外線を受けやすい場所では劣化が進みやすいため、ルーフバルコニーなど日当りのいい場所は特に早めにメンテナンスを行い、FRP防水層をしっかりと保護する。
トップコートだけでなくFRP防水層まで劣化が進んでいる場合、下地がしっかりしていれば上からFRPを重ねて再防水の工事も可能。FRPより更に下地まで傷んでいる場合は、一旦下地ごと撤去してから、再度下地、FRP防水層と作り直す必要がある。

依頼のコツ・注意点：
・トップコートの上塗りは外壁塗装業者がついでに施工してくれる場合もあるが、防水業者でないと正しい施工がなされない可能性があるため注意。下地まで傷んでいる場合は内部の構造材の状態も確認しておきたいため、工務店などの監督者のいるところに依頼した方が安心
・日ごろからバルコニーの排水溝が詰まらないよう掃除を行う。バルコニーに水溜まりができる状態は雨漏りリスクが高まる
・FRP防水層を作り直すには外壁の張り替えも必要となるため、外壁の張り替え（メニュー⑥・⑦）とタイミングを合わせると工事の無駄を省ける

寿命と次回のメンテナンス：	**工期**：
基本的に10年ごとに表面のトップコートを再塗装する。下地の防水層が傷んでいる場合は、状況に応じて防水の作り直し工事を行う。FRP防水層の寿命は20～30年程度。	１～４日 **概算**： トップコート再塗装：８万円～ 防水層作り直し：20万円～ （外壁補修、足場代は含まず）

ポイント解説

防水層を交換する（作り直す）場合は外壁も一部剥がす必要がある

防水層は通常床から25cmほど立ち上がっており、その上に外壁材が被さっている

防水層を保護するため、10年毎にトップコートを塗り直す

やらなければいけない

メニュー⑨： **防蟻処理**	部位：床下 推奨時期：５年ごと

工事概要：防蟻処理とは、構造材である木材をシロアリから守るために、定期的に薬剤処理を行うこと。処理方法は土壌処理（床下の地面に薬剤を散布）、木部処理（木材表面に薬剤を塗布）、ベイト工法（床下や庭などに毒餌を設置）などがある。土壌と木部の処理は防蟻業者に依頼するが、薬剤の保証期間（一般的には５年程度）が切れないよう、継続して処理を行うことが大切。ベイト工法は薬剤が市販されているため自分でも行うことができるが、処理が頻回・効果が現れるのに時間がかかるなどのデメリットもあり、万が一シロアリ被害を受けた場合の保証もないため、防蟻処理は専門業者に依頼したい。

依頼のコツ・注意点：
・薬剤の保証期間は一般的には５年。業者によって違うので契約前に確認する
・補償内容を確認する（再処理費用、被害箇所の復旧費用の負担割合、その場合の上限額など）
・シロアリ業者に直接依頼した場合のトラブルとして、床下換気扇や調質材など、余計な工事の勧誘をされるケースも多い。建物に必要な工事かどうかを判断するためには、工務店などの監督者を通して依頼すると良い。床下の湿気対策を本気で考えるなら、防湿コンクリート打設（メニュー⑩）がお勧め

寿命と次回のメンテナンス：
５年毎（保証期間内）に防蟻処理は必須。

工期：
半日

概算：
12万円～

ポイント解説

地面から基礎に沿って「蟻道」と呼ばれるトンネルを作り、建物に侵入する。外周の基礎に蟻道を発見したら、ほうきなどで払って壊す

やった方がいい

メニュー⑩：

防湿コンクリート打設

部位：床下

対象築年：2000年以前

工事概要：防湿コンクリート打設とは、布基礎で床下に地面があらわれている場合に、地面をコンクリートで覆うことで湿気の発生を防ぐ方法。１階の床板や根太などの構造材が劣化して沈むような場合は床下からの湿気や換気に問題があることが多いため、湿気をシャットアウトすることで床材の劣化を防ぎ、シロアリが侵入しにくい環境も作ることができる。工事はまず１階の床を根太ごと撤去し、床下の土を鋤《すき》取り、防湿シートを敷き、コンクリートを打設する。床を再び組み直す際に、床下に断熱材を入れ、フローリングなど床材を仕上げる。１階の床板を張り替えるタイミングに合わせて行うと合理的。

依頼のコツ・注意点：
- コンクリート打設後は、しばらくコンクリートから水分が放出されるため、床下の換気が重要。通気性が悪い場合は、最初の１年程度は床下に調湿材を置くなど、何らかの湿気対策が必要
- 防蟻処理、水道管やガス管の配管、床暖房用の温水配管などの床下作業のある工事は、この工事と合わせて行えば、作業がしやすいため費用を抑えることができる
- 長期優良住宅化リフォーム推進事業（P152）の該当工事でもあるため、補助金の支給対象になるかどうか、事前に施工業者に確認すると良い

寿命と次回のメンテナンス：
工事後１年程度は床下の調湿が必要。５年ごとの防蟻処理も必要。

工期：
10日～

概算：
90万円～
（床材撤去・仕上げ含む）

ポイント解説

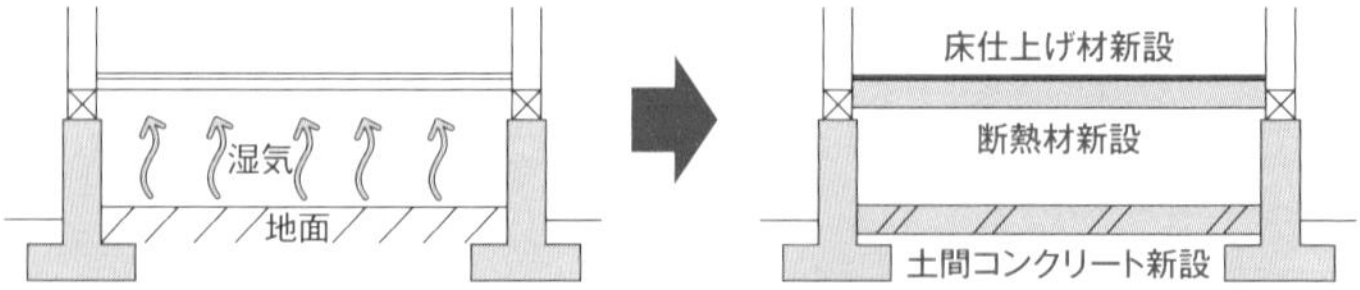

やらなければいけない

メニュー⑪： **水道管（鋼管）を樹脂管へ更新**	部位：水道設備 推奨時期：20年目以降、ユニットバス工事と同時

工事概要：水道管に鋼管が使われている場合、経年劣化によって漏水を起こす可能性があるため、早めにすべての水道管を樹脂管に入れ替える配管更新が必要になる。配管更新の方法は、まず洗面所などの床下点検口がある場所に新規の水道管を１本引込みヘッダーと呼ばれる分岐部材を設置し、そこから各水道設備への配管を行う。１階の水まわりへは床下から配管作業を行うことができるが、２階の水まわりへは配管経路によって、壁や天井の仕上げを一部撤去・復旧する工事が必要になる。ヘッダーさえ設置しておけば配管作業は後から行うこともできるため、２階の水まわりへの配管更新は内装工事のタイミングに合わせるなど、合理的に計画することも可能。

依頼のコツ・注意点：
- 浴室の配管更新を後から行おうとしても、床下に進入できなかったり壁や基礎を一部撤去する必要があったりと、費用が高額になる場合がある。そのため、配管更新のタイミングはユニットバス工事（メニュー⑫）に合わせると合理的
- 配管更新時に設備機器類を一旦取り外してまた戻す作業なども発生する場合があるため、設備機器の交換予定がある場合は、このタイミングで行うと合理的
- 樹脂には架橋ポリエチレンとポリブテンの２種類があるが、特性は似ており、どちらでも大差はない
- 給水管・給湯管・追い焚き管を交換する

寿命と次回のメンテナンス：	**工期**：
配管の想定寿命は55年以上。一度交換すれば、水道管の寿命の心配からは解放される。	１～２日
	概算： 30万円～（配管のみ）

ポイント解説

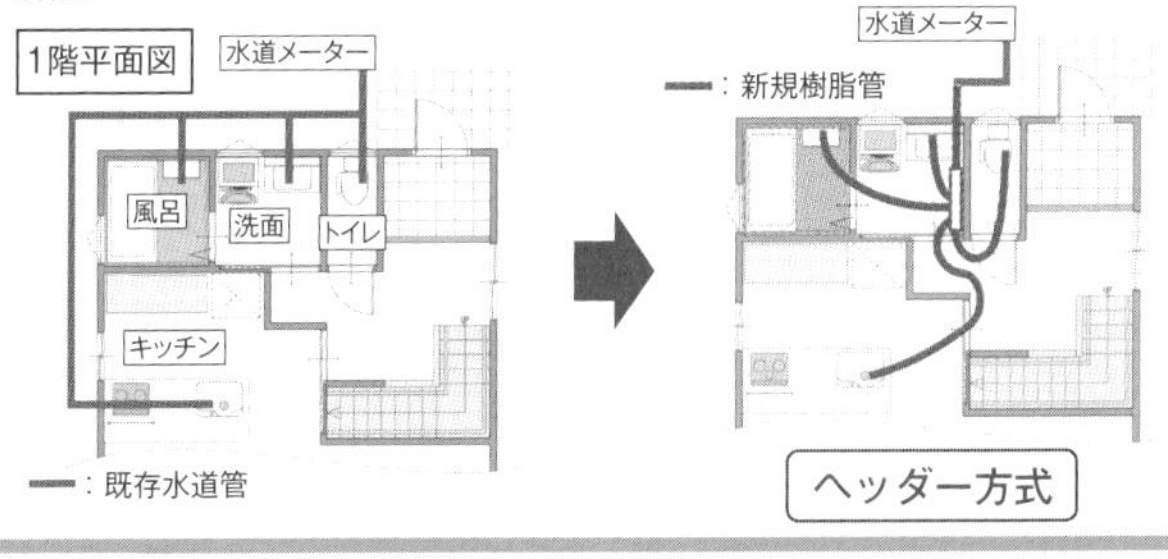

やらなければいけない

メニュー⑫：在来浴室からユニットバスへの改修

部位：水道設備	推奨時期：築20年～

工事概要：既存の浴室を解体・撤去し、新しくユニットバスを設置する方法。これにより床段差の解消、浴室の断熱化などを叶えることができる。在来浴室は壁や床のタイルの下地に防水層があり、この防水層の劣化によって構造材が水に濡れ、シロアリも寄せ付けるリスクが高まる。ユニットバスに変更することで水漏れがしにくくなり、シロアリ対策にもなる。工事は浴室を全て撤去した後、床下に土間コンクリートを打設し、その上にユニットバスを設置する。水道管（鋼管）を樹脂管へ更新（メニュー⑪）を同時に行うと、作業がしやすく余計な工事費も抑えることができる。

依頼のコツ・注意点：
- 家全体の断熱まで行えない場合は、ユニットバス本体の床壁天井への断熱材をオプションで付けると、暖かい浴室になる
- 浴室乾燥暖房機は冬場のヒートショック対策や、洗濯物の室内干しにも役立つ
- 出入り口は引戸を選択すると、バリアフリー対応が可能
- ユニットバスは窓の位置や大きさに制約があるため、サッシの交換が必要になる場合は、外壁のメンテナンスに合わせると外壁の補修費用を抑えることができる
- 浴室周囲の外壁・基礎部の断熱は後から施行するのが難しいため、この時に断熱材を充填しておけば、後で家全体の断熱工事を行う際の断熱欠損防止になる

寿命と次回のメンテナンス：
ユニットバスの寿命は20～30年程度。次回以降はユニットバスを交換するだけなので、在来浴室からの改修よりは費用を抑えられる。

工期：
５～７日

概算：
100万円～
（配管更新は別途）

ポイント解説

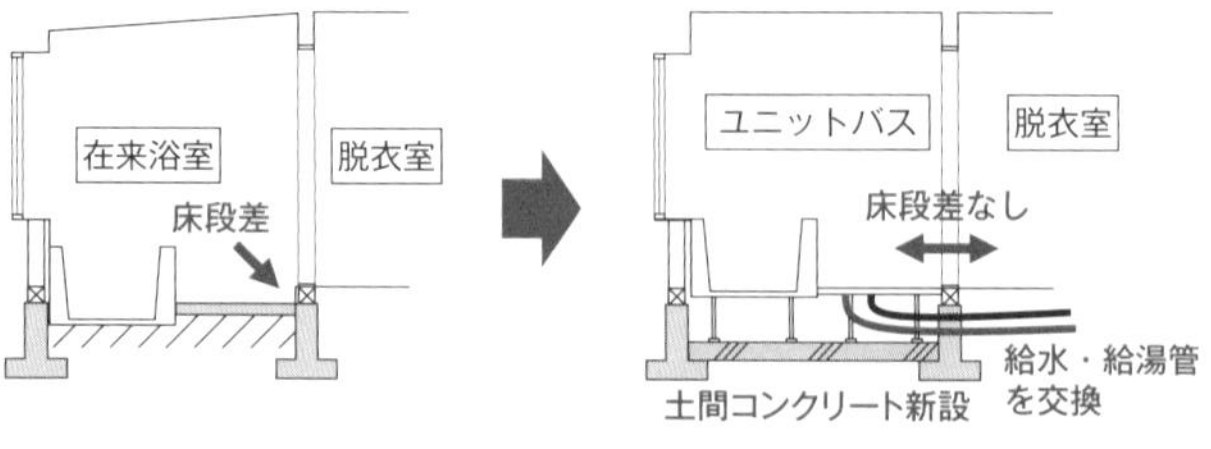

やった方がいい

メニュー⑬： **内窓の設置**	部位：窓断熱 推奨時期：いつでも(早いほどお得)

工事概要：窓の断熱化するリフォームの中で、最も費用対効果が高い方法。今あるサッシはそのままに、室内側に新たに断熱性の高い樹脂製のサッシを追加する。内窓そのものの断熱性能に加え、内窓と既存の窓との空間も空気層として断熱効果を発揮。断熱性能だけでなく、防音性能にも優れる。撤去する物がないため、エコロジーかつコストパフォーマンスに優れる。但し、内窓が向かない窓もあるため、断熱ガラスに交換（メニュー⑭)、断熱サッシに交換（メニュー⑮）とあわせて、１窓１窓に適した断熱方法を選択していきたい。

依頼のコツ・注意点：
・既存の窓枠の内側に設置するため、窓枠に奥行き70ミリ程度の設置スペースが必要。足りない場合は内側に窓枠が出っ張る形で取り付けることも可能
・内側に開くタイプの網戸などは、ロール網戸やプリーツ網戸に変更する必要がある。網戸が使えなくなる場合もある
・サッシを二重に開閉する必要があるため、そのわずらわしさを嫌う場合は、断熱ガラスに交換（メニュー⑭）または断熱サッシに交換（メニュー⑮）がお勧め
・ガラスは単板ガラスより複層ガラスの方が、より断熱効果を高めることができる
・窓断熱は単年度で補助金が設定されることがあるため、最新情報を確認しておきたい

寿命と次回のメンテナンス：
内窓には特別なメンテナンスは不要だが、既存のサッシは老朽化しているため、戸車交換などのメンテナンスは状況に応じて必要。

工期：
１～２日

概算：
５～10万円（１窓）

ポイント解説

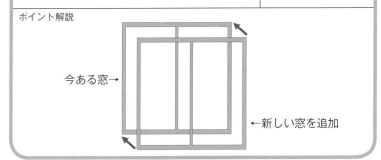

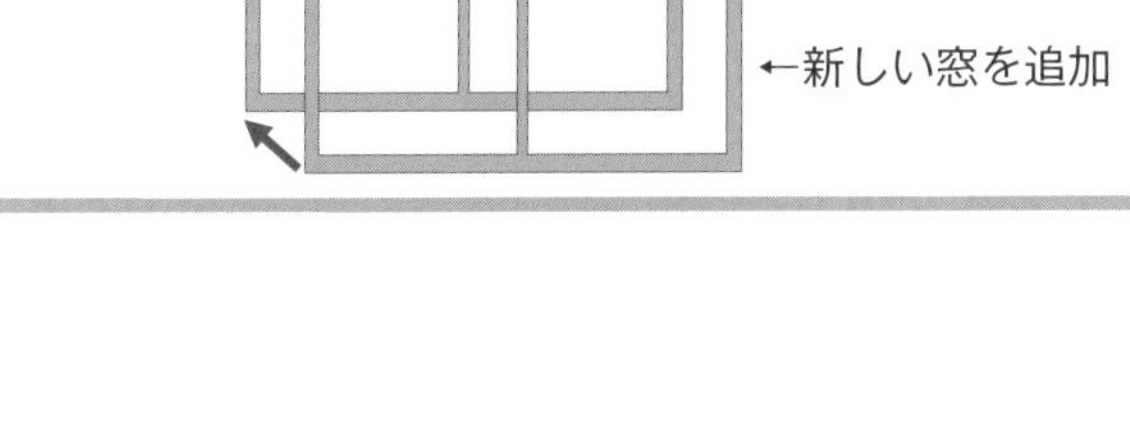

やった方がいい

メニュー⑭： **断熱ガラスに交換**	部位：窓断熱 推奨時期：いつでも(早いほどお得)

工事概要：窓の断熱化するリフォームの中で、内窓の設置（メニュー⑬）が向かない場合に検討したい方法。今あるサッシが単板ガラスの場合に、ガラス部分のみを断熱性の高い複層ガラスや真空断熱ガラスなどに交換することで、窓の断熱性能を高める。サッシの枠部分は既存のままなので、枠の結露は解消しないので注意。比較的ガラス面の大きな窓の方が断熱効果を実感できる。ガラスの種類によって性能・費用が大きく異なる。真空断熱ガラスは真空層が薄いため既存のサッシ枠への納まりが良く、断熱性能も高いが高価。空気層の厚い複層ガラスは既存サッシ枠に納めるために専用のアタッチメント部材が必要になり、条件によっては対応できない場合も有る。

依頼のコツ・注意点：
- 複層ガラスはアタッチメント部材の分、ガラス面が少し小さくなる。また厚いため、網戸などが干渉する場合がある。事前に施工店とよく打ち合わせが必要
- 防火戸の指定がある場合、選べるガラスが限定される
- ガラスの重量が増えるため、施工後はサッシが重くなる
- ガラス面積の小さな窓は断熱効果を感じにくいため、内窓の設置（メニュー⑬）か断熱サッシに交換（メニュー⑮）がお勧め
- 窓断熱は単年度で補助金が設定されることがあるため、最新情報を確認しておきたい

寿命と次回のメンテナンス：	工期：
既存のサッシは老朽化しているため、戸車交換などのメンテナンスは状況に応じて必要。	1～2日 **概算**： 6～15万円（1窓）

ポイント解説

複層ガラス：
2枚のガラスの間に空気層を設けた断熱ガラス。空気層が厚いほど断熱性能は高いが、厚さによっては既存窓に納まらない可能性も有るため注意。空気層にアルゴンガスを注入したものは空気より断熱性能が高い。

真空断熱ガラス：
2枚のガラスの間に真空層を設けた断熱ガラス。総厚6.2ミリと薄いが、空気層を持ったペアガラスよりも断熱性能が高い。価格は最も高額。

Low-Eガラス：
特殊な金属膜をコーティングしたガラス。熱線を反射するため、遮熱効果がある。

やった方がいい

メニュー⑮： **断熱サッシに交換**	部位：窓断熱 推奨時期：外壁張り替えと同時

工事概要：窓の断熱化するリフォームの中で、内窓の設置（メニュー⑬）が向かない場合や、今あるサッシが老朽化している場合などに検討したい方法。既存のサッシを撤去し、新規に断熱性の高いサッシを取り付ける。サッシの交換には外壁補修工事なども発生するため、外壁の張り替え（メニュー⑥・⑦）や外壁塗装（メニュー④・⑤）などの工事とあわせて行うと、工事の無駄を省ける。既存の枠を残したまま、新規のサッシ枠を上から被せるカバー工法の場合は、外壁や内装の補修工事が不要だが、窓サイズが今よりも一回り小さくなる。サッシが新品になることで、しばらくサッシのメンテナンスの心配がなくなるのもメリット。

依頼のコツ・注意点：
- フレームは樹脂またはアルミ樹脂複合、ガラスは２枚または３枚の複層ガラスから組み合わせる。樹脂+3枚複層ガラスの組合せなら断熱性能は高いが、重いので注意
- 台風対策としてはシャッター付きがお勧め
- １～２窓ならカバー工法がお手軽だが、大半の窓を交換する場合は枠ごと交換し、外壁張り替え（メニュー⑥・⑦）と外張り断熱（メニュー⑲）を同時施工し、合理的に断熱性と耐久性を高める方法がお勧め
- ２階以上のサッシ交換には足場が必要
- 窓断熱は単年度で補助金が設定されることがあるため、最新情報を確認しておきたい

寿命と次回のメンテナンス：
当分の間、特別なメンテナンスは不要。サッシそのものの寿命は30～50年程度と言われるが、戸車交換などのメンテナンスは状況に応じて行う。

工期：
１日～

概算：
15万円～（１窓、内装・外壁補修・足場代別）

ポイント解説

樹脂サッシ：
フレームの内外部に全て樹脂を使ったサッシ。樹脂はアルミに比べて断熱性が高いが、重い。高価。

アルミ樹脂複合サッシ：
フレームの室内側に断熱性の高い樹脂、室外側に耐候性の高いアルミを使ったサッシ。樹脂サッシより断熱性能に劣るが、軽くて安価。

シュミレーション
メニュー

やった方がいい

メニュー⑯： **断熱玄関ドアに交換（カバー工法）**	部位：玄関ドア断熱 推奨時期：いつでも(早いほどお得)

工事概要：開口部の断熱の中で、特に玄関ドアに特化した断熱方法。既存の玄関ドアの枠だけ残して撤去し、新たな枠を上から被せて設置するため、外壁や床のタイルなどは補修する必要がない。ドア内部にはウレタンなどの断熱材が入っており、玄関の断熱・気密性を高めるだけでなく、防犯機能、電子ロックシステム、採風・採光機能など、玄関ドアに最新の機能を取り入れることができる。デメリットとしては、上部と左右にカバー枠が取り付く分、開口寸法が一回り小さくなる。他の工事との絡みがないため、この工事のみ単体で、いつでも気軽に行うことができる。

依頼のコツ・注意点：
- 開口の大きさに問題がなければ、左右の開き勝手を変えるなど、仕様変更も可能
- カバー工法なので、現在よりも有効開口寸法が数センチ狭くなる
- 断熱性能には3段階のグレードがあり、性能が高いほど高価。通常はエリアによって設定されているが、グレードアップは可能
- 外壁の張り替え（メニュー⑥・⑦）を同時に行う場合はカバー工法ではなく枠ごと交換を行う方法も選択できるが、床タイルの補修などが必要になる。玄関ドアの大きさや位置を変えたい場合は、枠ごと交換になる
- 玄関ドア断熱も補助金対象になることがあるため、最新情報を確認しておきたい

寿命と次回のメンテナンス：	工期：
特別なメンテナンスは不要。	1日
	概算： 40万円～

ポイント解説

【充実したオプションから機能を選択】

断熱性：3段階のグレードから選択可能。（通常は地域によって選定される）
電子錠：キーを持っていればボタンを押すだけで施解錠が可能なタッチキー、カードやスマホをかざす非接触キーなどもある。
防犯性：上下2か所の施錠で防犯性を高め、オートロックシステムなども選択可能。
採風・採光：ガラス入りの採光タイプや、ガラス部分が開閉可能な採風タイプなどがある。

やった方がいい

メニュー⑰： **床下から断熱材を充填**	部位：床下断熱 推奨時期：いつでも(早いほどお得)

工事概要：断熱工事のうち、床下の断熱を補強する方法。既存の床を剥がさず、床下点検口から床下に進入し、床の裏側から断熱材を充填する。一般的にはボード状の繊維系断熱材を張り上げるか、現場発泡のウレタン断熱材を吹き付けるなどの方法がある。在来木造の場合は壁と床との間に隙間が開いていることが多いため、気流止め等の処理を行いこの隙間を塞ぐ必要がある。床下に地面が現れている布基礎の場合、地面からの湿気により床板や根太などの構造材が傷んでいることもあり、その場合は防湿コンクリート打設（メニュー⑩）を検討したい。

依頼のコツ・注意点：
- 発砲系断熱材には防蟻剤入りの種類も用意している場合があるため、施工店に確認すると良い。その場合でも５年毎の防蟻工事は欠かさずに行う
- 天井裏または屋根裏への断熱材充填（メニュー⑱）と同時に行うと、壁の気流を上下で止められるため、断熱効果が高まる
- 断熱材の内部結露を防ぐため、床下の換気が十分であることを確認する
- ボード状の繊維系断熱材などを充填する場合は、経年による断熱材の落下や垂れ下がりなどを防ぐため、押さえ材などで断熱材を固定する必要がある

寿命と次回のメンテナンス：	工期：
断熱材はメンテナンス不要だが、蟻害リスクが高いため、５年毎の防蟻工事は欠かさず行う。	１日
	概算： 30万円～(断熱工事のみ)

ポイント解説

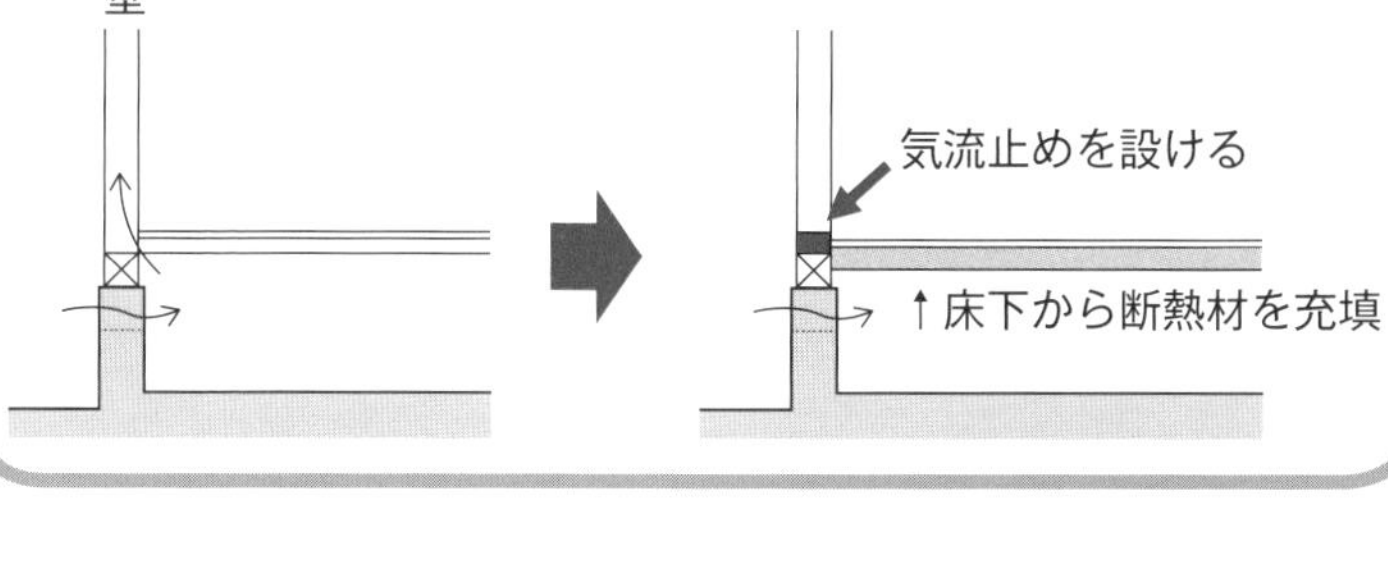

シュミレーション
メニュー

やった方がいい

メニュー⑱： **天井裏または屋根裏への断熱材充填**	部位：天井または屋根断熱 推奨時期：いつでも(早いほどお得)

工事概要：断熱工事のうち、天井または屋根面の断熱を補強する方法。最上階の天井点検口から小屋裏の内部に進入し、屋根面または天井面に断熱材を充填する。屋根断熱の場合は小屋裏の換気は不要になるが、断熱材と屋根面との間に通気経路を確保する必要がある。天井断熱の場合は天井と壁との隙間に気流止めを設けることと、室内側の防湿層の設置方法に検討が必要。室内側からいったん天井を剥がすなどの工事が必要になる場合もある。屋根の葺き替え（メニュー③）と同時に行う場合は、屋根面への外張り断熱とする方法もある。断熱方法の選択肢が多くそれぞれ費用も異なるため、自宅の状態に合った方法を施工店とよく打ち合わせたい。

依頼のコツ・注意点：
- 外壁の断熱層と連続するよう、隙間なく断熱材を充填する
- 床下断熱（メニュー⑰）と同時に行うと壁の気流を上下で止められるため、断熱効果が高まる
- 小屋裏のスペースによっては断熱性能を確保するための断熱材厚さが確保できない場合があるため、事前に十分な確認が必要
- 屋根断熱の場合は既存の小屋裏換気は塞ぎ、屋根面と断熱材の間に新たに通気層を設置する
- 天井断熱の場合は十分な小屋裏換気が必要

寿命と次回のメンテナンス： 特別なメンテナンスは不要。	**工期**： １～２日 **概算**： 35万円～

ポイント解説

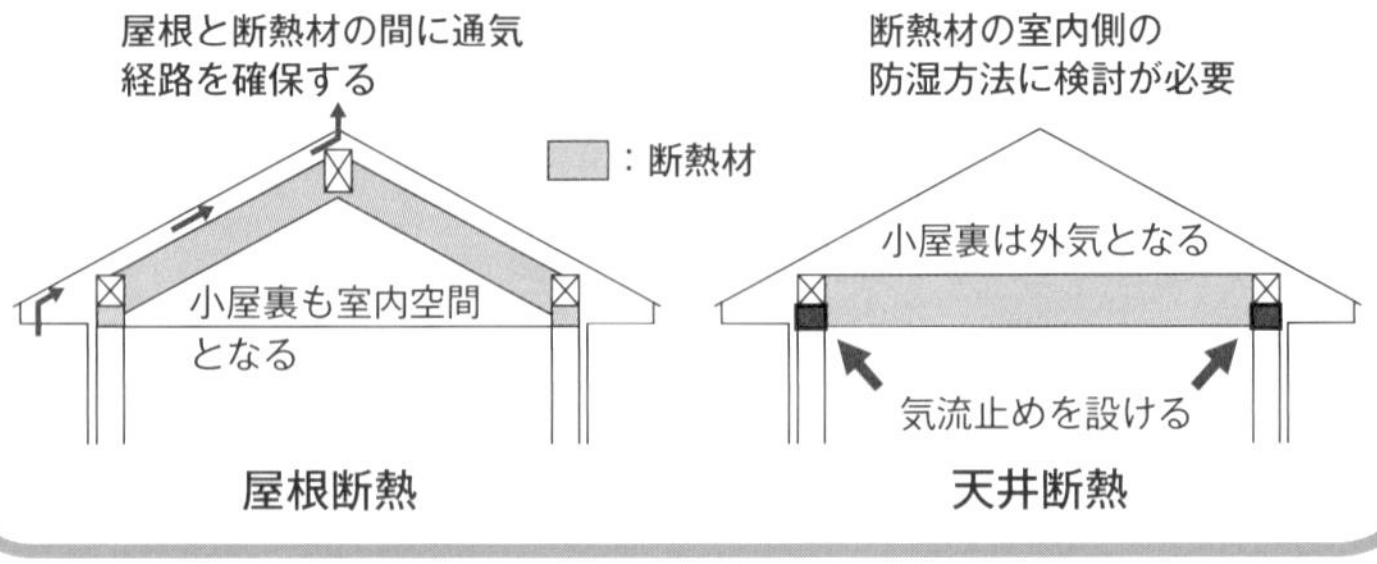

やった方がいい

メニュー⑲： **外壁に外張り断熱材を追加**	部位：外壁断熱 推奨時期：外壁張り替えと同時

工事概要：外壁の断熱方法のうち、構造体の外側に断熱材を隙間なく張る方法。既存の外壁を撤去し（モルタル外壁に重ね張りの場合は既存の外壁はそのまま）、板状の断熱材、防水紙、通気胴縁、サイディングの順に張っていく。防水性能も確保できる断熱材を使用する場合は、防水紙は省略可能。外装材から構造材までの距離が長くなると外装材の固定に支障をきたす恐れもあるため、断熱材はできるだけ薄くて高性能な材料を選択する。よく使われる断熱材はフェノールフォーム。構造体の外側からすっぽりと覆うため気密性を確保しやすく、壁内での内部結露リスクも低い。

依頼のコツ・注意点：
- 外壁の仕上げ工事が必要となるため、サイディングの重ね張り（メニュー⑥）または張り替え（メニュー⑦）と同時に行う
- 既存の外壁よりも４～８cm程度厚みが増すため、外周部の敷地状況に注意する。また、建物の各部の納まりが外壁の厚みに対応できない場合もあるため、施工業者とよく打ち合わせが必要
- 窓の断熱も検討している場合は、予算が許せば断熱サッシへの交換（メニュー⑮）と同時に行えれば、工事の納まりも良くサッシの寿命も延ばせて安心
- 現在24時間換気システムが無い場合は、換気システム（メニュー㉑または㉒）を設置する

ポイント解説

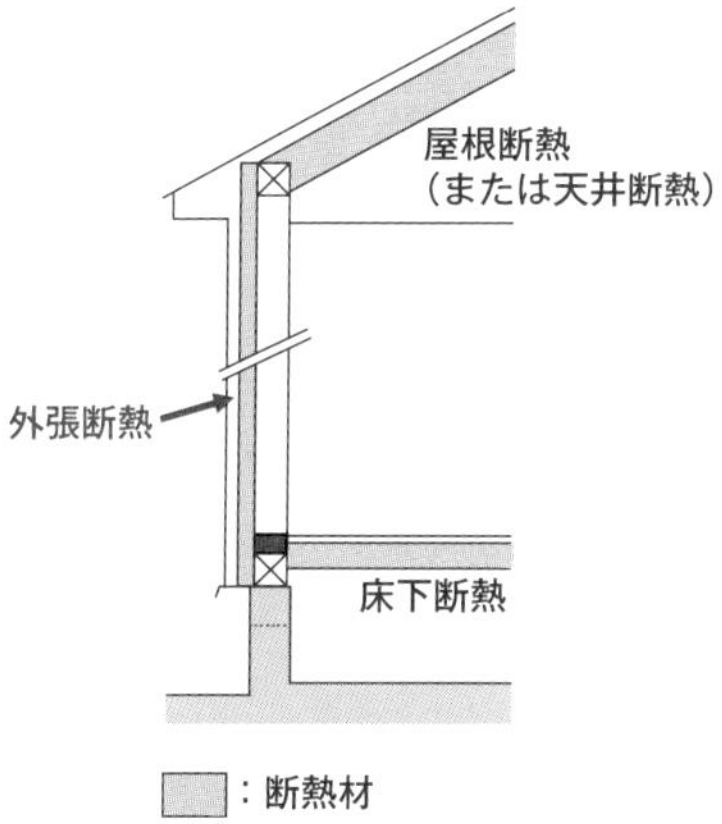

寿命と次回のメンテナンス：
特別なメンテナンスは不要。

工期：
外壁工事＋１週間～

概算：
100万円～
（外壁張替・足場代別途）

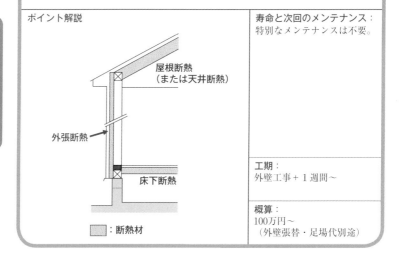

やった方がいい

メニュー⑳：外壁に断熱材充填（内部より）

部位：外壁断熱

推奨時期：耐震補強工事と同時

工事概要：外壁の断熱方法のうち、壁の内部に断熱材を充填する方法。外壁の室内側の仕上げ材を撤去し、断熱材および防湿層を施工し、壁の仕上げを復旧する。天井を一部剥がす場合もある。耐震補強工事（メニュー㉓）では壁の仕上げ材を撤去することが多いため、同時に行うと合理的。但し、現在の外壁仕上げに通気層が無い場合は、充填した断熱材に内部結露を起こす可能性があるため、サイディング外壁の張り替え（メニュー⑦）を同時に行い新たに通気層を設置するか、断熱方法は外張り断熱（メニュー⑲）を選択した方が良い。現在の状態をしっかりと把握したうえで断熱計画を行うよう、施工業者とよく打ち合わせたい。

依頼のコツ・注意点：
- 室内側ボードを剥がす際、キッチンや洗面化粧台、浴室、トイレなどの撤去や脱着が必要になる場合も多い。設備機器類の交換工事と併せて行うと合理的
- 外部側の通気層、室内側の防湿層が正しく施工されていないと壁内で内部結露を起こし、構造材を傷める可能性がある。断熱施工に詳しい施工業者を選ぶことが大切
- 床下断熱（メニュー⑰）および天井または屋根断熱（メニュー⑱）との接続部分に隙間が生じる場合は、それぞれ隙間を塞ぐ気流止めを設置する
- 現在24時間換気システムが無い場合は、換気システム（メニュー㉑または㉒）を設置する

ポイント解説

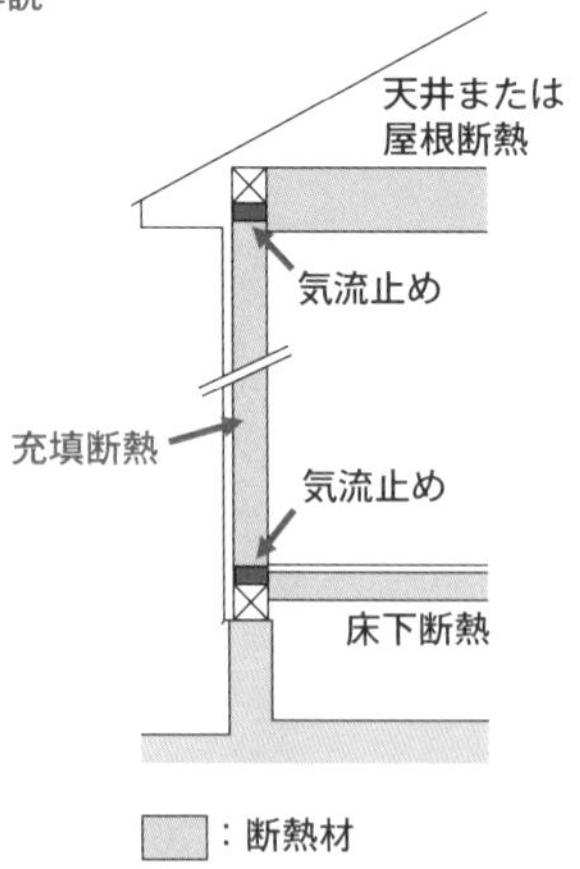

寿命と次回のメンテナンス：
特別なメンテナンスは不要。

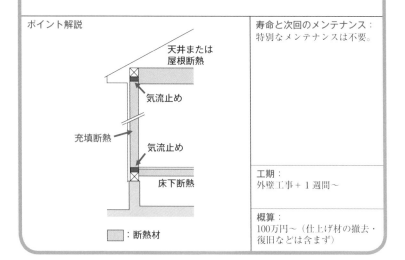

工期：
外壁工事＋１週間～

概算：
100万円～（仕上げ材の撤去・復旧などは含まず）

やった方がいい

メニュー㉑： **標準的な換気システムの設置**	部位：換気設備 推奨時期：気密工事と同時

工事概要：床・壁・天井の断熱工事を行うと、家中の隙間も塞がり気密性が高まるため、機械による計画的な換気が必要になる。コストを抑えた換気システムとしては、各居室に設けた給気口から外気を取り込み、風呂やトイレなどの換気扇から排気を行う第３種換気という方法がある。居室の給気口から排気の換気扇までの空気の通り道を確保するため、室内建具の下側を1cm程度カットする。この方法では冷たい外気をそのまま取り込み、室内の温かい空気を排気で逃がしてしまうため、換気により断熱効果が落ちるのが弱点。換気による熱損失を防ぐには、費用は割高になるが熱交換型換気システム（メニュー㉒）を検討する。

依頼のコツ・注意点：
- 基本的に換気扇は24時間継続運転とする。24時間換気が義務付けられた2003年７月以降の新築住宅には、既に設置済みのため検討は不要
- 換気口の外部にもカバーを付けるため、足場が必要な場合もある
- 壁に貫通孔を開けるため、壁の断熱工事と同時に行うと孔周りを気密処理（隙間をふさぐ）しやすい
- フィルターの性能に、花粉やハウスダストの除去など高機能な商品を揃えているものもある。フィルターの購入方法などもあわせて確認しておきたい

寿命と次回のメンテナンス：
半年に１回程度、給気口・排気口のフィルター清掃または交換を行う。

工期：
１日

概算：
10万円～（内外装補修・足場代は別途）

ポイント解説

【第３種換気】
☆排気は機械で、給気は自然に行う
☆室内の熱は逃がしてしまう
☆初期費用・維持費ともに安い
☆ダクトが無いためメンテナンスは楽

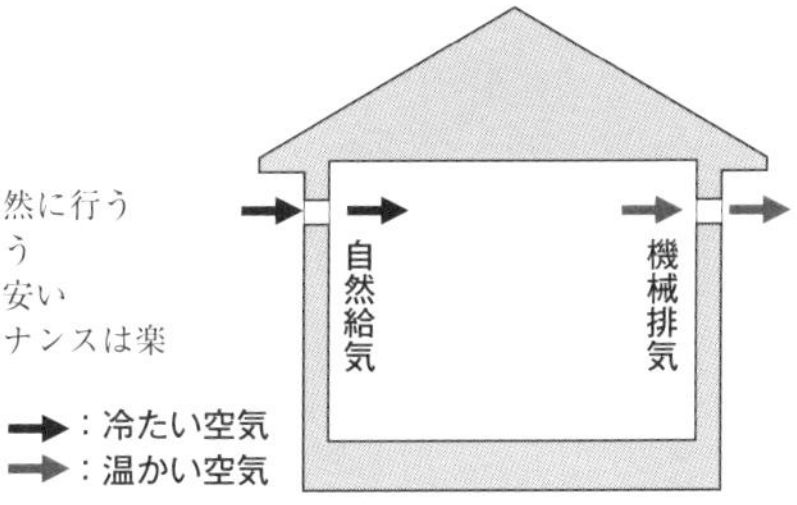

シュミレーションメニュー

やった方がいい

メニュー㉒： **熱交換（省エネ）型換気システムの新設**	部位：換気設備 推奨時期：断熱気密工事と同時

工事概要：熱交換型換気システムとは、外部から取り込んだ空気と、室内から排出する空気の熱を換気扇内で交換して、換気による熱損失を減らすシステム。換気扇本体を天井裏などに設置し、換気扇から外部や各室までは天井裏や壁内にダクトを配管し、換気経路とする。冷暖房効率は上がるが、システム設置のための初期費用、ダクトの清掃費などの維持費に費用が掛かる。費用対効果という経済性においては不利だが、居住性は向上する。最近はダクトを配管しないタイプの熱交換換気システムも開発されているため、商品選びについては今後の維持管理方法も含めて、施工店とよく相談したい。

依頼のコツ・注意点：
- ２階は小屋裏空間を利用してダクトの配管作業が可能だが、１階は天井を剥がしての配管作業が必要になる。木工事、内装仕上げ工事などが発生する
- 関連する工事が多いため、全体のフルリフォームに合わせて行うと、重なる工事を合理的に行い無駄を減らすことができる
- 今後の機器のメンテナンス方法や、かかる費用などを事前によく確認しておく
- 基本的に換気扇は24時間継続運転とする。24時間換気が義務付けられた2003年７月以降の新築住宅には換気システムは設置済みだが、熱交換型に変更したい場合は工事が必要

寿命と次回のメンテナンス： ダクト式の場合は配管距離が長いため、ダクト内清掃は年に１回程度専門業者に依頼する必要がある。	**工期**： １週間～ **概算**： 60万円～（仕上げ材の撤去・復旧などは含まず）

ポイント解説

【第一種換気（熱交換型）】
☆給気も排気も機械で行う
☆室内の熱を逃がさない
☆初期費用・維持費が高い
☆ダクト内の清掃が必要

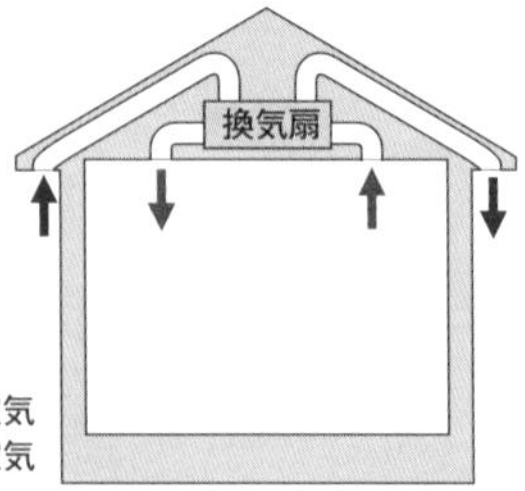

➡：冷たい空気
➡：温かい空気

やらなければいけない　やった方がいい

メニュー㉓： **耐震補強工事**	部位：耐震 対象築年：2000年5月以前

工事概要：耐震性能は建築基準法によって定められた基準をクリアしなければ建てることができないが、法律の改正前に建てられた家は耐震基準が現行よりも緩いため、現行法による基準まで耐震性能を引き上げるためには、耐震補強工事が必要な場合がある。1981年5月以前の旧耐震基準だけでなく、2000年5月以前の新耐震基準でも補強が必要な場合はある。自宅の耐震性能に不安がある場合、まずは市区町村で行っている耐震化支援事業の窓口へ問合せて耐震診断を行い、耐震補強が必要と判定が出たら、耐震補強工事の依頼をする。

依頼のコツ・注意点：
- 耐震補強工事には専門の知識と施工技術が必要。施工業者の選定は、市区町村の耐震化支援事業登録業者なら登録要件を満たしているため安心
- 1981年5月以前の建物であれば、地方自治体により何らかの支援が用意されていることが多いが、支援対象を2000年5月以前にまで拡充している地域もあるため、補助金などの制度について市区町村の窓口に確認しておきたい
- 改修方法によっては、外壁の断熱工事（メニュー⑳）も同時に行うと合理的な場合がある。断熱工事の有無で耐震補強の計画も変わる可能性も有るので、希望する場合は早めに伝えた方がいい
- 制震工事（メニュー㉔）の同時施工もお勧め

寿命と次回のメンテナンス：	**工期**： 規模による
特別なメンテナンスは不要。	**概算**： 規模による

ポイント解説

震度7でも倒壊しない
耐震力を！

シュミレーション
メニュー

やった方がいい

メニュー㉔： **制震システムの設置**	部位：耐震 推奨時期：耐震補強工事などと同時

工事概要：制震システムとは揺れを吸収して減衰させる装置のことで、これを備えると地震時の建物の揺れを小さく抑えることができる。建築基準法に定められている耐震性能とは無関係で、制震性能を規定する法律はない。このため、メーカー各社が独自の試験などを行い、商品開発をしている。耐震性能は繰り返しの地震に対し、ビスや釘が緩むなどして徐々に耐力が低下してしまう弱点があるが、制震性能は繰り返しの地震に対しても性能を保てるものが多く、揺れを抑えることで耐震性能の低下を抑制するという面でも注目されている。制震装置によって耐震性能が向上するわけではないため、耐震性能を満たしていることを確認してから、制震システムの設置を検討する。

依頼のコツ・注意点：
・メーカーによる設計・施工方法を遵守する
・構造体に直接取り付ける商品が多いため、壁仕上げ材の撤去・復旧など余計な工事が多く発生する。耐震補強工事（メニュー㉓）や外壁の断熱工事（メニュー⑳）などと一緒に行うと、工事の無駄を省くことができる
・必ず建物が耐震基準を満たしていることを確認してから行う。耐震力を備えた制震部材もあるため、耐震補強工事と制震システムの設置を同時に計画することも可能。なるべく設計・施工に慣れた施工業者に依頼したい。商品の発売元から認定施工店を紹介してもらえる場合もあるため、問い合わせてみるとよい

寿命と次回のメンテナンス： 特別なメンテナンスは不要なものが多いが、メーカーの指示に従う。	**工期**： ３日～ **概算**： 50万円～（仕上げ材の撤去・復旧などは含まず）

ポイント解説

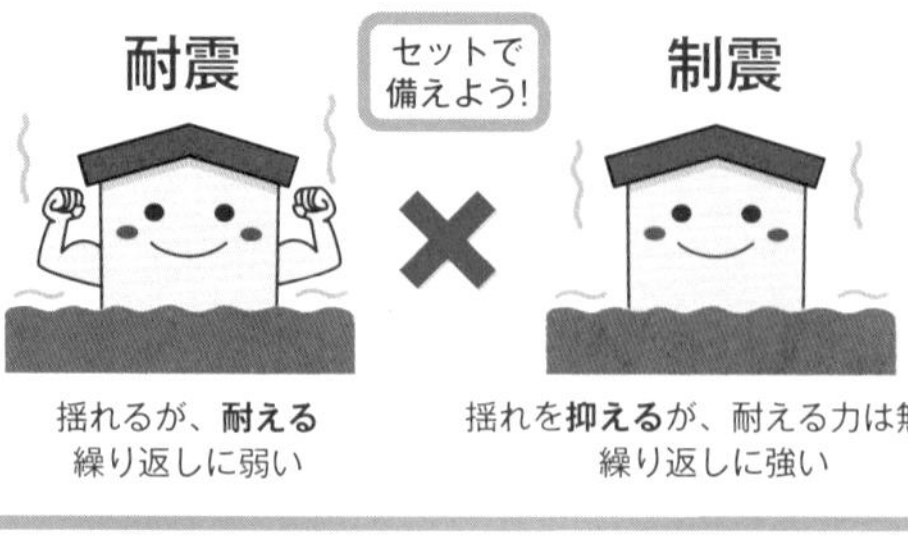
耐震
セットで
備えよう!
制震
揺れるが、耐える
繰り返しに弱い
揺れを抑えるが、耐える力は無し
繰り返しに強い

やりたい

メニュー㉕： **太陽光発電システムの新設**	部位：屋根・オール電化 推奨時期：屋根葺き替えと同時

工事概要：太陽光発電システムとは、屋根の上に発電パネルを載せ、発電した電力を自家消費するシステムで、余まった電力を電力会社に売ることもできる。自家消費を効率的に行ったり、売電価格を高値に設定したりすることができれば、設置にかかる初期費用を発電によって回収することも可能。但し、売電価格を10年間固定する制度（FIT）は年々縮小しており、制度自体の廃止も検討されているため、今後は自家消費を中心に考えていきたい。今後のメンテナンス費用を抑えるためには、屋根の葺き替え（メニュー③）にタイミングを合わせると良い。自家発電を有効活用するためにも、エコキュート設置（メニュー㉘）や、蓄電システム（メニュー㉖・㉗）も同時に検討したい。

依頼のコツ・注意点：
・太陽光パネルの設置工事は建築工事となるため、電気業者ではなく工務店など監督者がいる施工店に依頼した方が、後々のトラブルが少ない
・屋根をカバー工法で葺き替える場合は基本的には太陽光パネルを搭載できないため、事前によく確認が必要
・パネルの汚れは基本的に雨によって流れるが、鳥の糞や葉っぱなどがこびりつくことも。発電効率が落ちた時はパネルの高圧洗浄で回復する場合もある
・有料で長期保証を行うメーカーもあるが、長期間での使用を想定し、保証の継続は是非検討しておきたい

寿命と次回のメンテナンス： 10年程度でパワーコンディショナー交換 30年程度でソーラーパネル交換 足場を掛けた時にはパネルの高圧洗浄も検討したい	**工期**： １週間～ **概算**： 30万円/１KW～ （足場代別途）

ポイント解説

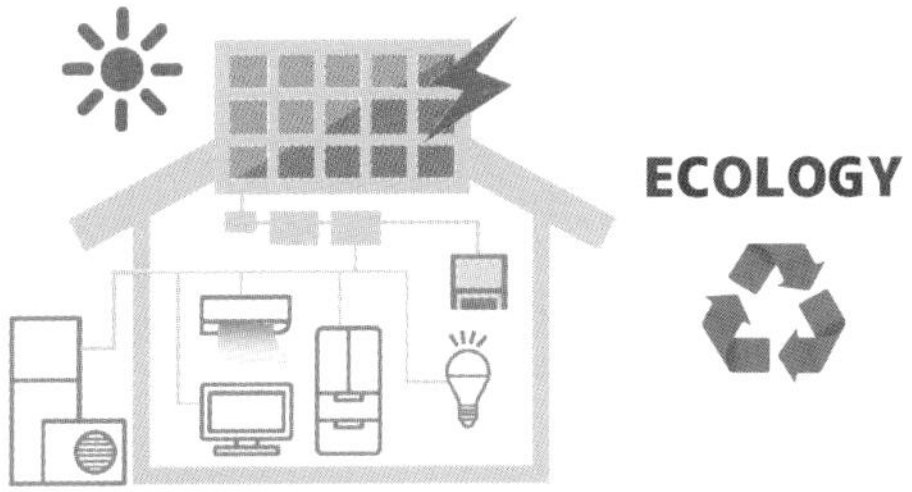

やりたい

メニュー㉖： **家庭用蓄電池システムの新設**	対象：太陽光発電をお持ちの方 推奨時期：固定価格買取期間終了後

工事概要：家庭用蓄電池とは、昼間に太陽光発電により創り過ぎた電気を貯めておき、夜間に家庭で利用するためのシステム。太陽光発電を持たない場合は、料金の安い深夜電力を充電し、昼間に利用することで電気料金を削減するという使い方もできる。災害時の非常用電源としても期待できる。弱点は充電/放電回数による寿命があり、また設置にかかる初期費用が割高なため、節電による投資回収はまだ難しい。今後のコストダウンが期待される。電気自動車を所有している場合は、V2H（メニュー㉗）もお勧め。またコストパフォーマンスで考えれば、まずはエコキュートの設置で太陽光発電を活用する方法（メニュー㉘）を優先して検討したい。

依頼のコツ・注意点：
- 地方自治体による補助金制度があることが多いため、購入前に確認する
- 容量目安は６～７kWhで、一般的に夜間の冷蔵庫・照明・テレビ程度がまかなえる
- 設置条件、サイズ、保証期間などをよく確認しておく
- 蓄電池は屋内にある程度の設置スペースが必要なタイプが多いが、蓄電池を設置するために増築が必要になる場合は、容積率の緩和が受けられる可能性がある。現状容積率が目一杯でも増築できないとあきらめず、設計士に相談すると良い
- 蓄電池は稼働に駆動音が発生するため、寝室などから離れた場所に設置したい

寿命と次回のメンテナンス：	**工期**：
リチウムイオン電池の寿命は10～30年（メーカーによる）。	１日～
	概算： ５kWh 100万円～ （補助金含む）

ポイント解説

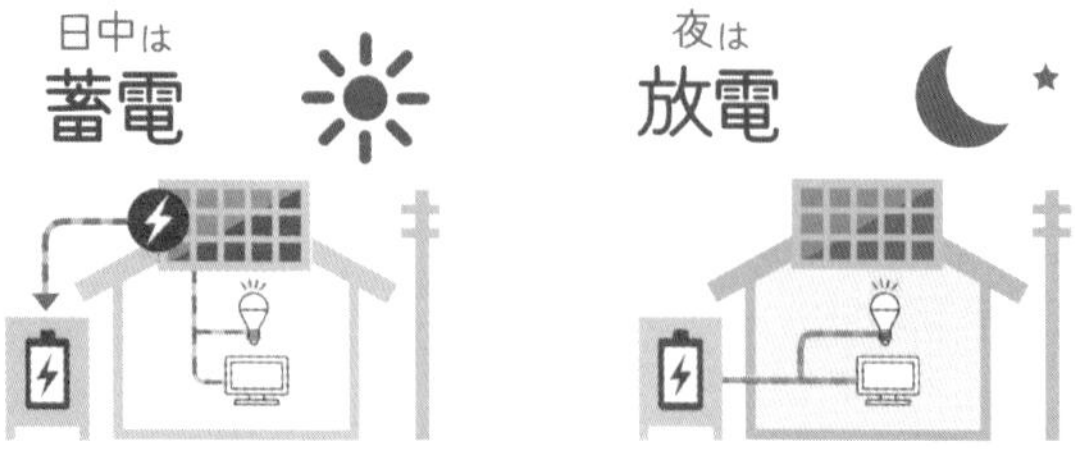

やりたい

メニュー㉗： **V2H・電気自動車の家庭利用システム**	対象：太陽光発電をお持ちの方 推奨時期：固定価格買取期間終了後

工事概要：V2H（Vehicle To Home）とは、電気自動車に搭載された蓄電池から、家庭への電力供給をできるようにするシステム。太陽光発電から電気自動車への充電もできる。家庭用蓄電池に比べて容量が大きく、日常的に自動車としても利用できる点を踏まえれば、コストパフォーマンスや利用価値が比較的高いと言える。太陽光発電・電気自動車をどちらも所有している場合は、このシステムの設置により、太陽光発電を車の走行にCO_2を発生しないクリーンなエネルギーに使えるだけでなく、蓄電容量が大きいため非常時の防災対策としても心強い備えとなる。

依頼のコツ・注意点：
- V2Hを導入することで電気自動車の蓄電池劣化を早める可能性がある。蓄電池保証期間（多くのメーカーでは8年）や、保証条件などを確認しておく
- 地方自治体などにより補助金が設定されている場合が多いので、購入前に確認する補助金は設置年度の予算によるが、年々減額になる傾向があるため、補助金を狙うなら早めの設置がお勧め
- 太陽光の発電時間帯に自宅に車があるかどうかも設置の検討要素となる。車の利用が基本的に土日中心だったり、平日昼間も１～２時間の買い物程度であれば、設置を検討する価値はある

寿命と次回のメンテナンス： 10年程度でパワーコンディショナーを交換。 電気自動車の蓄電池の容量保証は８年程度。	**工期**： １～２日 **概算**： 70～170万円

ポイント解説

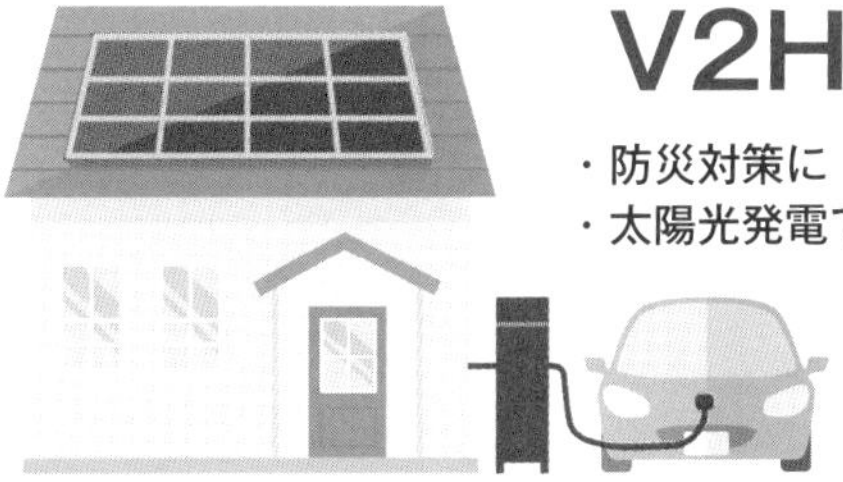

V2H

・防災対策に
・太陽光発電で車の走行が可能

やりたい

メニュー㉘： **電気で給湯・エコキュートの新設**	対象：太陽光発電をお持ちの方 推奨時期：固定価格買取期間終了後

工事概要：エコキュートとは、空気の熱を回収して効率良くお湯を沸かすシステムで、エアコンの室外機よりやや大きめのヒートポンプユニットと、沸かしたお湯を貯めておくタンクユニットの二つからなる。通常深夜電力の安い電気料金でお湯を沸かすが、固定価格買取期間終了後は昼間の太陽光発電の売電価格の方が深夜電力より安くなる可能性があるため、その場合は太陽光発電の電気を活用し、昼間に余剰電力で沸き増しをした方がお得になる。余剰電力をお湯として貯めておくという考え方をすれば、蓄電池より割安に活用できる。エコキュートのお湯を床暖房に利用できる商品もあり、暖房コストを太陽光発電で快適に、効率的にまかなうことも可能。

依頼のコツ・注意点：
・電気料金の契約内容により、深夜電力と太陽光発電の売電価格との差額をよく確認し、エコキュートの運転時間帯を決める
・床暖房にも利用する場合、お湯が足りなくなる可能性があるため、タンク容量は大きめのものを選ぶと良い。床暖房の熱効率を上げるため、床断熱工事（メニュー⑰）も行う。また、温水床暖房パネルを設置する工事も別途必要になる
・太陽光発電の余剰電力を効率よく使う機能を搭載しているか、床暖房に対応しているかどうかなど、商品選びの段階で機能をよく確認する

寿命と次回のメンテナンス： エコキュートの寿命は10～15年程度で交換。	**工期**： １～２日 **概算**： 40万円～（床暖房は別途）

ポイント解説

・電気でお湯を沸かす
・温水床暖房にも利用可能

お勧めセットプラン

単品のリフォームメニューを各種ご紹介させていただきましたが、正直言って「何を選んだらいいのか、よくわからない」という方も多いと思います。そこで、状況や目的に応じたセットプランを考えてみました。施工範囲が重なる工事は、上手に組み合わせることで余計な費用を抑えることができる場合が多いものです。そのような、相性の良い組合せをご紹介いたします。ご自宅の状況が近いものがありましたら、是非プランのご参考にしていただければと思います。

①定期メンテナンスプラン

築10年目・築20年目は外装のメンテンスが必要なタイミングとなります。外装メンテナンスといえば、家の絶対寿命を延ばす「やらなければいけない」工事です。具体的に何をすればいいのかを一覧にまとめていますが、工事には必ず足場が掛かります。足場は後に何も残らない「作業のために必要な道具」ですから、足場が必要な工事はできるだけこの時にまとめて行うと無駄がありません。足場が必要な工事は、2階のエアコンや窓シャッターの取り付け、屋根へ太陽光発電の設置など、高所での外部作業です。今のうちから次

シュミレーション
メニュー

のメンテナンスで何を一緒にやるかを考えておくと良いでしょう。

外装メンテナンス		
部位	リフォーム内容	概算
屋根	メニュー①スレート屋根の棟板金メンテナンス	10万円～
外壁	メニュー④モルタル外壁の塗装	100万円～
	または メニュー⑤サイディング外壁のメンテナンス	120万円～
バルコニー	メニュー⑧バルコニーの防水メンテナンス	8万円～
防蟻	メニュー⑨防蟻処理 ※5年ごと	12万円～
概算合計（消費税・諸経費別）：130万円～		

②水道管と水まわりのセットプラン

築20年目頃から、内装や水まわりの設備機器をそろそろリフォームしようかな、と思い始める方も多いようです。水まわりと言えば水道管の交換がありますが、ご自宅の水道管が鋼管の場合は、是非浴室の改修工事にタイミングを合わせて配管更新を行うように計画したいところです。配管更新を行う際は、キッチンやトイレ、洗面化粧台などもいったん外してまた元に戻すという作業が発生する場合があります。もしそれらの機器類も近々交換する予定であれば、同時にまとめて交換してしまった方が余計な工事を省くことができます。また、在来浴室をユニットバスにリフォームする際には、お風呂の窓を交換しなければならない場合があります。ユニットバスには窓の位置や大きさに制約があるため、今の窓では対応できない場合があるためです。窓を変更する場合は窓周辺の外壁の補修工事も発生するため、築20年目や築30年目の外装メンテナンスにタイミングを合わせると、補修費用を少しでも抑えることができます。

水まわりプラン		
部位	リフォーム内容	概算
水道管	メニュー⑪ 水道管（鋼管）を樹脂管へ更新	30万円～
浴室	メニュー⑫ 在来浴室からユニットバスへの改修	100万円～
設備機器	キッチン、洗面化粧台、トイレの交換	150万円～
内装	台所、洗面脱衣室、トイレの床・壁・天井仕上げ	30万円～
木工事	2階に水まわりがある場合、2階までの配管経路の壁・天井の解体・復旧	10万円～
	概算合計（消費税・諸経費別）：320万円～	

③お手軽断熱プラン

断熱リフォームは一日でも早い方がお得、というお話をしましたが、第3章でもお伝えしたように、断熱材を追加するだけの手軽な工事があります。全体的なリフォームはまだしばらく先の予定という方も、とりあえずこの「お手軽断熱プラン」を行うだけで、少しでも快適な居住性能を先取りすることができます。このプランを行っておくと、後で外壁まわりの工事をするタイミングに合わせて壁断熱と換気の工事を行えば、家全体の断熱が完成します。思い立ったが吉日で、さっそくご検討されてはいかがでしょうか。

お手軽断熱プラン

部位	リフォーム内容	概算
窓	メニュー⑬ 内窓の設置	140万円～
玄関ドア	メニュー⑯ 断熱玄関ドアに交換（カバー工法）	40万円～
床下	メニュー⑰ 床下から断熱材を充填	30万円～
屋根	メニュー⑱ 天井裏または屋根裏への断熱材充填	35万円～
	概算合計（消費税・諸経費別）：245万円～	

④耐震・制震・壁断熱プラン

1981～2000年築の家にお住いの方は、第4章でお伝えした通り耐震補強が必要な場合があります。耐震診断の結果、もし耐震補強工事が必要となった場合は、壁を剥がして構造材を補強するという工事が発生します。そのタイミングに合わせて行いたいのが、制震システムの設置と壁断熱材の充填です。どちらも壁を剥がさないとできない工事ですから、この際まとめて行い、ついでの工事で性能アップを狙うといいでしょう。

耐震・制震・壁断熱プラン

部位	リフォーム内容	概算
耐震補強	メニュー㉓耐震補強工事	100万円〜
制震	メニュー㉔制震システムの設置	50万円〜
壁断熱	メニュー⑳外壁に断熱材充填（内部より）	100万円〜
換気	メニュー㉑標準的な換気システムの設置	10万円〜
内装	壁仕上げの解体復旧・一部天井張り替え、巾木・廻縁交換	70万円〜
概算合計（消費税・諸経費別）：330万円〜		

⑤太陽光発電フル活用プラン

太陽光発電はいつでも設置することができますが、コストパフォーマンスが最も良いのは、屋根を葺き替えるタイミングに合わせることです。屋根の上に載せるため、載せた後に屋根を葺き替えることになると、パネルをいったん下ろしてまた載せるという作業が発生してしまうためです。外装工事と同時に行えば、足場を有効利用できるのもメリットです。太陽光発電を備えるなら、是非同時に用意したいのが蓄電池です。家庭用の蓄電池はまだ費用が割高なため、電気自動車を既にお持ちという想定で、電気自動車を蓄電池として家庭利用するシステムでプランを作ってみました。せっかく電気を創れる家になるため、給湯設備も高効率のエコキュートに変え、エコハウスを目指してみてはいかがでしょうか。

太陽光フル活用プラン

部位	リフォーム内容	概算
太陽光発電	メニュー㉕太陽光発電システムの新設	１２０万円～
蓄電池	メニュー㉗Ｖ２Ｈ・電気自動車の家庭利用システム	70万円～
給湯器	メニュー㉘電気で給湯・エコキュートの設置	40万円～
足場	太陽光パネル設置のため	20万円～
概算合計（消費税・諸経費別）：２５０万円～　※電気自動車は別途		

⑥築30年目のフルコースプランＡ　外張り断熱セット

さて、住宅の平均寿命とされる築30年目のリフォームについて、具体的にメニューを組んでみましょう。築30年と言えば、１９８０年代後半～１９９０年代前半頃に新築した方ですね。築30年目ともなるとそれぞれの部材が寿命に達する頃でもあるため、外装材・内装材・設備など、同時に全てまとめて交換することで、工事を合理的に行いコストを抑えることができます。今後しばらくリフォームの心配がなくなるのもいいですよね。また、外壁を張り替えるタイミングでついでに外張り断熱材を追加することで、断熱工事をコストパフォーマンス良く完成させることができます。なお、サッシは既存のままで内窓を追加としていますが、このように外装材を新品に交換する場合は、予算に余裕があればサッシを交換しておくのも良い方法です。このリフォームのポイントは、新しくなる外装材は、できるだけ耐久性の高い材質を選ぶということです。今後のメンテナンス回数を減らし、断熱性能も高め、老後も安心して暮らせる家を目標にご計画いただければと思います。

	部位	リフォーム内容	概算
外装メンテナンス	屋根	メニュー③スレート屋根・瓦屋根の葺き替え	120万円～
	外壁	メニュー⑦サイディング外壁への張り替え	200万円～
	バルコニー	メニュー⑧バルコニーの防水メンテナンス	20万円～
	防蟻	メニュー⑨防蟻処理 ※5年毎	12万円～
断熱	窓	メニュー⑬内窓の設置	140万円～
	玄関ドア	メニュー⑯断熱玄関ドアに交換（カバー工法）	40万円～
	床下	メニュー⑰床下から断熱材を充填	30万円～
	屋根	メニュー⑱天井裏または屋根裏への断熱材充填	35万円～
	外壁	メニュー⑲外壁に外張り断熱の追加	100万円～
	換気	メニュー㉑標準的な換気システムの設置	10万円～
水まわり	水道管	メニュー⑪水道管（鋼管）を樹脂管へ更新	30万円～
	浴室	メニュー⑫在来浴室からユニットバスへの改修	100万円～
	設備機器	キッチン、洗面化粧台、トイレの交換	150万円～
その他	内装	天井壁クロス張替、床フローリング張替、建具交換等	350万円～
	電気・ガス等	スイッチ・コンセント・分電盤交換、配線・配管等	63万円～
概算合計（消費税・諸経費別）：1350万円～			

⑦築30年目のフルコースプランB　耐震セット

同じく築30年目のプランですが、今度は外壁がモルタルで張り替える必要がないというケースを想定してみます。外壁を剥がさないため、壁の断熱材は内側からの充填断熱とします。せっかく壁の下地ボードを剥がすので、ついでに耐震補強＋制震システムの設置も行っておこう、というプランです。断熱性能と耐震性能、さらに制震性能も加え、美しくリフレッシュするだけでなく、安心・快適な住まいにチェンジできるプランです。

	部位	リフォーム内容	概算
外装メンテナンス	屋根	メニュー③スレート屋根・瓦屋根の葺き替え	120万円～
	外壁	メニュー④モルタル外壁の塗装	100万円～
	バルコニー	メニュー⑧バルコニーの防水メンテナンス	20万円～
	防蟻	メニュー⑨防蟻処理 ※5年毎	12万円～
断熱	窓	メニュー⑬内窓の設置	140万円～
	玄関ドア	メニュー⑯断熱玄関ドアに交換（カバー工法）	40万円～
	床下	メニュー⑰床下から断熱材を充填	30万円～
	屋根	メニュー⑱天井裏または屋根裏への断熱材充填	35万円～
	外壁	メニュー⑳外壁に断熱材充填（内部より）	100万円～
	換気	メニュー㉑標準的な換気システムの設置	10万円～

分類	項目	内容	金額
耐震	耐震	メニュー㉓耐震補強工事	100万円～
	制震	メニュー㉔制震システムの設置	50万円～
水まわり	水道管	メニュー⑪水道管（鋼管）を樹脂管へ更新	30万円～
	浴室	メニュー⑫在来浴室からユニットバスへの改修	100万円～
	設備機器	キッチン、洗面化粧台、トイレの交換	150万円～
その他	内装	天井壁クロス張替、床フローリング張替、建具交換等	350万円～
	電気・ガス等	スイッチ・コンセント・分電盤交換、配線・配管等	63万円～
概算合計（消費税・諸経費別）：1450万円～			

このフルリフォームを考える上で意識したいのは、コストパフォーマンスです。築30年といえば建て替えという選択肢もありますから、リフォームが建て替えの予算を上回ってしまっては意味がありません。最後のプラン⑥⑦が高いか安いかを判断するために、新築に建て替える場合の予算と比較してみましょう。

建て替え予算：建物本体　1650万円（坪単価55万円×30坪）
　諸費用　400万円（解体・申請・設備工事・地盤関係・登記など）
　　合計　2050万円

建て替え予算2050万円に対し、リフォームなら1450万円、約7割まで出せば性能もアップして新築のように快適に暮らせる家が手に入る、というイメージになります。

このように計画的に、定期的にしっかりとメンテナンスを行うことができれば、ご自宅を安心して暮らせる終《つい》の棲家《すみか》とすることができます。しかし、実際に築20～25年程度のお住まいにリフォームのお打合せに伺うと、これまでリフォームと言えば数年前に外壁塗装を一回やったきり、などという「ちょっとサボり気味」な方がとても多いのが実情です。今までは子育てに手一杯でリフォームまで頭も手も回らなかったとか、これといった不具合がなかったからリフォームの必要性を感じなかった、などというお気持ちもよくわかります。ではメンテナンスを既にサボってしまった方はもう手遅れなのか？　というと、そう早合点しなくても大丈夫です。シロアリや雨漏りなどのリスクが高い状態であっても、まだ発生していないか、発生していても軽傷なら間に合います。今からやるべきことは、まずインスペクションなどを行って現在の劣化状況をきちんと把握し、適切なメンテナンスを行って軌道修正していくことです。

↓既存住宅状況調査　P157

皆さんの家がもし築10年以内なら、是非本書でご紹介したリフォームメニューをご参考に、リフォーム計画を立てていただけたらと思います。

築10～20年の方なら、今すぐにでも外装のメンテナンスに着手していただき、計画の軌道に乗せていただけたらと思います。

築20年を過ぎていらっしゃる場合は、前述のようにリスクの高い状態となっていますので、メンテナンスを中心としたリフォームが少し大掛かりになるかもしれません。しかしこの築年数の方は、子育てが一段落されていたり、定年退職を迎えられたりと、人生の節目と重なっていることも多い頃ではないでしょうか。どうせ大掛かりなリフォームをするなら、新しい人生のスタートを切るための、前向きなリフォームも一緒に考えていただけたらと思います。空いている子ども部屋をご夫婦それぞれの趣味室に改造したり、ＬＤＫからお庭まで段差なく出られるウッドデッキを造ったり……。そんな、「暮らしを豊かにする」未来を考える時間こそが、リフォームの醍醐味でもあります。

メニューでは「やらなければいけないメンテナンス」「やった方がいい性能アップ」を中心に解説しておりますが、これらを踏まえた上で、最終的には「やりたい・暮らしを豊かにするリフォーム」を充実させ、皆さまの想い描く夢を叶えていただけたらと思います。

【お勧め参考図書】

・「これからのリノベーション 断熱・気密編」

書籍情報：伊藤菜衣子・竹内昌義・松尾和也 著、新建新聞社、2018年7月

内容：断熱リフォームに絞った内容で、施工事例の写真なども多く掲載されており、より深い知識を一般の方にもわかりやすくまとめられています。技術的な記載もあるため、専門家にもお勧めの一冊です。

【お勧め参考サイト】

情報の提供元は国土交通省の登録団体など、公共性が高いサイトをまとめました。

・住まいの情報発信局（住宅情報提供協議会）

トップページ：http://www.sumai-info.jp/index.php

わかること：住まいに関する情報の総合ポータルサイト。税制、耐震、バリアフリー、防犯など

・一般社団法人 住宅リフォーム推進協議会

消費者向け情報：http://www.j-reform.com/consumer/

わかること：リフォームに関する情報の総合ポータルサイト。補助金・減税制度、紛争処理、地方公共団体のリフォーム支援検索など

・住宅リフォーム事業者団体（国土交通大臣登録）

リフォーム事業者検索：http://www.j-reform.com/reform-dantai/kensaku.php

わかること：国土交通省の告示による要件を満たし、国に登録されたリフォーム事業者の検索

・一般財団法人 日本建築防災協会

耐震支援ポータルサイト：http://www.kenchiku-bosai.or.jp/seismic-2/

わかること：新耐震木造住宅検証法、木造住宅耐震診断・改修Q&Aなど

おわりに

私が住宅の仕事に関わりたいと思ったきっかけは、室内の装飾など、華やかなインテリアに興味があったからです。しかし実際にインテリアの仕事についてみると、カーテンレールの取り付けひとつをとっても、壁の中がどうなっているのか、建築の知識が必要でした。では建築を一から学ぼうと思い立ち、果てしない建築の旅が始まりました。新築木造住宅の現場管理・設計、マンションリフォームの営業・現場管理、中古マンションリノベーション再販売の企画・現場管理、ハウスメーカーの増改築設計、住宅建設現場の検査など……。知れば知るほどに沸き起こる次の「知りたい」を、自分の目で見て、経験してきました。

私生活ではずっとマンション暮らしをしてきましたが、9年前に築29年の中古一戸建てを購入し、フルリフォームをして初の一戸建て暮らしを始めることになりました。リフォームでは耐震補強や外装のメンテナンスなどはしっかり行ったつもりでしたが、断熱で大きな失敗をしてしまいました。壁の下地ボードを張り替えたにもかかわらず、壁内部の断熱材を補強しなかったのです。更に、床下の湿気対策でも失敗をしました。1階の床板が地面から上がってくる湿気によって激しく傷んでいたので、下地ごと全て撤去し、床を作り直しました。しかし、湿気の発生源である床下の地面には何も対策をしなかったのです。見た目には新築のように美しくなったものの、住み始めると、そこはかとなく漂う床下からのカビ臭、そして冬には厳しい寒さに悩まされることになってしまいました。総工費は建て替えの5～6割程度で行ったリフォームでしたが、今にして思えば、あと1割ほどの追加予算でこれらの悩みは全て解決できていたでしょう……。

建築のプロとして働いている者の自宅ですら、この有様です。リフォームはプロに任せていれば安心、ではないんです、残念ながら……。

しかし失敗は成功の母とはよく言ったもので、この失敗リフォームの家に住んでいるおかげで、リフォームの正解とは何か？　を毎日深く考えることができました。ちょうどその頃、取引先ハウスメーカーの方からリフォームセミナーの講師をやってみないかとお声をかけていただき、本書の前身となるリフォームセミナーの企画が始まりました。リフォームセミナーといえば、「いかに美しく、使い勝手良く劇的に変身させるか」というような内容が主流で、そういった視覚や感性に訴える企画は集客も良く、お客様からも求められているようでした。しかし、私がプロとして皆さんにお伝えすべきことは、「何の工事をどういう順番で発注していけばいいのか」という基本的な理論ではないかと思いました。自宅の失敗だけでなく、これまで伺ってきた多くのお客様が、それを知らないために大きな損をされていると感じていたからです。セミナーとしては地味で、集客もできるかどうか心配でしたが、一緒に考えてくださったご担当の方々が、「オーナー様のためになる内容だ。是非やろう」と背中を押してくださり、実現させてくださいました。実際にセミナーを行ってみると、お客様からは「とても勉強になりました。是非書籍化してください」などとお声をかけていただき、おかげ様で本書の出版に向けてたくさんのエネルギーをいただくことができました。

最後になりましたが、はじめての出版で不慣れな私を完成まで導いてくださいました、自由国民社編集部の今野真琴様、プロデュースにご尽力くださいました宮本里香様。執筆に当たりお知恵をお貸しくださいました建築業界の方々、そして活動を支援してくださいましたたくさんの方々と家族に、心から感謝申し上げます。

本書をお手に取っていただき、最後までお読みいただき、誠にありがとうございました。リフォームによってあなたの家に新たな命が吹き込まれ、そこに住まう皆さまに笑顔が溢れますことを、心よりお祈りいたしております。

２０２０年７月　高橋みちる

著者プロフィール

高橋みちる（たかはし・みちる）

リフォームコンサルタント。アールイーデザイン一級建築士事務所代表。

職業訓練校、設計事務所、地元の不動産建売業者、ゼネコンのリフォーム子会社などを経て、独立。ハウスメーカーのオーナーや一般住宅のリフォームプランニング、住宅瑕疵保険の現場検査、既存住宅状況調査(インスペクション)などを行う。2014年にはハウスメーカーにてハウスオブザイヤー2014リフォーム部門最優秀賞を受賞。新築、既存を問わず2000件を超える現場を見ながら、問題を抱える住宅にも多く遭遇。顧客の真の要望である「安心で快適な家に住み続けるにはどうしたらいいか?」の答えを探求し続ける。リフォームセミナーの講師として全国各地で活動中。一級建築士、宅地建物取引士、住宅性能評価員、既存住宅状況調査技術者、インテリアコーディネーター、福祉住環境コーディネーター2級などの資格を持つ。

協　力：ＮＰＯ法人 企画のたまご屋さん
装　丁：小口 翔平＋加瀬 梓（tobufune）
画　像：123RF
Svjatoalav - stock.adobe.com
本文デザイン＆ＤＴＰ：有限会社中央制作社

やらなければいけない一戸建てリフォーム

二〇二〇年（令和二年）七月一〇日　初版第一刷発行
二〇二二年（令和四年）三月一二日　初版第四刷発行

著　者　高橋 みちる
発行者　石井 悟
発行所　株式会社自由国民社
東京都豊島区高田三―一〇―一一
〒一七一―〇〇三三 https://www.jiyu.co.jp/
振替〇〇一〇〇―六―一八九〇〇九
電話〇三―六二三三―〇七八一（代表）
印刷所　奥村印刷株式会社
製本所　新風製本株式会社

©2020 Printed in Japan.

●造本には細心の注意を払っておりますが、万が一、本書にページの順序間違い・抜けなど物理的欠陥があった場合は、不良事実を確認後お取り替えいたします。小社までご連絡の上、本書をご返送ください。ただし、古書店等で購入・入手された商品の交換には一切応じません。
●本書の全部または一部の無断複製（コピー、スキャン、デジタル化等）・転訳載・引用を、著作権法上での例外を除き、禁じます。ウェブページ、ブログ等の電子メディアにおける無断転載等も同様です。これらの許諾については事前に小社までお問合せください。また、本書を代行業者等の第三者に依頼してスキャンやデジタル化することは、たとえ個人や家庭内での利用であっても一切認められませんのでご注意ください。
●本書の内容の正誤等の情報につきましては自由国民社ホームページ内でご覧いただけます。
https://www.jiyu.co.jp/
●本書の内容の運用によっていかなる障害が生じても、著者、発行者、発行所のいずれも責任を負いかねます。また本書の内容に関する電話でのお問い合わせ、および本書の内容を超えたお問い合わせには応じられませんのであらかじめご了承ください。

JN005826

はじめに

はじめまして。遺品整理の会社を経営しております株式会社プログレスの奥村拓と申します。

当社は日本中に21か所の支店があり、毎月約３００件、年間約３６００件もの遺品整理を行っています。

もちろん、私自身が遺品整理の現場に赴き、業務に携わることも数多くあります。その中で、私がいつも感じていることは、遺品整理をやろうとしたが何から手を付けていいのかわからずに困っている人や、着手はしてみたものの、あまりの量の多さに途中で音を上げてしまった人が非常に多いということです。

また、モノの価値がわからずに捨ててしまったり、二束三文で売ってしまったりして損をしている人もたくさんいるのが実情です。

そこでこの本では、いざ遺品整理を行うときに、疲れてしまわないようにするため、時間をかけずにすませるため、そして価値があるものを捨てないですむようにするために、どのようにすればいいのかを、初めての人にもわかりやすく説明しました。

遺品整理は単なる「片付け」ではありません。また遺品の「処分」でもありません。あなたの大切な人が生前使用され、故人の想いのこもった品々を「供養」という観点から整理することです。

大切な人との想い出を大事にしながらも、遺品の整理をすることで、あなた自身の心の整理をするお手伝いができれば幸いです。

目次

第3章 ブランド品の空箱など、意外なものが高く売れる

第4章 後悔しない遺品整理のポイント

第6章 電話1本で見積もりから部屋の掃除まで～遺品整理業者に依頼する～

第7章 遺品整理業者選びのチェックポイント

第9章 「想い出」を整理することで大事な人から「卒業」する

企画協力●株式会社天才工場 吉田 浩
編集協力●堀内伸浩
イラスト●松沢ゆきこ

第1章

知らないと損をする遺品整理の落とし穴

1 そもそも「遺品」とは何なのか？

●「遺品」と「不要品」は違う！

あなたは「遺品」という言葉に対して、どのようなイメージをお持ちでしょうか？

多くの方は、預貯金や保険金、不動産などの遺産としてのイメージを持たれていると思います。しかし、「遺品」には、動産とされる家具や家電、衣服など古くなり要らなくなった品物もあります。これらを単なる「不要品」だと思っている人も少なくありません。

たしかに、故人が生前使っていたものとはいえ、「もう誰も使わないもの」「要らないもの」という点では、遺品も不要品も同じかもしれません。

しかし、遺品は亡くなられた方が生前、毎日使われていたものです。現金や預貯金、保険証券、宝飾品等の貴重品だけでなく、日記や手紙、印鑑、衣類、生活雑貨、家具、家電製品など、すべてが故人にとっては大切なものなのです。

したがって、私たち遺品整理業者は、遺品を「故人の想いのこもった大切なもの」と考えています。

これは多少の温度差はあれ、遺族にとっても同じ考えなのではないでしょうか？

ですので、遺品整理とは単なる不要品の処分ではなく、ましてやゴミの処分でもなく、故人との大切な想い出の品々を整理することなのです。

2 遺品整理は引っ越しより3倍大変

●「えっ、こんなに!?」と驚く方がたくさんいる

遺品整理に直面した遺族の方たちの多くが口をそろえて言うのが、「えっ、こんなにあるとは思わなかった！」という言葉です。

生前整理をせずに突然亡くなられると、本当にたくさんのものが残っているのです。

どれくらいの量があるかを私の経験から言うと、ワンルームのアパートで一人暮らしをしていた方の場合で、2トントラック1台分はあります。

これが一軒家になると、遺品の量は2トントラック3台分以上になることが多いです。

これだけの量の遺品を整理するとなると、かなり大変なのが想像していただけるのでは

ないでしょうか。

●遺品整理を任され困惑する長男の奥さん

遺品整理でよく問題になるのが、「誰がやるのか」ということです。

高齢のご夫婦のどちらかが亡くなり、その方に配偶者がいれば配偶者がやるケースがほとんどです。配偶者がおらず、子どもたちだけの場合は、たいてい近くに住んでいる長男の奥さんが、遺品整理を任されるケースが多いようです。

ところが、遺品整理は1人ではとうていできません。小物の整理くらいなら1人でもできますが、冷蔵庫やタンスなど大きなものがある場合は、最低でも2人は必要でしょう。

ですから、**遺品整理を遺族だけで行う場合は、家族でよく話し合い、誰か1人に押し付けるのではなく、きちんと役割分担を決めてから取り掛かることをおすすめします。**

●遺品整理が引っ越しよりも3倍大変な理由

遺品整理とよく比較されるのが、引っ越しです。

どちらも「家の中を空っぽにする」という点では同じなのですが、じつは引っ越しよりも遺品整理のほうが3倍大変だというのが、私たちの実感です。

引っ越しは家の中にあるものを、今の家から新しい家に移動するだけなので、言葉を選ばずに言えば、なんでもかんでも段ボールに詰めて運べばいいのです。

ところが、遺品整理はそういうわけにはいきません。取っておくものと捨てるものを一つ一つ見ながら仕分けしていく必要があります。

しかも、捨てるものも、自治体によってはかなり細かく分別しなければいけません。

さらに、燃えるゴミや資源ゴミで出せないものは、粗大ゴミで出さなければいけませんし、エアコン、テレビ、冷蔵庫、洗濯・乾燥機の４大家電の処分にはリサイクル料金が必要になります。

ですから、作業の面でも費用の面でも、遺品整理は大変なのです。

遺品整理で片付けるものの量の目安

●一軒家

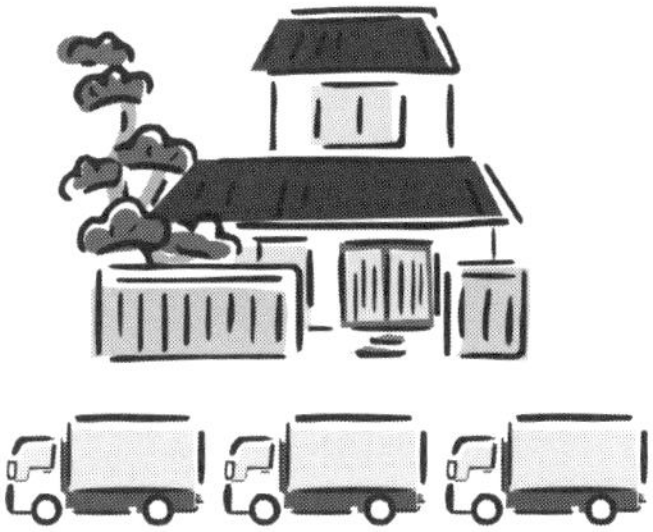

2tトラック3台分以上

●ワンルーム

2tトラック1台分

遺品整理と引っ越しの違い

引っ越し
基本的には、家の中のものを移動するだけ。

遺品整理
取っておくものと捨てるものを一つ一つチェックした上で、捨てるものは細かく分別して捨てなければいけない。また、粗大ゴミを出すのも大変。

3 ゴミを捨てるにもルールがある

●ゴミの分別、指定のゴミ袋

16ページでゴミの分別が大変だという話をしましたが、自治体によっては、何種類にも分けなければいけないところがあります。

たとえば、東京都練馬区の場合、可燃ゴミの種類が次のページのように分かれています。ほかにも細かく分別しなければいけない自治体もありますので、遺品整理をする前に、その地域の分別方法を調べておくと効率的です。

ゴミ袋は東京23区では特に指定のものはなく、透明か半透明の袋であれば回収してくれますが、地域によってはゴミの回収が有料で、指定のゴミ袋でなければゴミを出せないところもありますので、市区町村役場に確認しましょう。

【可燃ゴミの種類（東京都練馬区の場合）】

①生ゴミ
②木の枝・草花
③ビデオテープ、CD、DVDなど
④プラスチック製の商品
⑤すすいでも落ちない汚れのついた容器包装プラスチック
⑥古紙に出せない紙類
⑦ゴム製品
⑧保冷剤、乾燥剤
⑨革カバン、革靴など
⑩家庭で使用したビニール袋、ラップ
⑪紙おむつ、生理用品など
⑫花火、マッチ

●粗大ゴミの処分料金は自治体によって違う

粗大ゴミの処分方法については、「自治体に依頼して収集に来てもらう方法」と「自分で指定の場所に持ち込む方法」の2種類があります。

また、粗大ゴミのサイズや料金も自治体によって異なります。事前に市区町村役場に確認するようにしてください。

ちなみに、東京23区の場合、「辺または径が30センチメートルを超えるもの」と、「棒状のものは1メートル以上のもの」が粗大ゴミ扱いとなります。

料金は、収集料金が400～2800円程度で、持ち込みの場合はその半額で200～1400円程度です。

●リサイクル家電4品目の処分にはお金がかかる

遺品整理の際に処分に困るのが、リサイクル家電と呼ばれるエアコン、テレビ、冷蔵庫・冷凍庫、洗濯機・衣類の乾燥機です。

これらは勝手に処分することはできませんし、粗大ゴミとして出すこともできません。

では、どのようにして処分すればいいかというと、次の三つの方法があります。

①リサイクル券を購入し、商品を買った店で引き取ってもらう
②買い換えの場合はリサイクル券を購入し、買い換える店に引き取ってもらう
③その他の場合は家電リサイクル受付センターに申し込み、「リサイクル料金」と「収集運送料金」を払う

遺品整理を行う場合は、だいたい③の方法で処分することになります。

リサイクル料金については次ページの通りで、収集運搬料金はだいたい５０００～１万円程度です。

このように、リサイクル家電の処分には意外とお金がかかるのです。

粗大ゴミの料金（東京都世田谷区の場合）

品　物	収集料	持ち込み料
電子レンジ	800円	400円
布団	400円	200円
扇風機	400円	200円
ダブルベッド	2,000円	1,000円
机（両袖）	2,800円	1,400円

家電リサイクル４品目の料金（2020年4月現在）

品　目		料　金
エアコン		972円～
テレビ	液晶・プラズマ（15型以下）	1,836円～
	液晶・プラズマ（16型以上）	2,916円～
	ブラウン管（15型以下）	1,296円～
	ブラウン管（16型以上）	2,376円～
冷蔵庫	170リットル以下	3,672円～
	171リットル以上	4,644円～
洗濯機・衣類乾燥機		2,484円～

上記のリサイクル料金に加えて、各小売業者が設定する収集・運搬料金（だいたい5,000 ~ 1万円）がかかります。
参考：経済産業省家電リサイクルページ

4 遺品整理は大変なことばかりではない！

●遺品整理には良いこともある

これまで遺品整理の大変さを書いてきましたが、じつは遺品整理にも良いことがあります。それは遺品整理をしていると、思いがけないものが出てくることです。

たとえば、大切な想い出の写真だったり、自分が子どものころに描いた親の絵だったり、自分がプレゼントしたものだったり……と、想い出深いものが出てきて、あのころにタイムスリップしたかのような気持ちにさせてくれます。

こういった想い出の品は、かなりの高確率で出てくるものなのです。

●お金や金の地金《じがね》が出てくることも！

さらに言うと、現金や貴重品が出てくることもあります。

実際、遺品整理業者の間では、遺品整理をしていたら家の中から現金が出てきたという話はごまんとあります。

たとえば、缶の中から6000万円が出てきたこともありますし、キャリーバッグの中から2000万円が出てきたこともあります。

また、タンスの中から衣類に挟まれた3000万円が出てきたこともありますし、整理によって見つけ出した鍵で金庫を開けると中から5000万円が出てきたこともあります。

現金だけではなく、金の地金（インゴット、金の延べ棒と言うこともあります）が出てくることもあります。

溢《あふ》れかえった荷物で開かなかった襖《ふすま》の奥にボロボロの段ボールがあり、その中に500グラム×10本、300グラム×1本、200グラム×2本の金の地金（全部で5700グラム）が入っていたこともあります。

商品券や図書券、テレホンカードが山のように出てくることもあります。

特に、亡くなった方の寝室からは貴重なものがよく見つかります。

人間の心理として、お金や証券、預金通帳、宝石、貴金属などは、自分の目の届く範囲に置いておきたいと思うのかもしれません。

ですから、遺品整理をするときには、貴重品が保管されていないか、亡くなった方の寝室から整理をすることをおすすめします。

遺品整理中にお金や貴重品が見つかった例

（株式会社プログレスの各営業所の報告書から抜粋）

現金が出てきたケース

- 金庫4個の中から、整理によって見つけ出した鍵で開けると現金5000万円くらいが出てきました。（埼玉）
- キャリーバッグの中を整理していたところ、中身から現金2000万円が出てきました。（千葉）
- 缶の中から600万円程発見した。（横浜）
- バッグの中から300万円発見しました。（横浜）
- タンスを整理中に、衣服がありその下に現金3000万円とその下に衣服といった様に、現金が挟まれておりました。（名古屋）
- 現金は200万円です。（新潟）
- 現金は1000万円位出てきました。（大阪）
- 現金100万円位出てきました。（滋賀）
- 現金を見たのは10万円程度です。（京都府）

貴金属が出てきたケース

- お仏壇の中より純金杯（35g）が出てきました。（埼玉）
- 純金杯 直径約3cmが見つかりました。（千葉）
- 買取した着物と貴金属で80万円の値段が付いた。（横浜）
- 金地金5700gが部屋の一番奥の襖からボロボロの段ボールに入って出てきました。（新潟）
- 金地金250gが7本です。（大阪）
- 金杯 40g 15万円相当が出てきました。（滋賀）
- 貴金属が出てきましたが、お客様にお返ししたので金額はわかりません。（京都）

5 へそくりはこんなところに隠されている！

●「へそくり」の隠し場所ベスト10

ここで参考までに、「へそくり」の隠し場所について、お教えしておきましょう。

私たちの経験からすると、へそくりはだいたい次のような場所に隠されているものです。

①食器棚

使わない食器や土鍋の中に現金や時計、貴金属などがよく隠されています。

②仏壇

仏壇の中には現金のほかにも、指輪、ネックレス、ペンダント、ブローチ、イヤリング、ブレスレット、時計など、貴金属がよく隠されています。普段拝んでいる場所なので、隠し場所に適しているのかもしれません。

③押し入れ

押し入れの中からカバンが出てきたら、カバンの中を確認しましょう。通帳や印鑑や有価証券が入っていることがあります。

④タンス

タンスの奥もよくある隠し場所です。

タンスの引き出しの下に紙が敷いてあって、その紙をめくると現金が出てきたことがあります。

タンスの引き出しは全部引っ張り出して確認したほうがいいでしょう。なぜなら、引き出しの奥に貴重品が布にくるまって隠されていることがあるからです。

⑤カーペットや畳の下

よくある隠し場所ですが、カーペットの下に1万円札が敷き詰められていることがあります。

畳の下に現金が1枚1枚敷かれていたという例もあります。カーペットや畳をはがして確認しましょう。

⑥冷蔵庫

通常は食品をしまっておく場所ですが、カモフラージュとして現金を隠していることがよくあります。冷蔵庫から4000万円が出てきたケースもあります。

⑦額の絵の中

もし額装があったら、裏板を外して確認しましょう。絵と裏板の間にも、高い確率で現金が隠されています。

⑧ベッド

ベッドの布団とスプリングマットの間にも現金が隠されている可能性があります。

⑨物置き

物置きの大型の植木鉢の中から7000万円が出てきたケースもあります。普段使わない意外な場所ですが、確認するようにしましょう。

⑩天井裏

天井裏からお金が見つかることもよくあります。

押し入れの天板を1枚はずしたところから天井裏に隠しているケースがよくありますので、チェックしてみてください。

●ご祝儀袋の中も再度確認を!

ほかにも、意外なところから現金が出てくるところがあります。それは、ご祝儀袋の中です。

カバンの中にご祝儀袋が20~30枚入っていたら、必ず中を確認するようにしてください。

「ご祝儀袋の中に現金なんて……」と思われがちですが、中を開けてびっくり。現金が入っていることが往々にしてあるのです。取り忘れや記念として残されているケースがあります。当社のスタッフも何度もそういう例を見ています。

もし見つかったのが旧札であっても、問題ありません。銀行で現在使われている紙幣に交換（預金）できます。

遺品整理は大変ですが、このように現金や貴金属が出てくることが多々あるのです。

亡くなった方の遺した価値のあるものを無駄に捨てるようなことがないよう、ここに挙げた場所はきちんと確認するようにしてください。

6 お金になる遺品を捨てている人もいる

●遺品が思わぬ高値で売れることも！

遺品整理をしているときに現金や、一見して価値があるとわかるものが出てきた場合、それを捨てる人はまずいません。

しかし、現金ではなく、モノの場合は、その価値がわからずに捨ててしまっている人がたくさんいるのです。

おじいさんやお父さんが趣味で集めていたガンダムのプラモデルが一つ8万円で売れたこともありますし、リカちゃん人形が10体まとめて2万9000円で売れたこともあります。

また、おじいさんが使っていた釣竿《つりざお》が15本まとめて5万円で売れたケースもありますし、一見すると何の変哲もない鉄瓶が4万円で売れたこともあります。

第3章で詳しく紹介しますが、遺族にとっては価値のない不要品でも、欲しい人にとっては高いお金を出してでも手に入れたいというものかもしれないのです。

骨董《こっとう》品やブランド品を無造作に捨てる人はいないと思いますが、そうではないものでも、売ってみたら意外と高く売れることがあります。

くれぐれも**「自分は興味がないから」**とか、**「自分には必要ないから」という自分の価値観で判断しないようにしてください。**

価値のあるものを捨てるということは、お金を捨てているのと同じことなのです。

亡くなった方が生前に集めていたものの中には、思わぬお宝が眠っていることもあるのです。

7 処分に困るものが出てきたら？

●銃や刀が出てきたら？

遺品整理をしていると、ごくたまに「これはどうすればいいのか？」というものに遭遇することがあります。

その一つが、銃や刀です。

銃や刀は、法律（銃砲刀剣類所持等取締法）によって所持することが禁じられています。そのまま所持していると銃刀法違反になります。

したがって、銃や刀を発見したら、すみやかに発見場所を管轄する警察署に届け出てください。

発見した銃や刀を所持したくない場合は、警察署に持参したときに「所持しない」と言えば、警察が引き取ってくれます。

一方、所持し続けたい場合は、登録する必要があります。その場合の手続きは、次の通りです。

①発見した銃砲刀剣類の現物と印鑑を、発見場所を管轄する警察署に持参し、銃砲刀剣類の発見届を行う

②警察署が「銃砲刀剣類発見届出済証」を発行してくれる

③銃砲刀剣類登録審査会で登録手続きを行う。登録には、銃砲刀剣類の現物と、警察署で発行してもらった「銃砲刀剣類発見届出済証」が必要

④登録審査委員が審査して、登録が可能であれば「登録証」が発行される。審査会の開催は月1回で、登録には手数料（6300円分の収入証紙）が必要

●剥《はく》製などが出てきたら？

象牙、ウミガメの剥製、トラの毛皮の敷物などが出てくることもあります。

動物の個体を保存したものや加工品には、種の保存法により譲渡等が禁じられているものがあります。象牙、ウミガメの剥製、トラの毛皮の敷物などはこれに該当します。

こうしたものが出てきた場合にまずすべきことは「国際希少野生動植物種登録票」という登録票を探すことです。

この登録票がない場合は、一般財団法人自然環境研究センターに問い合わせ、登録されているかどうかを聞いてみましょう。

登録票があれば、その剥製等はオークション等で売ることができます。

登録されていない剥製等を販売してしまうと、その動物が絶滅危惧種に指定されている場合は、逮捕されてしまうこともあります。

なお、美術品などを取り扱っているリサイクルショップへ持ち込む方法もあります。

最終的に心配であれば、環境省の自然環境局野生生物課に問い合わせてみるといいでしょう。

登録されている、いないにかかわらず、販売せずに処分する場合は、燃えるゴミや粗大ゴミとして捨てることができます（自治体によって処分の仕方は異なりますので、自治体に確認してください）。

たとえば、神奈川県横浜市の場合は、剥製は50センチメートル以下であれば燃やすゴミとして出すことができ、それ以上のものは粗大ゴミ扱いとなります。

ゴミで出すのが忍びないという人には、お寺で供養してもらってから処分するという方法もあります。遺品の供養については56～57ページを参照してください。

一般財団法人自然環境研究センター　http://www.jwrc.or.jp/
環境省 自然環境局 野生生物課　https://www.env.go.jp/nature/

8 実家の倉庫にアスベストが使われていたら？

●アスベストが使われている倉庫での遺品整理は要注意！

少し話が逸れますが、遺品がたくさんしまってある倉庫の天井にアスベストが使われていることがあります。

現在は、その使用が禁止されていますが、昔は防火・防音・断熱用として、商業施設や倉庫等の壁や天井等によく使われていました。

アスベストは別名「石綿」と呼ばれているように、繊維が非常に細いため、簡単に吸い込んでしまいます。吸い込むと、そのまま肺にとどまり、肺の内側に繊維が突き刺さったままになり、これが肺がんや中皮種の原因になると言われています。

したがって、アスベストが使われている倉庫で遺品整理を行う場合は、必ず防塵《ぼうじん》マスクを着用するようにしてください。普通のマスクだと繊維が通り抜けてしまいます。防塵マスクはホームセンターなどで購入できます。

●解体費用は通常の約2倍!

アスベストが使われている建物を解体する場合、通常の解体費用よりも高くなります。アスベストが飛散しないように作業をしなければいけないからです。

解体費用の目安はアスベストが使われていない建物の約2倍です。

解体せずにそのまま売却する場合は、解体費用分に相当する値引きをしないと売れない可能性が高いといえるでしょう。

第2章

いつまでも遺品整理ができない人の心の中

1 何から手をつけていいのかわからない

●初めてのことだから、わからなくて当然

遺品整理というのは、人生でそう何度も経験するものではありませんので、初めて直面する人がほとんどです。

そういう人にとっては、「何から手をつけていいかわからない」というのが本音でしょう。

前にも書きましたが、遺品整理は引っ越しと違って、なんでもかんでも適当に段ボールに詰め込んでいけばいいというものではありません。

残しておくのか、捨てるのかを一つ一つ判断しなければいけませんし、捨てるものはきちんと分別していかなければいけません。

また、遺品の中には価値が高いものがあるかもしれません。損をしないという意味では、遺品を売れるか売れないかなども判断したほうがよいでしょう。

遺品整理を経験したことのない人にとっては本当に大変な作業なのです。

●貴重品を見つけることが遺品整理のスタート

では、遺品整理はどのような手順で行えばいいのでしょうか。

基本的には、次の順番で行っていくのがいいと思います。

①貴重品を探す。このとき、残しておきたい想い出の品を別にしておく。

②小さい物はオークションやメルカリなどで販売する。大型家具や家電などはリサイクル業者に出す。

③売れなかったものは分別して処分する。

遺品を分類しましょう

貴重品の例

現金／預金通帳／印鑑／金塊／指輪等の宝石類／家や土地の権利書・契約書／株券等の有価証券／生命保険・損害保険の証券／年金手帳や年金関係の書類／クレジットカードや携帯電話、プロバイダー、公共料金に関する書類など

残しておきたい想い出の品

故人との想い出の品／写真・アルバムなど

オークション等（メルカリ等）で売れるもの

骨董品／本／楽器／ゲーム機／ゲームソフト／ブランド物のバッグ／プラモデル／ミニカー／人形／おもちゃ／腕時計など

※かさばらないもの、すぐに劣化しないものなどは、リサイクルショップに売るよりも、ご遺族が取っておいてネットオークションやフリマサイトなどでコツコツと売るほうが、高く売れることが多いようです。

リサイクル業者に買い取ってもらうもの

テーブル／机／椅子／タンス／ベッド／照明器具／本棚／オーディオ機器／家電製品／洋服／着物／お酒／食器類など

※大きなもの、かさばるもので、要らないものはタダでも引き取ってもらったほうがいいでしょう。

2 忙しくて片づける時間がない

●四十九日が遺品整理開始の一つの目安

遺品整理をなかなかやらない人がよく言うのが、「忙しくて片づける時間がなかった」というものです。

故人が亡くなったばかりのころは、葬儀の手配や死亡届の提出、香典返しの手配、火葬許可申請等の手続きなど、さまざまな問題が山積しています。

忙しくて遺品整理まで手が回らないというのは、単なる言い訳ではなく、真実であることが多いと思います。

しかし、それでも身近な方が亡くなってから1か月から1か月半も経てば、だいたい落ち着いてくるものです。

では、遺品整理はいつごろから始めるのがよいのでしょうか。

私の経験からすると、故人の四十九日を過ぎたころから遺品整理を始める人がほとんどです。

逆に、故人が住んでいたのが賃貸住宅で、早くしないと無駄な家賃が発生してしまうといった特別な事情がない限り、四十九日前に遺品整理を行う人はほとんどいません。

ですので、特別な事情がない限り、遺品整理は四十九日を過ぎてから始めるのが、一つの目安と言えるでしょう。

3 遠方に住んでいるため、なかなか行けない

●親の家が遠いと先送りしがち

世の中には、亡くなった方の遺品整理になかなか手をつけられない方がたくさんいます。着手できない理由は人によってさまざまですが、一番多いのは、やはり物理的な距離の問題でしょう。

たとえば、亡くなった親御さんの家が九州にあって、子どもは東京に住んでいるため、なかなか片づけに行くことができないというケースです。

特に、親の家が家賃を払う必要のない状況であれば、急いで片づけなくても大丈夫だろうという気になり、遺品整理を先送りにしてしまいがちです。

しかし、いつまでも実家を空き家にしておくわけにはいけません。実家を売るにしても貸すにしても、遺品整理をしてからでないと、どちらもできないからです。

その結果、実家を相続した子どもは、固定資産税を払い続けることになるのです。

●特定空家に指定されてしまうと固定資産税が6倍になる！

遠方にあるからと亡くなった方の家を空き家のままにしておくと、固定資産税が6倍に跳ね上がってしまう可能性があるということをご存じでしょうか。

2015年に施行された「空家等対策特別措置法」によって、特定空家に指定されてしまうと、50万円以下の過料が科されたり、固定資産税の軽減措置の対象から除外されてしまい、税額がそれまでの6倍になってしまうことがあるのです。

誰も住んでいない家は、傷むのが早いと言われますが、特定空家に指定されないためにも、早く遺品整理をすませて、売るなり貸すなりしたほうがいいと言えるでしょう。

【特定空家とは？】

①そのまま放置すれば倒壊等著しく保安上危険となるおそれのある状態

建物の破損や不朽、門や看板など倒壊の危険性がある状態

②そのまま放置すれば著しく衛生上有害となるおそれのある状態

汚物の異臭、ゴミの放置による害獣などが繁殖し、衛生上有害となるおそれのある状態

③適切な管理が行われていないことにより、著しく景観を損なっている状態

建物に汚物や落書き、立木の繁殖、既存の景観に関するルールに著しく適合しない状態

④その他周辺の生活環境の保全を図るために放置することが不適切である状態

立木が近隣に散乱、動物の鳴き声や糞尿の臭気、不審者の侵入や、雪落の危険性など近隣住民の生活に悪影響を及ぼしている状態

●遠方の場合は期限を設けて一気にやること

このようなケースの場合、期限を決めて、一気にやるしかありません。たとえば、親戚

が集まる四十九日のころに全員で一気にやるといいでしょう。

また、遺品整理業者に頼んでやってもらうという方法もあります。鍵だけ渡せば立ち会わなくても全部やってくれる業者もありますので、利用を検討してみるといいでしょう。

4 親の家に行きたくない

●親に対する罪悪感が子どもを親の家から遠ざける

親の家に行きたくないという人もたまにいます。

なぜ行きたくないのかというと、亡くなった親に対して罪悪感を覚えているからです。

たとえば、親が1人でアパートに住んでいて、子どもが近くに住んでいながら孤独死したような場合です。

離れたところで一人暮らしをしている親を何度も自分のところに呼び寄せたのに、田舎がいいと拒否されたような場合は、それほど罪悪感を覚えることはありません。

しかし、近くに住んでいながら、様子を見に行くことをせず、親を孤独死させてしまった場合は、親をないがしろにしてしまった後ろめたさから、無意識のうちに親の家に行くことを避けてしまい、遺品整理にもなかなか着手できなくなってしまうようです。

●遺品の整理をすることが供養になる

このように罪悪感を覚えてしまう気持ちもわからないではありませんが、だからといって遺品をそのまま放置しておいたとしても、罪悪感が消えることはありません。

故人にとって一番寂しいのは、忘れられてしまうことだと私は思います。

ですから、親の遺品を一つ一つ心を込めて整理することが、故人の供養になるのではないかと思います。

遺品整理をすることで、親との想い出の品のいくつかを自宅に持ち帰り、毎日それを見ながら親のことを思い出す――そんなふうにしてみてはいかがでしょう。

5 故人の死を受け入れられない

●状況が許せば無理に遺品の整理をしなくてもいい

故人の死がなかなか受け入れられず、心の整理ができないために、遺品の整理ができないという人も多いようです。

このケースは、親が亡くなった子どもよりも、子どもが亡くなった親に多いといえます。亡くなった子どもの部屋をそのままにしているという話をよく聞きますが、これはまさに子どもの死を受け入れられず、心の整理ができていないということでしょう。

このような場合、状況が許すのであれば、急いで遺品を整理する必要はないと思います。ゆっくり心の整理をしてからでいいと思います。

●遺品を処分しても大切な人との想い出は消えない

一方、親を亡くした子どもの場合は、親の愛情から精神的に卒業するためにも、遺品整理はしたほうがいいと思います。

なぜなら、遺品整理をすることで、自分の心を整理するだけでなく、親との想い出を自分の心に刻み込むことにもなるからです。

遺品を処分すると想い出も消えてしまうと思っている人もいるようですが、それは間違いです。**遺品を整理することで、想い出はより強く遺っていきます。**

遺品整理は処分するだけではなく、遺品を整理し、後世に遺すという大切さもあります。

ぜひ、遺品整理をしてご両親との想い出を、深く心に刻みつけていただきたいと思います。

これはあなたが前向きに生きていくために必要なことなのです。

6 遺品をゴミとして捨てたくない

●遺品が誰かの役に立つこともある

遺品の中で不要なものをゴミとして捨てることに抵抗のある人もいるようですが、そういう人には、できるだけゴミを出さないようにしている遺品整理業者に依頼することをおすすめします。

たとえば、当社の場合でいうと、売れるものは買い取って、リサイクルショップやオークションで販売していますし、日本で売れないものは海外に輸出して、海外のリサイクルショップやオークションで販売しています。また、使える家電や家具を養護施設に寄付することもあります。

さらに、紙類や布類や鉄くずについても、きちんと分別してリサイクルに回すようにしています。
つまり、ゴミとして処分しているのは、可燃ゴミ・不燃ゴミと壊れて使えなくなった家電や家具だけ。それ以外は、できるだけ国内だけでなく海外の誰かの手に渡るようにしているのです。

個人で遺品整理をする場合は、なかなか海外に送ることまではできないと思いますが、できるだけ使えるものを安易に捨ててしまわず、売るなり寄付するなりして、誰かの役に立つ方法を考えてほしいと思います。

●遺品を供養してもらうこともできる

遺品整理の仕事をしていると、「母が大事にしていた人形を供養してもらうことはできますか？」とか「仏壇を供養してもらうことはできますか？」と聞かれることがよくあります。

答えは「はい」です。**人形や仏壇に限らず、要望があればすべてのものを供養することができます。**

当社の場合、月に1回、お坊さんに倉庫に来てもらって、まとめて合同供養をしてもらっています（供養証明書も発行できます）。

個人で行う場合も、お寺に持っていけば、たいていのものは供養（お焚き上げ）してもらえるはずですので、近くのお寺に確認してみてください。

供養してもらえるものの例

※基本的にはどんなものでも供養してもらえます。

人形	ライター
ぬいぐるみ	食器
写真	パソコン
アルバム	携帯電話
手紙	だるま
絵画	たぬきの置物
表札	仏壇
日記	仏具
印鑑	仏像
賞状	神棚
トロフィー	神具
かつら	数珠
洋服、着物	御守り
眼鏡	神札
万年筆	祭壇
手帳	御位牌
入れ歯	御遺影など
杖	

7 どこにお願いすればいいのかわからない

●遺品整理を行ってくれる業者もある

遺品整理をやろうとしたけれども、1人では手に負えず、そのままストップしてしまっているという話もよく聞きます。

そういう人たちの中には、遺品整理業者の存在を知らず、自分たちでやらなければいけないと思い込んでいる人も多いようです。

実際、当社に依頼されたお客様の中にも、インターネットで検索して初めて遺品整理業者の存在を知ったという方がたくさんいらっしゃいました。

遺品整理業者がなかった、簡単に見つけることができなかった時代には、廃棄物処理業者（一般廃棄物収集運搬業者）に遺品整理を頼んでいたという人もいます。

もちろん、どこに頼むかはご遺族の自由ですが、私としては、依頼するのでしたら遺品整理業者をおすすめします。

参考までに遺品整理業者と廃棄物処理業者の違いを簡単に説明しておきましょう。

●遺品整理業者は遺品整理のプロ

両者の違いを一言でいうと、「遺品整理のノウハウがあるかないか」です。

遺品整理業者は遺品整理のプロですので、当然ノウハウがあります。したがって、遺族の心に寄り添いながら、遺品を一つ一つ確認し、お客様の要望に応じて残すものと捨てるものを仕分けしながら整理していきます。

また、売れるものは買い取って、リサイクルショップやオークションで販売し、使えるものや価値のある遺品は誰かの手元に届くようにしています。

これに対して、廃棄物処理業者は遺品整理のプロではありませんので、遺品整理のノウハウはありません。

残すものと捨てるものを仕分けることなく、家の中にあるものは、すべてゴミとして回収していきます。

まだ使えるものでも価値のあるものでも、すべてゴミとして処分されることになります。

ですから、あらかじめご遺族のほうで残すものと捨てるものの仕分けができている場合は廃棄物処理業者に頼んでもかまいませんが、残すものと捨てるものの仕分けができていない場合は、遺品整理業者に頼むほうがいいといえるでしょう。

ただし、遺品整理業者の中にも、残念ながら稀に悪い業者も存在していますので、その見極めはする必要があります。これについては第7章で説明します。

遺品整理業者と廃棄物処理業者の違い

遺品整理業者とは？

- 遺品整理のノウハウがある
- 商品の買い取り、販売ができる
- 遺品とお客様の気持ちに寄り添った作業をしてもらえる

廃棄物処理業者（一般廃棄物収集運搬業者）とは？

- 遺品整理のノウハウはない
- 商品の買い取りはできない
- 整理、搬出作業は基本してもらえない

第3章

ブランド品の空箱など、意外なものが高く売れる

1 意外なモノが意外な値段で売れた！

●遺族には不要品でも『お宝』の場合もある！

遺品整理の仕事をしていると、遺族の方がゴミだと思っているものがじつは「宝の山だった」ということが数限りなくあります。

まずは実際にあった例から紹介しましょう。知り合いの同業者に実際にあった話です。

仕事の依頼を受けて亡くなった方が住んでいたおたくを訪問したところ、部屋に通されてびっくりしたそうです。なぜなら、その部屋は床から天井まで、ガンダムのプラモデルが山積みになっていたからです。しかも、ほとんどが未開封のもので、限定品も多数ありました。

ところが、遺族の方はガンダムには全く興味がなく、「すべてタダでもいいから引き取ってほしい」と言うのです。

さすがにタダというわけにはいかないので、その業者はご遺族に数十万円を支払い、プラモデルをトラックいっぱいに詰め込んで会社の倉庫に運びました。

その業者もガンダムに関しては値段がほとんどわからなかったのですが、試しに一つネットオークションで売ってみたところ、8万円もの値段がついたのです。

びっくりして二つめ、三つめと売り始めたのですが、どれを売りに出しても高値がつきます。どうやら、レアな限定品も多数含まれていたようなのです。

そのプラモデルはもう何年も売り続けているのに、まだ業者の倉庫に大量にあるということでした。

●ボロボロの鎧《よろい》と兜《かぶと》が100万円で売れた！

当社でも、ご遺族から「処分してほしい」と言われた不要品の中から、売れそうなものを探し出し、オークションなどで販売していますが、意外と高値で売れたケースがたくさんあります。

なかでも驚いたのが、鎧と兜です。状態が悪いため、処分するしかないと思っていましたが、オークションに出したところ、あれよあれよという間に値段が上がり、最終的にはなんと100万円という驚きの価格で売れたのです。

ほかにも、オーディオ機器や楽器類、カメラ、レンズなどは高値で売れます。また、釣竿のような趣味の道具も売れる可能性が高いと言えます。

さらに、コレクターがいそうなもの、たとえばジッポライターや昔の少年ジャンプ、記念エンブレムなどの限定品や記念品など、製造が終わっている物は高値で売れる可能性があるので、捨てずに売ってみるといいでしょう。

意外だったのが、ロレックスの時計の空箱です。中身の時計はなく、箱だけなのですが、これもオークションサイトに出品してみたところ、1万円で売れたのです。

箱だけを買う人がいるというのは驚きでしたが、ブランド品の箱や紙袋などは、それらがそろった状態で販売したほうが、転売する際に高値で売れるため、購入する人もいるようです。

68～69ページに、当社が実際にオークションサイトなどで販売し、高値で売れたものを掲載しておきましたので、遺品の中にこういったものがあった場合は、安易に捨ててしまわずにオークションなどで売ってみるといいでしょう。

遺品整理で引き取って高値で売れたもの(10万円以上のもの)

100万円以上

●スピーカー（ONKYO）	¥1,200,000
●鎧と兜	¥1,000,000

50万円以上

●アンプや配線などの周辺機器	¥700,000
●新品の無線機やトランシーバー（大量）	¥700,000

30万円以上

●スピーカー（JBL）	¥430,000
●ブロンズ像（銅製）	¥400,000
●モトクロスバイク	¥300,000

20万円以上

●切手の束（買い物カゴぐらいの量）	¥210,000
●サックス（YAMAHA）	¥200,000
●楽器や勲章（自衛隊の方の遺品）	¥200,000

10万円以上

●ブリキの車のオモチャ（ヨネザワ）	¥170,000
●魚眼レンズ	¥140,000
●コート（セリーヌ）	¥140,000
●ギター（ギブソン）	¥100,000
●常滑焼（まとめ売り）	¥100,000

遺品整理で引き取って売れたもの（10万円未満のもの）

5万円以上

●電子ドラムセット（Roland）	¥90,000
●カメラ（HASSELBLAD503cx）	¥75,206
●クラリネット	¥75,000
●中国の古書（5冊）	¥70,000
●ジッポライター（シルバーキング）	¥60,000
●希少価値の高いお酒	¥60,000
●フルフェイスヘルメット（SHOEI J-FORCE II）	¥52,000
●アイワのカセットボーイ（未開封）	¥50,000
●釣竿（まとめ売り）	¥50,000

3万円以上

●無線機	¥46,000
●ギター（グレコ／壊れている）	¥45,000
●川崎造船所進水記念エンブレム	¥40,500
●鉄瓶	¥40,000
●昔の少年ジャンプ	¥40,000
●カメラ（Canon）	¥33,000
●ラッセンの絵画	¥30,000

1万円以上

●リカちゃん人形（10体まとめ売り）	¥29,000
●ゴミ箱（ダルトン）	¥20,850
●ロレックスの箱	¥10,000

5,000円以上

●揖保乃糸（そうめん）	¥7,000

2 価値あるものを捨ててしまわないために

●遺品整理の際は三つの箱を用意する

先ほども説明したように、遺品の中には売れるものがたくさんあります。遺族にとってはゴミとしか思えないようなものであっても、欲しい人にとっては、お金を出してでも買いたいというものがたくさんあるのです。

それを欲しい人に使ってもらうことは、ゴミを出さないという点ではエコになりますし、そのものに再び命を吹き込むことにもなります。

また、高く売れれば、ご遺族にとっても喜ばしいことです。それで海外旅行に行けるかもしれません。

ですので、遺品整理をする際は、次の三つの箱を用意して整理をしていきましょう。

一つめは、捨てるモノを入れる箱。
二つめは、残すモノを入れる箱。
三つめは、もしかしたら高く売れるかもしれないモノを入れる箱。

そして、三つめの箱に入れたものを、オークションサイトや、フリマアプリなどで売ってみましょう。

また、家具などの大きなものはリサイクルショップに、掛け軸や壺《つぼ》などの骨董《こっとう》品は骨董品屋に持っていくか、買い取りに来てもらいましょう。

特に、骨董品は1店舗ではなく、2店舗、3店舗に持っていき、一番高い値段をつけてくれたところで売ることをおすすめします。

最近はインターネット経由で買い取りの申し込みができたり、一括査定をしてくれたりするサービスもありますので、利用してみるといいでしょう。

主な買い取り先

有名なリサイクルショップ

HARD OFF　OFF House
トレジャーファクトリー　セカンドストリート　など

主なオークションサイト

ヤフオク　モバオク
セルクル　など

主なフリーマーケットアプリ

メルカリ　ラクマ　など

主な買い取り専門サイト

高く売れるドットコム　ReRe買取
買取王子　など

主な一括査定サイト

おいくら　など

主な本の買い取りサイト

BUY王　ブックサプライ
駿河屋　ネットオフ　など

主なブランド品買い取りサイト

銀蔵　ブランディア
ブランドオフ　など

ブランド品や本などの買取宅配サービスの流れ

①サイトから査定を申し込む

⬇

②発送用キットが届く

⬇

③品物を段ボールに詰めて返送する

⬇

④査定結果が届く

⬇

⑤売却か返品の返事をする

⬇

⑥売却の場合は代金が指定口座に入金される
返品の場合は商品が返品されてくる
（返品の場合も宅配料金は無料のところが多い）

※申し込む際に、商品のメーカーや型番、モデル名、購入時期、付属品の有無などの情報を入力するパターンもあります。この場合は、先に査定結果が届き、その買取価格でよければ、商品を送るという流れになります。

3 価値のあるものを見分ける方法

●価値あるものはココを見ればわかる！

私たち遺品整理のプロは、骨董品や宝石などが高価な品かどうかは、ある程度その場で見極めることができます。

しかし、普通の人が高価な品かどうかを見極めるのは難しいでしょう。

そこで、価値のあるものを間違って捨ててしまわないために、高価な品かどうかを普通の人でもある程度見極められる方法を紹介しておきたいと思います。

①骨董品

まずは、骨董品が入っていた箱を探してください。

その箱が桐でできていれば高価な品の可能性が高いと言えます。一方、箱の材質が楠木やモミの木などであれば、安い可能性が高いと言えるでしょう。

次に、箱に作家の名前が書かれているかどうかをチェックしてください。

作家の名前が箱の上や箱の横ではなく、箱の下に書かれていれば高価な品の可能性が高いと言えます。

また、真田紐《ひも》（機織で織った平たく幅の狭い織物の紐。茶道具の箱などに使われている）、組紐（三つ以上の糸の束を交互に組んだ伸縮性のある紐。帯締めなどに使われる）がかけられていた箱に入っていたものは、高価なものである可能性があります。

②掛け軸

まずは、掛け軸の臭いを嗅いでみてください。墨の匂いがすれば高価な品の可能性が高くなります。

次に、掛け軸の表面を触ってみてください。凸凹がなければコピー商品です。

最後に、軸先（軸の棒の端についている部品）の素材をチェックしてみましょう。軸先が象牙や木、塗り物などであれば、高価な可能性が高くなります。一方、軸先がプラスチックのものは安い品である可能性が高いと言えます。

③陶器類、食器類

歪みと光沢をチェックしましょう。歪みがないものは、機械による大量生産品です。光沢が均一できれいすぎる場合も、経年数が浅く価値が低い可能性があります。陶器には民芸品が多く、古い海外の食器等も価値があります。

④ダイヤモンド

本物のダイヤモンドを見分ける方法は二つあります。

一つめは、息を吹きかけてみることです。天然のダイヤモンドは熱を逃がす性質があるので、息を吹きかけても曇りはすぐに消えます。これに対して、人工石にはそのような性質がないため、3～4秒間曇ったままだと偽物の可能性が高いと言えます。

二つめは、新聞紙の上に置いてみることです。

天然のダイヤモンドは屈折率が高いので、新聞に書かれた文字が読めません。文字が読めたら、人工石の可能性が高いと言えるでしょう。

⑤真珠

近年、真珠自体にはこれまでのような価値がなくなってきていますが、真珠の見分け方は、珠同士を擦り合わせてみることです。

このときザラザラしたような感触があれば本物で、ツルツルすべる感触のものは偽物の可能性が高いと言えます。

また、指輪の素材やネックレスの素材も価値になります。

⑥ブランド品

ブランド品については、製造番号やシリアルナンバーなどを確認しましょう。番号自体がないものや、字体や位置が違っている場合は偽物です。

また、偽物はバッグのボタンの形や色が微妙に違う場合もあります。

腕時計については、秒針の動き方にも注意してみましょう。

⑦絵画

まずは、絵画の表面を触ってみてください。凸凹がなければコピー商品ですので、安い品であると言えます。

次に、キャンパスの下や裏を確認しましょう。作者のサインが書かれていれば、高価な品である可能性が高くなります。

続いて、額の裏もチェックしてください。デパートの値札シールなどが貼ってあれば、高価な品の可能性が高くなります。

版画の場合は、キャンパスの下や裏に、「1/100」などといった数字が書かれているかどうかをチェックしましょう。これは版画の枚数を示すものなので、この数字が入っていれば版画でも数十万円するものもあります。

⑧洋服

洋服の価値は、ブランド名と保存状態の良し悪しで決まります。

⑨着物

着物は、ほぼお金になりません。特に喪服などの暗い色合いの着物は人気がありません。ただ、生地のやわらかい感じや、持ったときにずっしりとした感触があれば、価値が高いものである可能性があります。

また、江戸時代の古い着物は高値になる可能性があります。

⑩プラモデル

プラモデルは、説明書などの付属品をチェックしてください。付属品が揃っていて、未使用のものが高く売れます。

ガンダムのプラモデルやスターウォーズ、鉄道模型が高く売れる傾向にあります。

4 遺品を1円でも高く売る方法

●売り急がなければ高く売れる！

大切な遺品を売る場合、できれば1円でも高く売りたいと思う人も多いのではないでしょうか。

保管場所の問題で、長い間保管しておくことができない場合は、少しくらい安くても早く売り払ってしまったほうがいいケースもあるでしょう。タダでもいいから持っていってもらったほうがいい場合もあります。

しかし、保管しておくスペースがあるのであれば、高く売れる可能性はありますので、その方法をいくつかお伝えしておきたいと思います。

●高く売るための七つの方法

①相見積もりを取る

基本的なことですが、1社に売るよりも、3社くらいに相見積もりを取ったほうが高くなります。特に、骨董品類や絵画類は骨董・古美術専門業者に相見積もりを取りましょう。また、宝石類についても、宝石専門店や質屋で相見積もりを取ることをおすすめします。

②自分で持ち込む

リサイクルショップなどに買い取りに来てもらうよりも、自分で持ち込んだほうが、買い取り価格が高くなる可能性があります。ただし、自分で持ち込む場合、時間もかかりますし、車で持ち込む場合はガソリン代、大きな荷物の場合はトラックなどのレンタカー代もかかりますので、その分も計算に入れておく必要があります。

③オークションサイトやフリマアプリで自分で売る

リサイクルショップや質屋などの買取業者に売るよりも、オークションサイトやフリマアプリなどを利用してご自身で売ったほうが高く売れます。

④きれいにしてから売る

汚れた状態や、埃《ほこり》をかぶった状態のまま売るよりも、少しでもきれいにしたほうが高く売れます。

⑤箱や付属品をセットで売る

家電製品であれば説明書、ブランド品やスマホであれば付属品や箱、本であればカバーや帯がそろっていたほうが高く売れますので、探してみるといいでしょう。

⑥商品の写真をきれいに撮る

オークションサイトやフリマアプリで売る場合、商品の写真をきれいに撮ったほうが売れやすくなります。また、写真が1点しか載っていないものよりも、いろいろな角度から撮影した写真が何点も載っているほうが売れやすくなります。

⑦商品説明を詳しく書く

ヤフオクやメルカリの場合、自分で商品の説明を書く必要があるわけですが、この説明文が1行で終わっているものよりも、詳しく書かれているもののほうが高く売れる可能性があります。

商品の特徴や傷・汚れの有無、箱など付属品の有無など、写真だけではわからない情報を書いておきましょう。自分が買う立場だったら、何が知りたいかを想像して書くことがポイントです。

商品の状態が良いほうが売れやすくなりますが、「新品同様」などと書いたのに、実際の商品の状態と違っていた場合はクレームにつながることもありますので注意が必要です。

また、正確な商品名を記入し、年式や型番などがある場合は書いておくと検索で見つかりやすくなります。

●売りに出すときの注意点

ご自身で売りに出すときの注意点をまとめておきましょう。

古物の資格は、字のごとく古い物を扱う資格です。あくまで新品や現行の商品ではなく中古品（古い物）ですので、先ほどのポイントでもお伝えしたように欲を出しすぎて最終的に「ただの古い物」にならないように気をつけてください。

商品によっては、高く売れたり、すぐに売れる時期とそうでない時期があります。たとえば、扇風機を冬に販売しても需要が少なくなかなか売れません。必要とされる少し前の時期に売りに出すといいでしょう。

電化製品などは、製品そのものではなく、パーツだけを必要とする人もいます。一つでは売れないようなもの（アクセサリー、古いゲームソフト、おもちゃ、トレーディングカードなど）も、たくさん集めて一括で売りに出せば売れる場合があります。

第4章

後悔しない遺品整理のポイント

1 購入時の値段を基準にしない

●買ったときは高かったものも、今売るとなると売れないことも

「これは高かったものだから捨てるのはもったいない」とか、「これは20万円もした着物だから捨てたくない」というように、購入時の値段を基準にして、捨てるか捨てないかを決める人がいます。

確かに、高かったものを捨ててしまうのは惜しい気もします。

しかし、購入時の値段が高かったからといって、必要のないものを取っておいても仕方がありません。場所を取るだけです。

また、買ったときは高かったものでも、今売るとなると値段がつかないものもあります。

昔は高価でも、現在は高値が付きにくいものには次のようなものがあります。

- 着物
- プラズマテレビ
- 桐タンス
- 婚礼タンス
- 化粧台
- 毛皮のコート

これらのものについては、購入時の値段を気にしすぎるのはやめたほうがいいでしょう。

2 捨てるものと残すものを分ける基準は三つ

●想い出の品も残しすぎない

では、捨てるものと残すものを、どのような基準で分ければいいのでしょうか？

残す基準は、基本的には次の三つです。

①今すぐ使うもの
②売れそうなもの
③想い出の品

「①今すぐ使うもの」とは、本当に使う予定のあるものです。「いつか使うかも？」ではなく、「今使う」ものだけを残しましょう。

「②売れそうなもの」とは、第3章で紹介したようなものです。オークションサイトやフリマアプリであれば、どんなものでも売れる可能性がありますが、とっておく場所の問題もありますので、「売れそうなもの」だけに絞って残しておきましょう。

「③想い出の品」とは、故人が生前、大切にしていたものや、故人の想いが詰まったものなどです。

たまに「楽しい想い出が詰まっているから全部取っておきたい」と言う人がいますが、実際、取っておいたところで、段ボールに入れてしまってあるだけという話をよく聞きます。

ですので、気持ちはわかりますが、故人のお気に入りの洋服やお茶碗、故人が身につけていたものなど、数点程度にしておくのがいいでしょう。

生前たくさん親孝行をしておけば、ものに執着することがなくなることもあるので、できるだけ親孝行をしておくことをおすすめします。

3 想い出の品はこうして処分する

●写真は1冊のアルバムに入るだけにする

遺品整理をしていると、押入れの中などからプリントされた写真が大量に出てくることがあります。

何冊ものアルバムにきちんと整理されているケースもありますが、大量に出てくる場合の多くは、段ボールに無造作に入れられているケースがほとんどです。

このような場合、保管スペースがあればすべて取っておいてもいいでしょうが、スペースがない場合は、1冊のアルバムにまとめて厳選して保管しておくことをおすすめします。

また、プリントされた写真をスキャンして1枚のCDに入れてくれるサービスもありますので、これを使えば大量の写真をすべて保管することも可能です。

ただし、写真の枚数によっては何十万円もかかることもありますので、頼む場合は費用対効果を考えたほうがいいでしょう。

●賞状やトロフィーは一番良いものだけをとっておく

遺族が処分に悩むものの一つに、亡くなった方の賞状やトロフィーがあります。

故人が生前、大切に飾っていたものだけに、捨ててしまうのは忍びないと思う人もいるかもしれませんが、実際には賞状やトロフィーは捨ててしまう人がほとんどです。

ただし、勲章や褒章、オリンピックのメダルのような価値のあるものは、取っておく人が多いようです。

4 後悔しない遺品整理の手順

●自分でやる場合の四つのステップ

遺品整理に直面した人からよく聞く悩みが「どこから手をつければいいのかわからない」というものです。

初めての人にとっては、わからないのも無理はありません。

そこで、自分で遺品整理をする場合の、後悔しないための手順について、簡単に説明しておきたいと思います。

一番にやるべきことは、貴重品を探すことです。

現金、預金通帳、印鑑、貴金属、宝石、有価証券、保険証券、権利証などのほか、骨董品など高く売れそうなものは取っておきます。

このとき、すぐ使うものや想い出の品など残しておきたいものも、別にしておきましょう。

二番目は、リサイクルショップに連絡をして家に来てもらい、買い取れるものはすべて買い取ってもらうことです。

モノにもよりますが、大きな家具など処分に困りそうなものは、タダでもいいから引き取ってもらえればラッキーと思ってください。

三番目は、燃えるゴミや資源ゴミ、不燃ゴミなど、家庭で捨てられるゴミを捨てることです。

また、粗大ゴミで捨てられるものは市区町村役場に連絡し、所定の料金を支払って取りに来てもらうか、市区町村が管轄している廃棄物処理場（クリーンセンター）に持っていき処分します。手間な方は民間の廃棄物処理業者に自宅まで取りに来てもらうこともできます。

テレビ、冷蔵庫、洗濯機、エアコンの４大家電は、リサイクル券を買って自分で電気屋さんに持っていけば引き取ってもらうことができます。

ただし、３０００円〜１万円程度の運搬代を負担すれば、取りに来てもらうこともできます。

四番目は、廃棄物処理業者に連絡し、残ったゴミをすべて処分してもらうことです。

ここまでの作業で、家の中のものはかなり減っていると思いますが、まだ捨てるものが残っている場合は、廃棄物処理業者に頼んで引き取ってもらいましょう。

ゴミの量によっては、自分で処分場に持っていったほうが安くすむ場合もあります。

遺品整理の4ステップ

①貴重品を探す

現金、預金通帳、印鑑、貴金属、宝石、有価証券、保険証券、権利証など。骨董品など高く売れそうなものや、すぐ使うもの、想い出の品なども取っておく。

②リサイクルショップに来てもらう

大きな家具など処分に困りそうなものは、タダでもいいから引き取ってもらう。

③家庭で捨てられるゴミを捨てる

燃えるゴミ、資源ゴミ、不燃ゴミ、粗大ゴミ、４大家電を処分する。

④廃棄物処理業者に処分してもらう

自分で処分しきれなかったゴミは、廃棄物処理業者に連絡して取りに来てもらう。

5 自分でやるのと遺品整理業者に頼むのとではどちらが得か？

●金額だけで比較すれば自分で持ち込んだほうが得になることが多い

先ほど遺品整理を自分（遺族）でやる場合の手順を紹介しましたが、自分でやる場合と遺品整理業者に頼む場合では、どちらが得なのでしょうか？

ここではワンルームの遺品整理を例にして、金銭的な比較をしてみたいと思います。

まず遺品整理業者に依頼する場合ですが、ワンルームで一人暮らしのケースでだいたい4万～6万円です。

これに対して、自分でやる場合はいくらでできるかと言うと、ワンルームの場合であれば、先ほど紹介した4ステップのうち3ステップですべてのものを処分できるケースがほとんどです（廃棄物処理業者に頼む必要なし）。

したがって、処分にかかる費用は粗大ゴミの収集料と４大家電のリサイクル料金だけですので、だいたい２万４０００円程度で処分できる計算になります（４大家電の運搬代は除く）。

さらに、粗大ゴミで出すのではなく、自分でクリーンセンターに持ち込む場合は、収集してもらうよりも安くなりますので、全部で1万８０００円程度で処分できることになります（トラックのレンタル料、ガソリン代は除く）。

こうして比較してみると、自分でクリーンセンターに持ち込むのが一番お得です。しかし、1人ですべてを行うのは難しいですし、トラックがない場合は借りなければいけません。

その労力と時間とコストを考えると、遺品整理業者に依頼するという選択肢も十分検討に値するのではないかと思います。

遺品整理にかかる料金(ワンルーム、一人暮らし、東京都世田谷区の場合)

	捨て方	収集料金 (リサイクル料金)	持ち込み料金
タンス(140cm以下)	市区町村(粗大ゴミ)	400円	200円
机	市区町村(粗大ゴミ)	2,800円	1,400円
シングルベット	市区町村(粗大ゴミ)	1,200円	600円
布団	市区町村(粗大ゴミ)	400円	200円
椅子(2脚)	市区町村(粗大ゴミ)	1,200円	600円
テーブル(最大辺80cm以下)	市区町村(粗大ゴミ)	400円	200円
ソファー(一人掛け)	市区町村(粗大ゴミ)	800円	400円
冷蔵庫	家電リサイクルセンター	リサイクル料金+運搬代 5,000～10,000円	4,644 ～5,524円
洗濯機	家電リサイクルセンター	リサイクル料金+運搬代 5,000～10,000円	2,484 ～3,202円
TV	家電リサイクルセンター	リサイクル料金+運搬代 3,000～5,000円	1,296 ～3,795円
エアコン	家電リサイクルセンター	リサイクル料金+運搬代 5,000～10,000円	972 ～2,041円
レンジ	市区町村(粗大ゴミ)	800円	400円
扇風機	市区町村(粗大ゴミ)	400円	200円
炊飯器	市区町村(粗大ゴミ)	400円	200円
ゴミ箱	市区町村(粗大ゴミ)	400円	200円
衣装プラスチックケース(6個)	市区町村(粗大ゴミ)	2,400円(140cm以下)	1,200円
お茶碗	ゴミの日(不燃ゴミ)	0円	0円
服、靴、鞄	ゴミの日(可燃ゴミ)	0円	0円
スプレー缶、瓶、空き缶	ゴミの日(不燃ゴミ)	0円	0円
物干し竿、石類	市区町村(粗大ゴミ)	1,200円(コンクリート付き)	600円
ホットプレート	市区町村(粗大ゴミ)	400円	200円
カーテン	ゴミの日(可燃ゴミ)	0円	0円
写真、書類など	ゴミの日(可燃ゴミ)	0円	0円
本、雑誌類	ゴミの日(資源ゴミ)	0円	0円
合　計		23,296円 (収集運搬料金抜き)	17,696円

6 デジタル遺品の整理方法

●デジタル遺品に関するトラブルが増加中

パソコンやスマホなどの中に保存されている写真や動画などのデータは「デジタル遺品」と呼ばれています。

近年、遺品整理の際に、故人が使用していたパソコンやスマホのパスワードがわからないために、このデジタル遺品を開くことができなくて困ったというトラブルが増えています。

遺品整理後、パソコンやスマホを取っておいたけれども、開けることができずに、放置したままになっている人も多いようです。

●ネット銀行やネット証券の口座にやみくもにアクセスするのは危険

デジタル遺品の中に残っているのは、なにも写真や動画だけとは限りません。ネット銀行、ネット証券などの取引をしていることもあります。

パソコンやスマホが開けないと、ネット銀行などの口座の残高を確認することも、口座にあるお金を出金することも難しくなります。

だからといって、むやみにパスワードを予測して、次々とアクセスを試すのは危険です。なぜなら、パスワードの入力に何度も失敗してしまうと、不正アクセスから個人情報を守るシステムが機能して、ログインできなくなったり、データが消去されたりすることがあるからです。

ネット銀行やネット証券では、普通の金融機関と同じように相続手続きを行うことができますので、このような試みは無用です。

●パソコンやスマホのパスワードを解除してくれる業者もある

亡くなった方が使用していたパソコンやスマホの中にあるデジタル遺品をどうしても確認したい場合はどうすればいいのでしょうか。

そのときは、むやみやたらとトライするのではなく、専門の業者に依頼すればいいでしょう。

専門業者は「デジタル遺品　パスワード」などのキーワードで検索すれば見つかります。費用は業者によってさまざまですが、相場は7000円から3万円くらいです。

パソコンやスマホのパスワード解除を業者に依頼する場合、パソコンやスマホを業者宛てに送るのが一般的です。

しかし、中には自宅まで出張に来てくれる業者もありますので、業者に相談してみるといいでしょう（出張費は別途かかります）。

第5章

遺族が1人で遺品整理をやるのは大変

1 1週間のつもりが半年もかかってしまった

●そもそも女性1人で遺品整理をするのは無理

知り合いの方から聞いたケースです。

隣町の実家（4LDKの一軒家）で一人暮らしをしていた実の母親が亡くなり、その遺品整理を一人娘であるA子さん（仮名）がすることになりました。

A子さんは専業主婦で、お子さんたちが学校に行っている間は自由な時間がありました。実家までは車で約30分。それほど遠い距離ではありません。ですから、毎日通って少しずつ遺品整理をすれば、1週間くらいでなんとか終わるだろうと思っていました。

ところが、思いのほか時間がかかり、結局、すべての遺品整理が終わったのは、着手から半年後だったそうです。

●遺品整理に1か月や2か月かかるのは当たり前

A子さんのように半年というのは少し時間がかかりすぎのような気もしますが、大切な人を亡くして心身ともに疲れている遺族にとって、遺品整理はとても大変な作業ですから1か月や2か月かかるケースは稀ではありません。

それくらいに大変な作業であるにもかかわらず、遺品整理はなぜか女性1人が任されることが多いようです。

大変な作業である遺品整理を女性1人でというのは、体力的に厳しいものがあります。ですから、遺品整理業者に依頼せずにご自身で遺品整理を行う場合は、時間に余裕をもって取りかかる必要があると言えるでしょう。

では、なぜ遺品整理に時間がかかってしまうのでしょうか？

その理由については、次ページ以降で説明します。

2 大きなものの処分は女性1人では物理的に無理

●タンスを1人で持てる女性はほとんどいない

女性が1人で遺品整理を行うと時間がかかってしまうのには、主に三つの理由がありま す。

一つめの理由は、女性1人ではタンスなどの大きなものの処分ができないことです。粗大ゴミで出すにしても、玄関の外に出さなければいけません。そこまででも女性1人で持っていくのは大変です。

タンスが2階にあったとしたら、なおさら1人で1階に下ろすのは無理です。

●あらかじめ協力者の都合を聞いておく

では、どうすればいいのでしょうか?

少なくともタンスのような大きな家具や家電を処分するときだけは、ご主人や親戚、友人など誰かの力を借りることでしょう。

しかし、「なかなか休みが取れない」「予定が合わない」「お願いしても協力してくれない」などの理由で、先送りされてしまうケースもあります。

そのため、時間だけが過ぎていき、遺品整理がどんどん遅れていってしまうというわけです。

したがって、事前にどんな遺品があるかを調べて、大きな家具や家電がある場合は、遺品整理に取りかかる前に、あらかじめ協力者の都合を聞き、予定を入れておいてもらうことをおすすめします。

3 普通にゴミを捨てるだけでもひと苦労

●決まった日時にゴミを出すのは大変

遺品整理に時間がかかってしまう二つめの理由は、ゴミを出せる曜日と時間が決まっていることです。

燃えるゴミは週2回、空き缶やペットボトル、段ボールなどの資源ゴミは週1回の地域が多く、時間も朝の8時30分というように決まっていて、前の日に出しておくことは基本的にはできません。

ですから、その日の朝、ゴミを出しに行かなければいけないわけですが、A子さんのケースのように、学校に間に合うように子どもの朝ごはんの支度をしなければいけない平日は、なかなかその時間に実家に行ってゴミを出すことができないのです。

かといって土日は出せませんので、お子さんたちが夏休みや冬休みになるまで出しに行けないということが起こり、どんどん時間がかかってしまうというわけです。

普通のゴミだけでなく、役所に連絡して指定の日時に取りに来てもらう粗大ゴミの場合も同様の問題が起こるのです。

●廃棄物処理業者にお願いする

では、どうすればいいのでしょうか？

ゴミを持ち帰って自宅で回収に出す人もいますが、ゴミは持ち帰って出すことはできません。

したがって、廃棄物処理業者に回収をお願いするしかないでしょう。

4 故人との想い出に浸ってしまう

●想い出の品が出てくるたびに手が止まる

三つめは、遺族が遺品整理を行う場合、想い出の品と出会うたびに故人との想い出に浸ってしまう傾向があるということです。

遺品整理業者は一つ一つの遺品を丁寧に扱いますが、事務的に作業を進めていくことができます。

しかし、遺族が行う場合は、なかなかそうはいかず、想い出の品が出てくるたびに、作業の手が止まってしまうことが多いのです。

その度合いは人によりますが、故人に対する思い入れが強い人ほど、時間がかかってしまう傾向にあります。

●初日に想い出の品だけをすべて集めてしまう

遺族が故人との想い出に浸ってしまうのは、ある意味、自然なことです。ですから、想い出に浸るなと言っても、正直難しいでしょう。

では、どうすればいいのかということですが、たとえば1日目に想い出の品だけをすべて集めておき、2日目以降はできるだけ事務的に遺品整理をしていくというやり方です。

あまりにも思い入れが強く、時間がかかりそうな場合は、遺品整理業者に頼むことを検討してもいいでしょう。

以上が、遺族が遺品整理を行う場合に、時間がかかってしまう三つの理由です。

遺品整理を行う場合は、こういうことを踏まえたうえで、無駄に時間をかけすぎないやり方で行うことをおすすめします。

遺品整理に時間がかかってしまう三大要因

原因1	大きな家具や家電を１人で運ぶのは無理
対策	●少なくとも大きな家具や家電の移動が必要なときは２人で行う ●あらかじめ協力者の都合を聞いておく

原因2	ゴミ出しは１日ではできない
対策	●自宅に持ち帰って出す ●まとめて廃棄物処理業者に頼む

原因3	故人との想い出に浸ってしまう
対策	●最初に想い出の品をすべて集めておき、あとは事務的に整理していく ●遺品整理業者にお願いする

5 遺品整理に時間を使うか、お金を使うか？

●粗大ゴミを捨てるにもお金はかかる

遺品整理を1人で行う場合、時間がかかることは先ほど述べたとおりです。実際、大きな家具や家電を1人で処分するのは無理ですので、最低2人は必要です。

また、第4章でも紹介したように、家具や家電製品を粗大ゴミで捨てるにもお金がかかります。ワンルームの場合で粗大ゴミの収集料とリサイクル家電のリサイクル料金だけで、だいたい2万4000円程度です（リサイクル家電4品目の運搬代は除く）。

ですから、遺品整理を行う場合は、あらかじめ「人員の問題」「時間の問題」「費用の問題」を考慮した上で、自分たちでやるのか、遺品整理業者に頼むのかを決める必要があるのです。

●それぞれのメリット・デメリット

自分たちで遺品整理をする場合のメリットは、費用が少なくてすむということです。

一方、デメリットは時間がかかるということです。また、体力的にもキツイものがあるでしょう。

では、遺品整理業者に頼んだ場合はどうでしょうか？

まずメリットですが、主なものは次の三つでしょう。

一つめは1日で終わること。二つめは自分たちは何もしなくていいこと。三つめは買い取りもしてくれることです。

デメリットは、それ相応の費用がかかることです。

遺品整理に限らず何でも同じことですが、時間を使うか、お金を使うかということです。

自分でやる場合と遺品整理業者に頼む場合のメリット・デメリット

	メリット	デメリット
自分たちでやる場合	●費用が少なくてすむ	●時間がかかる ●体力的にきつい
遺品整理業者に頼む場合	●１日で終わる ●自分たちは何もしなくていい ●買い取りもしてくれる	●それ相応の費用がかかる

6 遺品整理業者に頼む場合のメリットとは？

●1日で終わるようにスタッフの人数を調整する

遺品整理を遺品整理業者に頼む場合のメリットは、先ほども説明した通り、主に次の三つです。

①1日で終わる
②自分たちは何もしなくていい
③買い取りもしてくれる

これらについて、もう少し詳しく説明しておきたいと思います。

まず一つめの「1日で終わる」についてですが、よほどの広い家でもない限り、基本的には1日で終わります。なぜなら、1日で終わるように、スタッフの人数を調整しているからです。

ただし、1日で終わるからといって、遺品を雑に扱うことはありません。故人の大切な遺品ですし、リサイクルおよびリユースできるものはそうする前提で整理しますので、自ずと遺品を一つ一つ丁寧に扱うことになります。

また、遺品整理業者の多くは、遺品整理が終わった後、部屋の掃除もしてくれます。遺品の整理が終わったら部屋の掃除までしてくれるのも、遺品整理業者に頼むメリットと言えるでしょう。

●作業をする必要はないが、立ち会いは必要

二つめの「自分たちは何もしなくていい」ですが、これは遺品整理の作業をする必要はないという意味です。

ただし、**処分に迷う品物が出てきたり、現金が出てきたりしたときなど、遺品整理中に何かあるといけないので、基本的には立ち会いすることをおすすめします。**

とはいえ、どうしても立ち会えない場合もあると思います。

そういう場合は、遺品整理業者に家の鍵を預け、立ち会いなしで作業をしてもらうこともできます。

信頼できる業者であれば、それでもいいと思いますが、やはり何かあったときのことを考えると、できるだけ遺品整理に立ち会うことをおすすめします。

●買い取りが多ければ遺品整理の料金は安くなる

三つめの「買い取りもしてくれる」ですが、これが廃棄物処理業者と遺品整理業者の大きな違いです。

廃棄物処理業者は処分するものを有料で引き取るだけですが、遺品整理業者は売れそうな遺品は買い取ってくれます。

ですから、**遺品整理業者にお願いすれば、自分でリサイクルショップや骨董品店に売りに行かなくてもよくなるので、その分の手間が省けることになるのです。**

さらに、遺品整理の料金は、「整理作業代（人件費＋ゴミ処分代＋リサイクル料金）―

買い取り代金」となっていますので、買い取り代金が高くなれば、遺品整理の料金は安くなります。

実際に遺品整理業者に依頼するかどうかは別にして、見積もりは無料ですので個人でやる場合と比較してから依頼するか否かを検討してみてはいかがでしょうか。

遺品整理業者に依頼するメリット

①１日で終わる

- 遺品整理業者は遺品の量に合わせて１日で終わるようにスタッフの人数を調整している。
- 遺品を一つ一つ丁寧に扱ってくれる。
- 遺品整理業者の多くは、遺品整理が終わった後、部屋の掃除もしてくれる。

②自分たちは立ち会う以外は何もしなくていい

- 遺品整理の作業をする必要はない。
- 基本的に立ち会いは必要。
- どうしても立ち会えない場合は、遺品整理業者に家の鍵を預け、立ち会いなしで作業をしてもらうこともできる。
  ※何かあったときのために、立ち会うことが望ましい。

③買い取りもしてくれる

- 廃棄物処理業者はゴミを有料で引き取るだけ。
- 遺品整理業者は売れそうな遺品を買い取ってくれる。
- 買い取りをお願いすれば、自分でリサイクルショップや骨董品店に売りに行かなくてもよい。
- 遺品整理の料金は「(人件費＋ゴミ処分代＋リサイクル料金)ー買い取り代金」なので、買い取り代金が高くなれば遺品整理の料金は安くなる。

7 面倒な各種手続きを代行してくれる遺品整理業者もある

●各種手続きは意外と大変

大切な人が亡くなられた場合、車やバイクの廃車手続きや不動産の名義変更手続きなど、さまざまな手続きが必要になります。

これらの手続きの多くは、役所に出向いたりしなければいけないため、遺族にとっては非常に面倒な作業です。

特に、遠方に住んでいる遺族にとっては、その手続きをするためだけに行くのも大変でしょう。

そんな人におすすめしたいのが、遺品整理業者に各種手続きを代行してもらう方法です。

遺品整理業者の中には、そのような各種手続きを代行してくれる会社がありますので、確認してみるといいでしょう。

ちなみに、当社ではオプションとして各種手続きの代行サービスを用意しており、①保険の手続き、②車両の売買や処分の手続き、③不動産の売買と処分の手続き、④銀行の手続きを、当社で手続きを代行したり専門家や専門業者への取次を行っています。

●生前から他界後の手続きを考えておく

身近な人が亡くなると、遺族はさまざまな手続きをする必要があります。戸籍上の手続きから、年金の手続き、保険の手続き、遺産に関する手続きまでさまざまなものがあり、それらを終えるためには大きな労力が必要です。

特に、生前、故人が遺族に自分の他界した後のことについて何も意思を示していなかったり、大事な書類の場所を知らせていなかったりした場合は、その労力は格段に大きくなってしまいます。

遺品整理中に誰も知らない銀行口座の通帳が出てきて大慌てということもあります。遺族の苦労を考えると、生前から身の回りを整理しておきたいものです。

生前に整理しておきたい財産に関する項目

預貯金
- 金融機関名
- 支店名
- 口座番号

不動産
- 物件の種類
- 用途
- 名義
- 住所
- 登記簿上の所在地

株式・投資信託など
- 金融機関名
- 支店名
- 口座番号

生命保険
- 保険会社名
- 保険の種類、商品名
- 契約者名
- 被保険者名
- 保険金受取人
- 保険期間
- 連絡先

その他の資産
(ゴルフ会員権など)
- 品目
- 取扱機関名
- 名義人
- 数量
- 購入金額
- 購入日

人に貸しているお金
- 相手の氏名
- 連絡先
- 金額
- 貸付日
- 返済期間
- 返済方法
- 契約書の有無

負債（ローンなど）
- 種類
- 借入先
- 連絡先
- 借入金額
- 借入日
- 借入残高
- 完済予定日

第6章

電話1本で見積もりから部屋の掃除まで

～遺品整理業者に依頼する～

1 遺品整理業者に頼んだ場合の基本的な流れ

●依頼から完了までの五つのステップ

この章では、遺品整理業者に依頼する場合のポイントや注意点について、説明します。

まずは、遺品整理業者に頼む場合の流れについてです。だいたい次のようなステップになります。

①電話で問い合わせ
②業者による下見と見積もり
③見積もり内容を確認
④日程調整
⑤実施

●早ければ当日に遺品整理も可能

アパートやマンションなどの賃貸物件の場合、早く遺品整理をして退去しないと1か月分の家賃が発生してしまうことがあります。

そういう場合、電話をした当日に見積もりに来てもらい、当日に遺品整理をしてもらうことも可能です。

ですので、急ぎの場合はその旨を相談してみましょう。

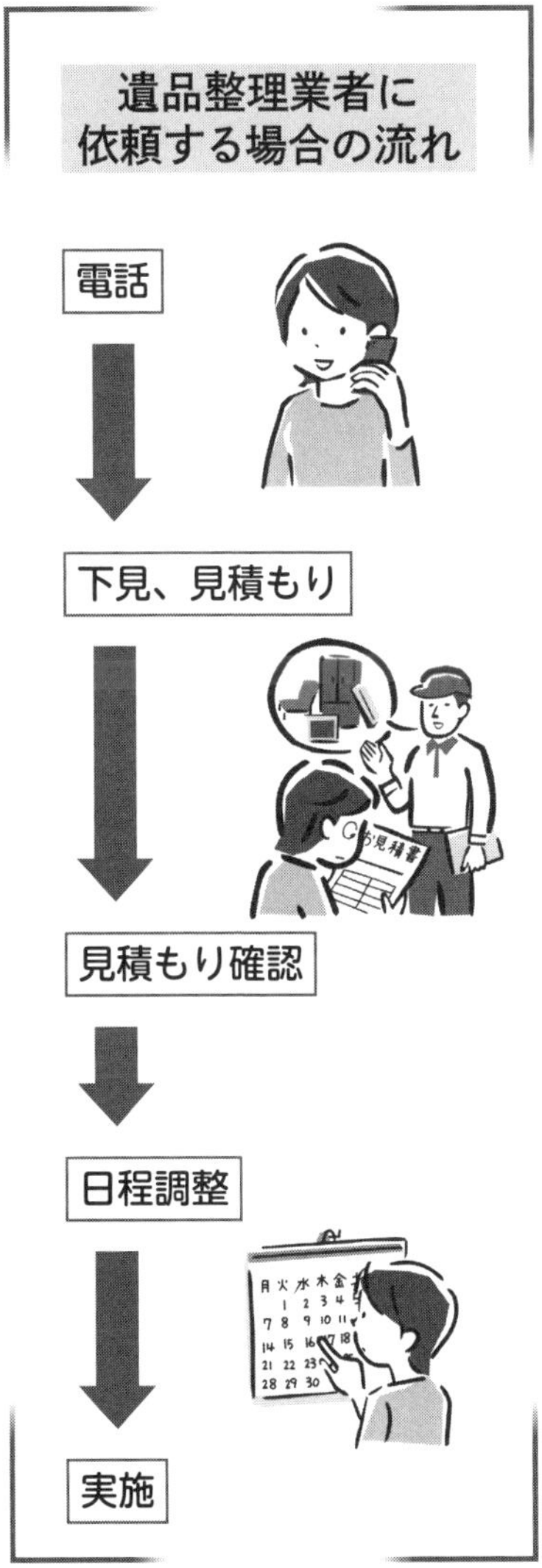

2 まずは電話で問い合わせてみる

●作業内容を決める

遺品整理業者への依頼は電話をすることから始まります。

まずはインターネットや電話帳などで、お住まいの近くにある遺品整理業者の連絡先を調べ、電話で問い合わせてみましょう。

担当者が自宅まで見積もりに来てくれます。その際、アンケートシートをもとに、一緒に確認しながらどこまでの作業が必要かを決めることになります。

参考までに、当社のアンケートシートは次ページのものになります。

作業項目アンケートシート

遺品整理プログレス 作業項目アンケート

様々なサービスに対応しています。ご要望ございましたら下記の項目にチェックしてください。

お名前		電話番号	

遺品仕分け

□ お焚き上げ　□ ご供養　□ 遺品の配送　□ 貴重品の捜索　□ 骨董品買取
□ 写真をデータ化　□ 整理前、整理後の写真送付　□ 仏壇クリーニング　□ 仏壇供養

【詳細なご要望がございましたらご記入ください】

手続き代行

□ 銀行手続き　□ 権利書の捜索　□ 行政手続き　□ 司法書士紹介
□ 住所の名義変更　□ 廃車手続き・名義変更手続き　□ 保険手続き

【詳細なご要望がございましたらご記入ください】

住宅・不動産

□ ハウスクリーニング（※通常清掃外）　□ 害虫駆除　□ エアコンクリーニング　□ 草刈
□ リフォーム　□ 引越し　□ 家具移動　□ 家具組み立て　□ 解体工事
□ 空き家管理　□ 不動産売却

【詳細なご要望がございましたらご記入ください】

遺品整理プログレス

3 見積もり内容を確認するときの注意点

●「一式いくら」の見積書を出す業者は危険

次は、業者から出てきた見積書を比較検討して、お願いする業者を決めることになります。

見積書の内容は重要ですので、しっかりと確認するようにしましょう。

特に「一式いくら」ではなく費用の明細が明記されているかどうか、追加料金は発生しないかはとくに重要ですので、きちんと確認するようにしてください。

また、極端に安すぎる見積もり、逆に極端に高すぎる見積もりも要注意です。

●追加料金は発生しないことが明記されているか?

ほかにも、見積もりで注意すべき点はたくさんあります。

その一つが、見積書に**「追加料金は発生しません」**と明記されているかどうかです。

明記されていない場合は、備考欄に担当者から一筆書いてもらうといいでしょう。

●買い取り価格と廃棄物の処分価格が分かれているか?

見積書の中で、買い取りの項目と廃棄物の項目がしっかり分けられているかどうかもチェックポイントです。

なかには、買い取り金額がいくらで、廃棄物の処分の金額がいくらなのかがわからない見積書もありますので注意しましょう。

また、遺品整理と同時に不動産の売却も考えている場合、不動産業者に見積もりを依頼すると、残置物(遺品)も含めた買い取り金額を提示されることがあります。

残置物(遺品の買い取り)については、不動産業者の見積もりと遺品整理業者の買い取り金額を比較すると、かなりの違いが生じることがあります（遺品整理業者の買い取り金額のほうが高いことが多いです）。

したがって、安易にまとめてお願いするのではなく、それぞれの専門家に任せることをおすすめします。

●見積書を一旦持ち帰る業者に注意！

見積書を渡してくれない業者にも注意が必要です。

なかには、「成約しなければ見積書はお渡しできません」などと言う業者もいます。

しかし、見積書が手元にないと、金額が変わっていたり、項目が追加されていたりしてもわかりませんので、必ずその場でもらうようにしましょう。

見積書のチェックポイント

□ 口頭ではなく、書面で出してくれたか？
□ 見積書を渡してくれたか？
□ 内容の理解できない項目は入っていないか？
□ 費用の内訳が記されているか？
□ 買い取り代金のことは書かれているか？
□ 買い取り代金と廃棄物の処分価格が分かれているか？
□ 見積金額が極端に高すぎたり、安すぎたりしないか？
□ 追加費用が発生しないことが明記されているか？
□ 追加費用が発生する可能性がある場合の説明は明記されているか？

見積書のサンプル

御見積書 NO.　　　　見積日　　年　月　日　　ご希望実施日　　年　月　日

様　　下記の通りお見積り申し上げます。　　ご訪問時間　：　～　：

住所

作業場所　　目安時間　～　時間

連絡先　　作業　　担当

買取品・作業項目

買い取り	数量	金額	特殊作業	数量	金額	家電リサイクル対象品目	数量	金額
			買い取り	数量	金額	品目	数量	金額
			吊り作業			冷蔵庫		
			横持・横出			洗濯機		
			ピアノ			テレビ		
			エアコン取り外し			エアコン		
			石/ブロック			衣類乾燥機		
			高所作業			PC.		
			供養			作業費		
			ハウスクリーニング			小計		
			特殊清掃			連絡事項		
			分解作業			ダンボール（　）枚		
			階段作業(F)			駐車場所 有・無		
			仏壇処分			道幅 軽・2t・4t		
			金庫処分			ご挨拶 有・無		
			分別作業			EV 有・無		
			火炎物			養生 有・無		
			搬出作業			間取り		
小計			出張作業費			小計		
消費税						消費税		
合計			小計			合計		

備考

代行見積項目（一般廃棄物）

※買取りが難しく一般ゴミ、粗大ゴミとなる物に関しては弊社が代行して見積を行い、地域ごとの業務提携先一般廃棄物収集運搬許可業者へ適切に引渡しております。

主要家具	数量	金額	その他	数量	金額
タンス（　）			布団/毛布（　）		
タンス（　）			カーペット（　）		
タンス（　）			カラーBOX（　）		
食器棚（　）			カラーBOX（　）		
棚（　）			食器類（　）		
棚（　）			可燃		
棚（　）			不燃		
ソファー（　）			ダンボール		
ソファー（　）			紙類・雑誌		
ベット（　）			自転車		
マットレス（　）			プラスティック類		
テレビ台（　）			衣類		
メタルラック（　）			座布団		
鏡台（　）			衣装ケース		
こたつ（　）			衣装ケース		
机（　）			カーテン		
学習机（　）			照明		
イス（　）			タイヤ		
ローテーブル（　）					
Dテーブル（　）					
Dチェア（　）					
下駄箱					
キッチンラック					

電化製品	数量	金額
電子レンジ		
プリンター		
ガスコンロ		
扇風機		
ヒーター		
片手家電		

使用車両・人工・その他	数量	金額
2tロング（　）		
2t車（　）		
軽自動車		
運搬代		
作業員		

代行見積項目合計	
税抜	
消費税	
総額	

廃棄物となった物に関して、提携先一般廃棄物収集運搬許可業者へ適切に引き渡す説明を受け、了承致しました。

ご署名

4 立ち会いをせず、業者に任せっきりは危険！

●身内の誰かが立ち会える日程で調整を！

見積もりの内容をよく吟味して、お願いする業者を決めたら、次にやるべきことは遺品整理の日程調整です。

当日は立ち会うことが基本ですので、身内の誰かが立ち会える日程で調整しましょう。田舎の実家にわざわざ行くのが大変だとか、仕事が忙しいといった理由でどうしても立ち会えない場合があるかもしれません。

そのような場合は、鍵を預けておけばやってもらうこともできますが、立ち会わなかったことでトラブルが発生することもありますので、できるだけ誰かが立ち会える日程で調整することをおすすめします。

【立ち会わなかった場合の主なリスク】
●現金や貴重品が出てきてもわからない場合がある
●取っておいてと言ったものが取り置かれていない場合がある
●家（部屋）が傷つけられてもわからない場合がある
●整理作業後に「物量が増えた」と追加料金が発生すると言われるかもしれない
●指示したはずのことができていない可能性がある

5 立ち会わなかったために起こってしまったトラブル

●廃棄物の中から現金や貴重品が出てきた

遺品整理に立ち会わなかったために起こってしまうトラブルで、稀にあるのが廃棄物の中から現金や貴重品が出てくることです。

遺品整理中ではなく、廃棄物を破砕処理した際に、現金や貴重品が見つかることがあるのです。

このようなときは警察が出動し、現金などを回収してくれますが、取り調べがあったりして、いろいろな手間がかかってしまうことになります。

そんなことにならないようにするためにも、なるべく立ち会うことによって、廃棄物をトラックに積み込む前まで確認することをおすすめします。

●残しておく遺品を間違えて回収されてしまった

見積もり時に「ここにある遺品は整理しなくてもいいです」という要望を担当者に伝えておいたのに、その遺品が回収されてしまったというトラブルもあります。

原因は、見積もりに来たスタッフと作業に来たスタッフが違うということが多いようです。ですから、見積もり担当者が作業に立ち会ってくれるのかどうかを、確認することをおすすめします。

また、見積もり時に作業前の写真を撮り、データで残しておくようにしましょう。

●作業後に畳や壁に大きな傷がついていた

見積もりにやってきた担当者はスーツ姿で爽やかな人だったとしても、実際に遺品整理の作業にやってくるスタッフはどんな人なのかは、立ち会ってみないとわかりません。

なかには、物を乱暴に扱っていたり、土足で住居に上がっていたりということもあるかもしれません。

そして、その結果、畳や壁に大きな傷ができていたということもあるのです。

「築何十年の家だし、仕方がない」と思う人もいるかもしれませんが、売却を考えている場合は減額の対象になりかねません。

ですので、見積もりのときや作業前などに畳や壁の傷を確認し、写真を撮ってデータに残しておくことをおすすめします。

●作業後に追加料金を請求された

立ち会わなかったときのトラブルで多いのが、作業後に追加料金を請求されるというものです。

たとえば、当初伝えられていたトラックに乗り切らなかったために追加料金を請求されたり、お互い確認していなかった部屋の遺品を勝手に回収されて追加料金を請求されたりといったケースです。

たしかに、見積もりの段階で正確な物の量を出すのは難しいですし、お客様ご本人が住んでいない家となると、なおさら正確に把握するのは難しくなります。また、ゴミ屋敷などの場合は、正確な物の量が読めないときがあります。

ゴミ屋敷など、すべての残置物が見えない現場では荷物の量を少し多目に予測することがありますので、多少、荷物の量が増えても対応できるのです。

●管理会社とのトラブルが発生した

マンションの遺品整理を行う場合、注意が必要なのは管理会社や住人との関係です。分譲マンションの場合は、ご近所様との付き合いもあり、事前に作業などの報告をしておかなければクレームの原因になりかねません。

特に注意すべきはエレベーターや階段などの搬出経路です。こういうところに傷などが見つかれば、業者ではなく、お客様へ損害賠償請求がいくことになりかねません。

ですので、遺品整理当日は、管理会社や管理人に立ち会いを求めるといいと思います。

また、遺品整理業者が損害保険に入っているかどうかも確認しておきましょう。保険に入っていない業者は要注意です。

●振り込みで代金を支払ったのに、きちんと遺品整理がされていなかった

代金を振り込みで支払った後、現場に行って確認をしたら、不用品が残っていたり、残しておいてほしかったものがなかったという話を聞いたことがあります。

立ち会わない場合は、代金を振り込みで支払ってしまう前に、現場の写真を送ってもらい、確認するようにしましょう。

6 遺品整理の当日は特に何もすることはない

●代金は当日払いが基本

遺品整理の当日は、立ち会うだけで何もする必要はありません。お茶を出したり、お昼を用意したりする必要も特にありません。

立ち会った遺族の方がやるべきことは、「これはどうしますか？」などと聞かれたときに対応することくらいです。

また、思わぬところから現金や貴重品が出てきたときは、受け取りましょう。

最後に、お願いしたことがきちんとできているかどうかを確認して終了となります。

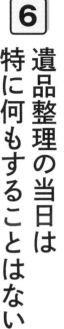

代金については、遺品整理当日に現金もしくはクレジットカードで支払うのが基本です。
以上が遺品整理業者にお願いする場合の流れです。

●電話1本でOK

このように遺品整理業者に依頼すれば、自分たちがやることは見積もり時の立ち会いと当日の立ち会いだけです。

その立ち会いさえも、どうしても難しい場合は省略することができますので、電話をするだけで、あとはお任せということも可能です。

これが業者に依頼する最大のメリットと言えるでしょう。

ただし、前述したように立ち会わなかったときのリスクはありますので、立ち会いナシですませたい場合は、信頼できる業者を選ぶようにしてください。

7 遺品整理業者に頼むといくらかかるのか？

●細かい作業費等が含まれている場合と別途必要になる場合がある

では、遺品整理業者にお願いした場合の料金はいくらくらいなのか、気になる人も多いことでしょう。

業者によって違いますが、147ページの表にある料金が一つの目安といえるでしょう。

料金の中に「仕分け作業費」「廃棄物処理費」「合同供養費」「養生作業費」「遺品搬出後の簡単な清掃費」などが含まれている業者もあれば（当社の場合は含まれています）、これらの費用が別途必要になる業者もありますので、見積もり時によく確認しておきましょう。

●買い取り可能な遺品があれば料金が減額になる

買い取り可能な遺品がある場合は、その買い取り代金がここから引かれることになりますので、高い値段が付く骨董品やブランド品などがたくさんある場合は、遺品整理の費用が買い取り代金で賄えてしまうケースもあります。

また、自分で遺品をリサイクルショップや骨董品屋、ネットオークション、フリマアプリなどで販売した場合は、そのお金を遺品整理代に充てるといいでしょう。

●一軒まるごと供養してもらうことも可能

人形や仏壇、写真等を供養してもらいたい場合、お寺で供養してもらうことができます。当社では、他の仏壇や人形と一緒に合同で供養する場合は無料で行っていますが、なかには供養したい遺品が大量にある場合や、一部屋あるいは一軒まるごと供養してほしいという場合もあるでしょう。

このような場合、当社では提携寺院から僧侶をお呼びして供養してもらうようにしています。

お布施は宗教や宗派、地域によって多少変わりますが、2~3万円程度です。

●ハウスクリーニングをやってくれる遺品整理業者もある

アパートやマンションなどの賃貸物件を返却する場合など、ハウスクリーニングが必要になるケースもあります。

このような場合、遺品整理業者の中にはハウスクリーニングまでやってくれる業者もありますので、相談してみるといいでしょう。

ハウスクリーニングの料金（クロスの張り替え料金は除く）の目安は、147ページのとおりです。

●特殊清掃と消臭作業が必要なケースが増えている

近年、一人暮らしの世帯が増えたことで、亡くなられてからの発見が遅れてしまうケースが増えています。

また、ゴミが片付けられずに家がゴミ屋敷になってしまうケースも増えています。

このような場合、部屋に深刻な汚染や臭い、害虫の被害などが発生し、一般的な清掃では処理が困難な状況になります。

こうした特殊な現場の清掃や消臭作業まで引き受けてくれる遺品整理業者もありますので、必要な場合は相談してみるといいでしょう。

ちなみに、当社も特殊清掃を行っていますが、きちんと行えば再び居住が可能な状態に復帰することができます。

料金については、部屋の状況、間取り・部屋数等により変動しますが、一つの目安としては次ページの通りです。

遺品整理業者の料金の目安

間取り	作業時間	作業員数(目安)	費　用
1K	1〜2時間	1名の場合	35,000円〜
1DK	2〜3時間	2名の場合	60,000円〜
1LDK	2〜3時間	3名の場合	80,000円〜
2DK	2〜4時間	3名の場合	120,000円〜
2LDK	3〜5時間	4名の場合	140,000円〜
3DK	4〜6時間	5名の場合	160,000円〜
3LDK	4〜6時間	5名の場合	180,000円〜
4DK	5〜7時間	6名の場合	200,000円〜
4LDK	5〜7時間	6名の場合	220,000円〜

ハウスクリーニングの料金の目安

1LDK	約25,000円
2LDK	約40,000円
3LDK	約60,000円

※クロスの張り替え料金は除きます。

特殊清掃料金の目安

布団などの汚物除去（処分費含まず）	49,800円〜
害虫駆除	12,000円〜
消臭・消毒	29,800円〜

8 遺品整理の費用が出る保険がある

●火災保険によっては特殊清掃費用が出る場合がある

これまで遺品整理の費用は遺族が負担するケースが一般的でした。

ところが、最近は終活ブームもあって、遺品整理の費用を自分で準備しておこうという人たちが増えてきました。

そして、その動きに呼応するかのように、遺品整理のための費用が出る特約が付いている保険も登場してきたのです。

また、「遺品整理」と明記されていなくても、遺品整理の費用に保険金が支払われることがあります。

たとえば、賃貸物件で孤独死した人が火災保険に加入していたような場合、火災保険の保証内容によっては特殊清掃や修理費用に対して保険金が下りる可能性がありますので、保険会社に確認してみるといいでしょう。

●少額短期保険の中には遺品整理費用が出る保険もある

また、少額短期保険で遺品整理に対して保険金が支払われるケースもあります。

少額短期保険とは、掛け金が安く、保険の期間も短い保険のことで、ミニ保険ともいわれるものです。

東京海上ミレア少額短期保険株式会社、東京海上ウエスト少額短期保険株式会社の「お部屋の保険ワイド」には、遺品整理の費用が出ることが明記されています。また、火災保険の特約としてプラスすることができる保険もあります。

賃貸物件に入居する際に契約した保険が、この保険に該当しているケースがありますので確認するようにしましょう。

9 遺品整理業者に依頼する人が増えている

●一人暮らしの高齢者がこの10年で約1.5倍に！

これまで遺品整理と言えば、身内の誰かがやるものというのが一般的でした。

しかし、最近は遺品整理を業者に依頼する人が増えています。実際、当社でも依頼件数が増えているのが実情です。

では、なぜ遺品整理業者に依頼する人が増えているのでしょうか？

その原因は、核家族化と高齢化の進行によって、一人暮らしの高齢者が増え、孤独死する高齢者が増えていることにあります。

内閣府の『令和元年版高齢社会白書』によると、２００５年には一人暮らしの高齢者は約386万５０００人だったのが、２０１５年には約592万８０００人となり、この10年で約1.5

倍に増えているのです。

さらに、この傾向は今後も続くと予想されています。

一人暮らしの高齢者の中には身寄りのない人もいますが、身寄りがあっても遠方に住んでいたり、忙しくて遺品整理の時間が取れなかったりするケースが多く、そういう遺族たちが遺品整理業者に依頼しているのです。

●孤独死を防止する見守りサービス

私は孤独死の現場に何度も遭遇していますが、孤独死は本当に悲惨なものです。

特に、暑い夏はご遺体の腐敗が激しく、特殊清掃が必要になることがほとんどです。

そこで近年、一人暮らしの高齢者の孤独死を予防するために、さまざまなサービスやアプリが販売されています。

たとえば、ポットの使用状況をパソコンや携帯で確認できるサービスや、電力やガスの使用量から生活リズムを解析して、異常を判断すると指定の連絡先に自動通報してくれるサービス、室内に設置したセンサーで生活状況がチェックできるアプリなどがあります。

当社も携帯電話用の「安否確認アプリ」を無料で提供しています。

もし、あなたの大切な人が一人暮らしをされている場合は、このようなサービスやアプリを活用して、何かあればすぐに駆け付けられる体制を整えておくことをおすすめします。

主な見守りサービス

会　社	サービス名	機　能
象印	みまもりほっとライン i -Pot	ポットをつかった情報がパソコンや携帯で確認できる。
ネットミル	ネットミル見守りサービス	電力使用量から生活リズムを解析し、異常の際には指定連絡先に通報する。
東京ガス	くらし見守りサービス	前日にガスの利用が一度もなかった場合にメールで連絡する。
LIBERO	一人暮らし高齢者安否確認システム	センサーから長時間信号が送られてこない場合に、警告アナウンスが届く。
立山システム	みまもりリンク	センサーで生活状況を自動でチェック。異常があれば通知する。
ソルクシーズ	いまイルモ	センサーからの信号で、どこにいるのかスマートフォンで確認できる。
NTTテレコン	あんしんテレちゃん	ガスの使用量をメールで通知する。
アートデータ	安否確認サービス	センサーから生活のリズムを確認。異常がみられたときにメールで通知。
ハイブリッドシステム	スマイライン	端末から生活状況を確認できる。

主な見守りアプリ

運営会社	サービス名	概　要
プログレス	安否確認	24～72時間の範囲内で設定した時間携帯を触っていない場合に身内に通知。
ソフトバンクモバイル	みまもりホームセキュリティー	ホームセキュリティの遠隔操作をアプリで行う。
株式会社アトムシステム	あんしん365	アプリで所在確認や安否確認をサポートする。

10 誰も住まない親の実家を相続してしまったら？

●近年、空き家が大きな社会問題に！

遺品整理に直面している人の中には、親の実家を相続したものの、遺族が住むことも、貸すことも、売ることもできずに困っている人もいるのではないでしょうか。

かつては不動産といえば、いざというときに売却することができる財産でした。

しかし今では、売ろうと思っても想像以上に安い査定しか出なかったり、貸そうと思っても借り手がつかなかったりして、対処に困ってしまうことも珍しくありません。

実際、近年、放置された空き家が全国各地で増加しており、大きな社会問題となっています。

空き家を放置したままにしておくと、老朽化による倒壊の恐れや、防犯の面からも問題があるため、行政でもさまざまな対策を講じています。

●ワンストップでお願いできる業者に頼むという方法も

遺品整理が終わると、不動産のことについては不動産業者に相談する人がほとんどですが、じつは遺品整理業者の中には、ハウスクリーニングからリフォーム、解体、不動産管理、売却までワンストップでやってくれる会社もあります。（資格や許認可、登録が必要な業務もあるため、提携している業者を紹介してくれたり、遺品整理業者から別の業者に外注するということもあります。）

相続した親の家が遠く離れた田舎にあって、頻繁に行くことができないような場合は、空き家の問題についてもワンストップですべて頼める業者に依頼してみるのも一つの方法でしょう。

11 エンディングノートを書いておこう

●価値のあるモノの存在を伝えておく

これまで数多くの遺品整理の現場を経験してきたから言えるのですが、「故人が遺族にきちんと伝えておけば……」と思うことがあります。

それは、現金や金の地金《じがね》（インゴット、金の延べ棒）などを密かに隠している場合はその隠し場所を、また売れば高値で売れるような価値のあるモノがある場合はその存在を、きちんと遺族に伝えておくことです。

これをしておかなかったことで、遺族が大損をしてしまっているケースが実際にたくさんあるのです。

では、どうやって伝えておけばいいのでしょうか？

もちろん、生前に口頭で伝えておくのが一番簡単な方法ですが、それができない場合はエンディングノートに書いておくことをおすすめします。

●エンディングノートに書くべき六つの項目

エンディングノートに書く内容は、基本的には自由ですので、何をどう書けばいいのかわからないという人が多いのではないでしょうか。

エンディングノートに書くべきことは、基本的に次の6項目です。

①自分が歩んできた人生記録
②家族や友人への想い
③お墓や葬儀についての希望
④介護や終末医療についての希望
⑤財産の整理や形見分け
⑥ウェブアカウントなどのデジタル遺品

順に説明していきましょう。

①自分が歩んできた人生記録

自分が生まれてからどのような人生を歩んで今に至るのかを、想い返して書いてみるのもいいでしょう。自分史は、自身でしか書けない人生の記録です。ぜひ、今までの人生を振り返って書いてみましょう。

自分の人生について振り返ることで、第二の人生に繫げることができます。残された人生を有意義に過ごすことができるのです。これまでにできなかったこと、やりたかったことを思い出し、一つ一つクリアしていくことで、満足のいく最期を迎えることができるでしょう。

②家族や友人への想い

万一、認知症になったり、会話ができない状態になったりしたときに備えて、家族や友人への想いをノートに書き残しておくことも大切です。「自分は絶対に大丈夫」とは、誰にも言えません。感謝の気持ちや伝えたいことを素直に書いておくようにしましょう。

③お墓や葬儀についての希望

自分の死後、お墓や葬儀についての希望を書いておくことも大切です。希望する葬儀方法やお墓の場所などを書いておけば、ご家族も悩まずにすみます。

生前に葬儀社と契約していたり互助会に加入していたりする場合はそのことを、納骨堂と契約している場合も、わかるように書いておきましょう。

保険や財産の使い道についても書いておくと相続がスムーズに進むかもしれません。（ただし、エンディングノートには遺言書のような法的な効力はありませんから、その点にはご注意ください。）

④介護や終末医療についての希望

介護や終末医療についても希望を書いておくと、ご家族が悩むことが少なくなります。

具体的には、病気や余命の告知を希望するかどうか、延命治療を望むかどうかなど、自分の気持ちを明確にしておきましょう。

また、介護が必要になったときや認知症になったときはどうしてほしいか、終の棲家《すみか》は自宅がいいのか、施設を希望するのかも書いておいた方がいい内容です。

⑤財産の整理や形見分け

財産の整理をしたときに、通帳や印鑑、家の権利証など相続の対象になりうるものの保管場所について書いておきましょう。借金やローンなどのマイナス資産についても書くようにしましょう。

また、現金や金の地金（インゴット、金の延べ棒）などを隠している場合は、その隠し場所を書いておく必要があります。

さらに、骨董品や楽器、フィギアやプラモデルといったコレクション品など、売れば高く売れるものがある場合は、生前に売却して換金しておいてあげるのが理想ですが、それが無理な場合は、その価値をきちんと伝えておいてあげましょう。

なお、エンディングノートには遺言書のような法的効力はありませんから、財産を希望通りに相続させたい場合は、必ず正式な遺言書を作成してください。

形見分けとしてご家族にもらってほしいものもリストアップしておくといいでしょう。

⑥ウェブアカウントなどのデジタル遺品

ツイッターなどＳＮＳのアカウントやネットバンキングのＩＤやパスワードなど、デジタル遺品になりうるものもエンディングノートに書いておきましょう。

デジタル遺品になりうるものはご家族でも把握しにくいものです。

自分の死後、どのようにしてほしいかなども含めて、すべて書き残すようにしましょう。

●エンディングノートの選び方

エンディングノートの選び方に特に決まりはありません。

必ずしもエンディングノートとして用意されているものを使う必要はなく、普通のノートに書いてもいいのです。自治体などが無料で配布しているものもあれば、ウェブサイトから無料でダウンロードできるものもあります。

自分が納得できる終活になるように、エンディングノートもさまざまな種類がある中から、自分が気に入ったものを使うようにしましょう。

文章や文字を書くのが苦手な方は、フリースペースを多く取っているノートは避けたほうが無難です。なぜなら、書き込むことが負担になってしまうからです。

財産やパスワードなど連絡事項をたくさん書きたいのに、自分史や家族の歴史などを主にしているノートでは、必要なことを書き切れない可能性もあります。

ご自身がエンディングノートに何を書きたいのかをよく考えてからノートを選ぶようにするといいでしょう。

第7章

遺品整理業者選びのチェックポイント

1 ワンストップで何でも頼める業者が便利

●遺品整理以外にお願いしたいことをやってもらえるか？

遺品整理業者の中には、依頼したいことをすべてお願いできたら便利です。

遺品整理はできるけれども、買い取りはできない、ハウスクリーニングはできない、特殊清掃はできないといった業者も存在します。

もちろん、自社ですべてできなくても、提携している会社があって、その会社を紹介してくれたり、その会社に外注したりするケースもありますので、すべてを自社で行っていないといけないというわけではありません。

ただ、提携会社に紹介したり、外注したりする場合は、すべて自社で行っている業者に比べて料金が高くなる場合がありますので、注意が必要です。

2 突然やってくる業者には要注意！

●飛び込み訪問や電話営業の業者に安易に頼むのは危険

遺品整理業者の中にはホームページを持たずに、飛び込み営業や電話営業だけで、お客様を探している業者もあります。

お葬式やお悔やみ情報などをチェックすることで見込み客を見つけ、そこに対してピンポイントで営業をかけるわけです。

このような営業手法を否定するつもりはありませんし、こうした業者がすべて悪いと言うつもりもありません。

しかし、なかには遺品整理業者と名乗ってはいるものの、きちんとした遺品整理のノウハウや経験のない業者がいることがありますので注意が必要でしょう。

また、お客様が相場を知らないことをいいことに相場よりも高い料金を提示してくる業者もいるようです。

このような業者に騙されないためには、向こうからアプローチしてきた業者に安易に頼んでしまうことは避けたほうがいいでしょう。

3 ホームページでチェックすべき点

●スタッフの顔写真は載っているか?

遺品整理業者を探す際、多くの人がホームページを見ると思いますが、じつはホームページをきちんとチェックすることで、ある程度、業者をふるいにかけることができます。

その一つが、ホームページにスタッフの顔写真が載っているかどうかです。

なぜ、顔写真が重要なのかというと、顔写真を載せるということは、逃げも隠れもしないということの証明になるからです。

後ろめたいことがある場合は、なかなか顔写真を載せたがらないものですので、まずは顔写真の有無をチェックしましょう。

●ビフォー・アフターの写真が載っているか？

遺品整理前と遺品整理後のビフォー・アフターの写真が載っているかどうかも、チェックポイントの一つです。

これは遺品整理業者ですから、ある意味、載っているのが当然と言えます。

載せていないのは、何か載せられない事情があるのではないかと疑ってしまいますので、ビフォー・アフターの写真をきちんと載せているかどうかもチェックしましょう。

●お客様からの悪い声も載せているか？

ホームページにお客様の声を載せている会社はたくさんありますが、多くの会社が載せているのは良い評価の声ばかりで、悪い評価の声を載せている会社はほとんどありません。なぜなら、悪い評価の声を載せると、会社のイメージダウンになると思っているからです。

しかし、ホームページをよくチェックしてみると、悪い評価を載せ、それに対する改善案も載せている会社もあります。そういった会社は好感が持てるのではないかと思います。

●料金の目安が書かれているか？

遺品整理業者に頼む場合、やはり気になるのは料金です。正確な料金については、実際に見積もりをしてみないとわからないとはいえ、ある程度の目安は出せるはずです。

したがって、料金の目安をホームページに掲載していない業者は、何か載せられない理由があるのかもしれませんので、注意したほうがいいでしょう。

●遺品に対する考え方はどうなのか？

遺品に対する考え方も重要なチェックポイントです。なぜなら、遺品をどう考えているかで、扱い方が変わってくるからです。

遺品を単なるゴミとして考えている業者の場合は、当然、遺品の扱い方が雑になりますし、売れない遺品はゴミとして捨てられることになります。

一方、遺品を大切な資源と考えている業者の場合は、当然、大切に扱いますし、できる限りゴミとして捨てることのないよう、リサイクルやリユースを行っています。

なかには、まだ使える家具や家電を福祉団体などに寄付している業者もあります。

したがって、このような社会的な活動をやっているかどうかも、業者を見分けるポイントの一つと言えるでしょう。

●ホームページの会社概要に代表者名が載っているか？

ホームページの会社概要に、代表者名や会社の住所、電話番号などが細かく記載されているかどうかも、チェックポイントの一つです。

これらの情報が載せられないということは、何かやましいことがあるのかもしれませんので、チェックしましょう。

4 電話の応対がいい加減な業者には要注意！

●電話の応対や言葉づかいをチェック

ホームページをチェックしてよさそうな会社だと思ったら、次に電話で問い合わせをすることになります。

このときの業者の応対の仕方をしっかりとチェックしておくことによって、その業者が良い業者か悪い業者かを見分けることができます。

まず良い業者は、電話の応対が丁寧で、言葉づかいもきちんとしています。

これに対して、悪い業者は電話応対が非常にいい加減です。

たとえば、開口一番、「遺品整理ですか。あっ、行きます、行きます」などと、会社名も、名前も名乗らずに、二つ返事で対応するところは要注意です。

また、サービス業でありながら、友人を相手に話すような言葉づかいでお客様に話す業者はもってのほかです。

「大丈夫っすよ」「どの辺っすか？」などと、若者言葉を使う業者は、仕事もいい加減と言わざるを得ません。

電話を受けるときの第一声である「お電話ありがとうございます」が言えない業者は避けたほうがいいでしょう。

●話の内容にも要注意！

電話をしたときにチェックすべきなのは、電話の応対の仕方や言葉づかいだけではありません。

話の内容にも注意を払う必要があります。

なかにはホームページに書いてあることと、電話で言っていることが違うケースがあるので注意が必要です。

たとえば、ホームページには「見積もりは無料です」と書いてあるのに、電話では「見積もりは有料になります」と言ってくるケースや、遺品整理の現場が遠い場所にあるとわかった途端、急に「交通費が必要になります」などと言ってくるケースもあります。

このように、言うことがコロコロ変わるような業者も要注意と言えるでしょう。

5 見積もりに来たときにチェックすべきこと

●名刺やパンフレットを持っているか?

遺品整理業者が見積もりにやってきたときも、チェックすべきポイントはたくさんあります。

まず、名刺やパンフレットを持っているかどうかです。

驚かれるかもしれませんが、遺品整理業者の中には名刺やパンフレットを持ってこない業者もあります。

こういう業者は、見積もりをアルバイトにさせているケースが考えられますので要注意です。

●業者の服装をチェックする

次に、見積もりに来た人の服装もチェックしましょう。

服装の基本は、スーツか作業着です。

ジーンズにTシャツといったラフな服装で見積もりに来る業者は非常識と言えます。また、人の家に上がるわけですから、清潔感があるかどうかも重要です。

さらに、見積もりに来た人の話し方や態度などが社会人としてふさわしいものかどうかもチェックしておきましょう。

6 見積書は隅々までチェックする

●ざっくりした見積もりに注意！

見積もりをするために家の中を見ているときの業者の様子も、チェックポイントの一つです。

業者の中には、家の中を一度歩き回っただけで、特に質問することもなく、要望を聞くこともなく、「はい、20万円です」などと、ざっくりとした金額を言う業者もいます。

こういうのはあり得ない見積もりの仕方ですので、こういう業者に依頼するのは絶対にやめたほうがいいでしょう。

仮に、その金額が他の業者より安かったとしても、あとで追加料金を請求されたりすることもあります。

実際、追加料金に関するトラブルはよく聞く話ですので注意しましょう。追加料金については後ほど説明します。

●費用の明細がきちんと書かれているか？

本来、きちんとした見積金額を算出するためには、次のようなチェックが必要になります。

- **●どのような遺品がどれくらいあるか？**
- **●リサイクル料金が発生する家電製品はあるか？**
- **●遺品整理に必要な人数は何人か？**
- **●トラックは何台必要か？**
- **●買い取りができる遺品はどれくらいあるか？**

正確な見積金額を出すためには、少なくともこれらのことをきちんと査定する必要があります。

そして、それらをもとに適切な金額を算出し、費用の明細を細かく書いた見積書を作成し、それを見せながら一つ一つの項目を丁寧に説明してくれるのが良い業者と言えるのです。

当日の作業内容や作業の手順をきちんと説明してくれるかどうかもポイントです。

●こちらの要望を聞いてくれるか?

見積もりに来た人が、こちらの要望を細かく聞いてくれるかどうかも重要なチェックポイントです。

とはいえ、初めて遺品整理業者に依頼する場合は、わからないことが多すぎて、何を聞けばいいのかわからない人が多いのが実情でしょう。

そこで、向こうから「何か探してほしいものはありますか?」「仏壇や写真、人形など供養してほしいものはありますか?」「ハウスクリーニングはどうしますか?」「オプションでこのようなサービスもありますが、必要ですか？」などと聞いてくれる業者がいいでしょう。

第6章で紹介した「作業項目アンケートシート」（129ページ）のようなものがある業者はいい業者だと言えるでしょう。

7 遺品の買い取り価格は妥当か？

●あらかじめ自分で買い取り価格の査定をしておく

買い取れる遺品がある場合は、見積もり時にその場で買い取り価格を査定し、請求額から買い取り価格をマイナスする形で見積書に反映させます。

買い取り価格が妥当かどうかは、素人にはなかなか判断がつきにくいでしょう。

しかし、複数の業者から見積もりを取ることで、買い取り価格を比較することができます。

また、主要な骨董品を事前に骨董品屋で査定してもらったり、ブランド品をアプリなどで査定してもらったりしておくことで、買い取り価格の比較ができるようになります。

業者の中には、価値のある骨董品やブランド品などを、二束三文の値段で買い叩こうとする業者もいますので、くれぐれもそういう悪い業者に騙されないようにしましょう。

8 追加料金についての説明があるか？

●事前の説明もなく追加料金を請求してくる業者もある

見積もりの際、必ず確認しておきたいのが、追加料金が発生することがあるのかどうかです。

業者の中には、遺品整理を行った後に、事前に何の説明もないまま、平気で「これだけ余計にかかりましたので」などと言って追加料金を請求してくる業者もいます。

このように言ってくる業者に、きちんと対抗できる人はなかなかいません。言いくるめられて仕方なく追加料金を払ってしまう人がほとんどではないでしょうか。

●追加の作業が発生したら追加料金を請求するのは当然の権利？

私たちも実際に遺品整理をしてみた結果、「意外に荷物の量が多かった」とか、「見積もりのときに見落としていた荷物があった」といったことがあります。

しかし、追加の作業が発生したとしても、当然の権利として追加料金を請求できるとは考えていません。

当社の場合は、むしろ見積もり時にしっかりとチェックしなかったこちらの落ち度と考え、請求はしません。

●「追加料金は発生しない」と明記してある業者がおすすめ

このような段階を踏むことなく、当たり前にように追加料金を請求してくる業者には要注意です。

できれば、見積書にはっきりと「追加料金は一切発生しません」と明記してある業者を選ぶようにしましょう。

追加料金についての明記がない場合は、必ずその場で追加料金が発生する場合があるのかどうかを確認するようにしてください。

その結果、「発生する場合がある」という返事が返ってきた場合は、「それはどのような場合なのか？」を確認すると同時に、「追加料金が発生する場合は、事前に了解を取ってからにしてほしい」という要望を出しておきましょう。

これについては後から「言った、言わない」で揉めないためにも、そのやりとりを録音しておくか、その旨を見積書に明記してもらっておくようにしましょう。

9 代金の前払いを要求してくるか？

●前払いを要求してくる業者は要注意！

遺品整理の代金を支払うタイミングも、重要なチェックポイントの一つです。
基本は、遺品整理の作業がすべて完了してからの後払いか、作業当日の支払いです。
しかし、なかには前払いや事前の振り込みを要求してくる業者もあります。

このような業者がすべて悪い業者であるとは限りません。前払いでもきちんと遺品整理をしてくれる業者はあります。
しかし、なかには「代金を支払ったけれど、当日作業に来なかった」「電話をしてもつながらず、連絡がつかなくなった」というケースもあります。

したがって、代金の前払いを要求してくる業者には、くれぐれも注意するようにしてください。

なお、支払い方法については、現金払いだけでなく、ほとんどの業者がクレジットカード払いにも対応しています。

10 立ち会いナシで作業をしたがる業者は要注意

●「立ち会っていただかなくても大丈夫ですよ」と言われても……

遺品整理の作業当日、処分に迷う品物や金品等が出てきたときのために、立ち会いが必要であることは前にも述べた通りです。

ところが、悪い業者の中には、お客様の立ち会いを求めず、自分たちだけでやりたがる業者があります。

その理由は、お客様の監視の目がないところで作業をすれば、遺品を雑に扱ってもわからないし、作業中に金品等が出てきても隠すことができるからです。

「立ち会っていただかなくても大丈夫ですよ」という言葉には十分注意してください。

●遺品整理は故人との最後のお別れ

身近な人が亡くなられたとき、お葬式が故人との最後のお別れだと言われることがあります。

たしかに、故人との最後の対面という意味ではそうでしょうが、故人との本当の最後のお別れは、故人との想い出がたくさん詰まった遺品を整理するときなのではないかと考えています。

遺族の方には最後のお別れの時間を大切にしていただきたいと思いますし、故人との最後のお別れの時間が業者によって汚されることのないよう、業者選びは慎重に行っていただきたいと思います。

【遺品整理業者選びのチェックポイント　まとめ】

その1〈ワンストップで何でも頼めるか〉

□遺品の買い取りはできるか？
□ハウスクリーニングはできるか？
□特殊清掃はできるか？
□不動産の買い取りはできるか？

その2〈突然やってくる業者には要注意！〉

□飛び込み訪問や電話営業などで突然やってきた業者か？
□その業者のホームページはあるか？

その3〈ホームページでチェックすべき点〉

□ホームページにスタッフの顔写真は載っているか？
□遺品整理のビフォー・アフターの写真は載っているか？

□お客様からの悪い声も正直に載せているか？
□料金の目安が書かれているか？
□遺品に対する考え方はどうなのか？
□ホームページが定期的に更新されているか？

その4〈電話の応対がいい加減な業者には要注意〉

□電話の応対は丁寧か？
□言葉づかいはきちんとしているか？
□若者言葉、友人相手に話す言葉で話していないか？
□第一声は「お電話ありがとうございます」だったか？
□ホームページに書いてあることと違うことを言っていないか？
□言っていることがコロコロ変わっていないか？

その5〈見積もりに来たときにチェックすべき点〉

□会社の名刺やパンフレットを持っているか？

□服装はきちんとしているか？
□清潔感はあるか？
□話し方や態度は社会人としてふさわしいものか？

その6〈見積書でチェックすべき点〉

□見積もりの仕方が大ざっぱすぎないか？
□見積書にきちんと費用の明細が書かれているか？
□当日の作業内容や作業の手順をきちんと説明してくれるか？
□こちらの要望を聞いてくれるか？
□向こうからいろいろ質問してくれるか？

その7〈遺品の買い取り価格についてチェックすべき点〉

□見積もり時に買い取り価格の査定をしてくれるか？
□遺品の買い取り価格は妥当か？
□請求額から買い取り代金が引かれているか？

その8〈追加料金についての説明があるか?〉

□追加料金は発生しないことが見積書に明記されているか?

□追加料金が発生する場合はあるのか?

□あるとしたら、どのような場合か?

□追加料金が発生するケースが見積書に明記されているか?

その9〈代金の前払いを要求してくるか?〉

□料金の前払いを要求されていないか?

□クレジット払いにも対応しているか?

その10〈立ち会いナシで作業をしたがる業者は要注意〉

□立ち会いをナシで作業をしたがっている感じがするか?

第8章

想い出の品が世界中の誰かの役に立つ

1 ゴミを極力減らすことが地球にやさしい遺品整理

●ゴミを減らす方法は四つある

遺族が自分たちで遺品整理を行う場合、自分たちがすぐに使うものや売れるもの以外の遺品は、まだ使えるものであっても、すべてゴミとして廃棄してしまうのが一般的です。

しかし、できることなら、ゴミとして廃棄するものを極力減らしたいところです。そのほうが地球にやさしいからです。

では、ゴミを減らすには、どうすればいいのでしょうか？

それには、主に次の四つの方法があります。

①まだ使えるものはできるだけ使う
②リサイクルショップなどに買い取ってもらう
③フリーマーケットやフリマサイトで販売する
④寄付する

●寄付を必要としている人はたくさんいる

このうち①から③については、遺品整理の際に多くの人が行っていると思います。
しかし、④の寄付をしている人はそれほど多くはないのが実情でしょう。

しかし、世の中には善意の寄付に助けられている人がたくさんいます。たとえば、発展途上国の人たち、被災地の人たち、児童養護施設や母子生活支援施設にいる人たち、ボランティア団体などです。

●ニーズのないものは寄付できない

では、どういうものが寄付できるのでしょうか？

基本的にはニーズがあるもので、壊れていないものや汚れがひどくないものでしたら寄付することができます。

●寄付を受け付けている団体がある

遺品を寄付したいと思った場合、「不用品　寄付」などのキーワードでインターネットで検索すると、寄付を受け付けてくれる団体がたくさん出てきます。

なかには無料で回収に来てくれるところもありますし、送料を負担すれば引き取ってくれるところもあります。

寄付を受け付けている団体は、回収した品物を、必要としている人や組織に届けたり、換金して寄付したりしています。

また、海外の発展途上国や恵まれない子どもたちに、回収した品物を届けている団体もあります。

寄付を受け付けている主な団体には、次のようなところがありますので、遺品を寄付したいと考えている方は、ぜひチェックしてみてください。

【寄付を受け付けている団体】

●もったいないジャパン　http://mottainai-japan.com/

「もったいない」の心を活動の軸としている団体で、まだ食べられるのに廃棄される食品や使用できる日用品などを広く集め、それを必要としている国内外の福祉団体や個人等に寄贈しています。

サイトで受け入れ可能な品目を確認し、宅配便等で送ると受け付けてくれますし（着払いは不可）、寄付するものを直接持ち込むことも可能です。

●国際子供友好協会　http://npo-icfa.org/profile.html

主に発展途上国の子どもたちを支援するための団体です。おもちゃやぬいぐるみ、文房具などを回収して現地の子どもたちに直接手渡しするという支援方法をとっています。

国際子供友好協会のサイトで受け入れ可能な品目を確認し、宅配便等で送ると受け付けてくれます（着払いは不可）。

●ワールドギフト　https://world--gift.com/

主に発展途上国での寄付活動や現地リユースを通じて、できるだけ多く再利用し社会支援に役立てることを目的に活動している団体です。

不用品の取扱数も豊富で、これまで87か国に寄付を行ってきた実績があります。

寄付をするには、メールフォームで荷物の集荷依頼を行います。

2 業者経由で寄付をしてもらう方法もある

●寄付を行っている業者を探す

遺品を寄付したい場合、遺品整理業者の中にも寄付を行っている業者がありますので、そういう業者に依頼するのも一つの方法です。

当社の場合は、まだまだ使える家電製品や家具などを、プロバスケットチームや養護施設などに寄付しています。このような業者に依頼すれば、間接的ではあるものの、寄付をすることができます。

ですから、故人の大切な遺品をどこかに寄付したい場合は、そういう業者を探して依頼するといいでしょう。

●自分で寄付先を見つけておけば業者が運んでくれる場合も

定期的に寄付を行っている遺品整理業者が見つからない場合でも、諦めることはありません。

業者に対して「この遺品を寄付してほしい」という要望を出せば、応じてくれる業者もありますので、聞いてみるといいでしょう。

また、寄付したい施設等を自分で探してきて、事前に話をつけておけば、その施設に持っていってくれる業者もありますので、寄付したい場合はそういう方法も検討してみるといいでしょう。

【業者経由で寄付する三つの方法】

①寄付をしている遺品整理業者を探す
②寄付してほしいという要望を出してみる
③自分で寄付先を見つけ、話をつけておく

3 地球にやさしい遺品整理を行っている業者もある

●国内で売れないものは海外で売る

故人が使っていた生活用品は、遺品整理業者に引き渡した後、どんな運命をたどることになるのでしょうか？

じつは、廃棄物処理業者に引き渡した遺品はそのまま廃棄物として捨てられてしまいます。まさにゴミ扱いです。

しかし、遺品整理業者の場合は、ゴミとして廃棄する遺品をできるだけ減らし、地球にやさしい遺品整理を行っています。

当社も、できる限りリサイクルとリユースを心がけています。

売れそうなものはリサイクルショップやオークションなどで売却していますし、当社が経営しているリサイクルショップで販売することもあります。

さらに、国内で売れそうにないものは、コンテナに詰めて海外に送り、海外のリサイクルショップやオークションで販売しています。

当社の場合、だいたい次のような比率になります。

- 3割をゴミとして処理
- 2割を国内で再利用
- 5割を海外にコンテナで送付

●「ユーズド・イン・ジャパン」は海外で大人気

現在、当社が遺品をコンテナで送っている国は、主にフィリピンとタイです。

東南アジアでは、日本製のもの（メイド・イン・ジャパン）だけでなく、日本人が使っていたもの（ユーズド・イン・ジャパン）も、とても人気があります。

実際、お茶碗などの食器類や、タンスなどの家具類、家電製品、小物、雑貨などがよく売れています。

私も何度か海外でどのようにして売られているのか、視察に行ったことがありますが、食器類や家電、家具、小物などがよく売れていました。

●大切な人の遺品が世界のどこかで誰かの役に立っている

このように地球にやさしい遺品整理を行っている業者に依頼すれば、あなたの大切な方の遺品は、世界のどこかでお気に入りの品として再び命を与えられ、その役目を果たしていくことになります。

あなたの大切な方のものが、また誰かの大切なものとなって、その役目を終えるまで大切に使われることを想像しただけでも、うれしい気持ちになるのではないでしょうか。

私たちも実際に遺品整理をしながら、「この服は、どこの国の誰が着ることになるのだろう?」と考えることがよくあります。

食器や洋服だけでなく、万年筆や老眼鏡、ステッキなども、世界のどこかの誰かが大切に使ってくれないかなと思いながら遺品整理をしています。

●海外への販売で得た利益をお客様に還元

じつを言うと、当社も以前は国内で売れないものは、ゴミとして処分していました。

7年前にたまたま見ていたテレビ番組で日本のものが海外でよく売れていることを知り、海外での販売を始めたのです。

正直、倉庫代や海外への輸送代を考えれば、それほど利益が出るものではありません。

しかし、できるだけリサイクルするために、赤字にならない限りは、今後も海外への販売は続けていこうと考えています。

世の中にはこのような考え方で遺品整理を行っている業者もあるのだということを知っていただきたいと思います。

地球にやさしい遺品整理

遺品を回収

↓

紙・布・鉄・ガラスなどは
資源リサイクルに回す

↓

国内のリサイクルショップや
オークション等で販売

↓

海外のリサイクルショップや
オークション等で販売

↓

ゴミとして廃棄するものを
できるだけ減らす

4 母親の着物がおしゃれなバッグになって蘇《よみがえ》る

●リメイクして再利用する

遺品をゴミとして廃棄しない方法として、リメイクして再利用するという方法があります。

リメイクというと、洋服の寸法直しをイメージする人が多いと思いますが、リメイクはそれだけではありません。

リメイクには次のようなさまざまなものがあります。

- ●古着を今流行りのデザインにする
- ●着物をスーツやドレスにする
- ●着物をバッグにする

●ドレスをワンピースにする
●洋服を子ども服やペットの服、人形の服にする
●洋服をポーチやネクタイ、財布、アクセサリーなどにする
●タンスをテレビ台にする
●タンスをサイドボードにする
●タンスをコーナーラックにする
●ちゃぶ台をダイニングテーブルにする

このようにリメイクにはいろいろな方法がありますので、そのものに愛着があって手元に置いておきたいけれども、そのままでは使えないという場合は、このようなリメイクを検討してみるといいでしょう。

自分でリメイクができない場合でも大丈夫です。

インターネットで検索すれば、リメイクをしてくれる業者がたくさん出てきますので、ぜひ探してみてください。

第9章

「想い出」を整理することで大事な人から「卒業」する

1 遺族の体力的・精神的な負担を減らしたい

●遺品整理は体力的にキツイ

引っ越しを1人でやるのは大変なように、遺品整理も1人でやるのはかなり大変で、体力的にかなりキツイものがあります。

小物の整理はできても、大きな家具や家電の移動等になると、1人では無理です。

実際、女性1人で始めてみたものの、途中で断念され、当社に依頼してこられたケースを何回も見ています。

ですから、遺品整理を任された場合は決して無理せず、業者に頼むことも検討されたほうがいいでしょう。

●遺品整理は精神的にも大きな負担

私たちがお客様からいただくアンケートの中で多いのが、「気持ちのつかえが取れました」「部屋だけでなく、心もスッキリしました」といったものです。

これらのお客様の声は、遺品整理を任された遺族の方にとって、体力的・経済的な問題以上に、精神的に大きな負担になっていた証拠だと言っても過言ではないでしょう。

それくらい遺品整理は、任された遺族にとって大きな重荷になっています。

このような遺族の精神的な負担を少しでも減らしてあげたいというのが、私たち遺品整理業者の共通の想いなのです。

2 遺族の気持ちに寄り添うことが遺品整理業者の使命

●お客様の要望に応える形で事業内容を拡大

じつを言うと、当社はもともとリサイクル業でした。お客様の要望に応える形で遺品整理を行うようになりました。

最初は見よう見まねでしたが、遺品整理のノウハウを習得するために遺品整理士の資格を取得。さらに、仏壇等の供養や、遺品の買い取り、オークション等での販売、海外での販売ルートの開拓、ハウスクリーニング、特殊清掃のノウハウ構築、各種手続きの代行、不動産の処分・買い取りなど、すべてお客様のニーズに応える形で業務の範囲を拡大してきました。

●遺族の心も整理してあげる

その背景には、「遺品整理は単にモノを処分することではない」という考え方があります。

遺品には故人の想いがたくさん詰まっていますし、遺族にとっても想い出深い品物がたくさんあります。

このような遺品を、ゴミと同じように扱っていいはずがありません。

誰が遺品整理をするにしても、一つ一つ丁寧に、心を込めて扱うべきでしょう。

できるだけ遺族の方々の気持ちに寄り添いながら、遺品だけでなく遺族の方々の心も整理してあげることが、私たち遺品整理業者の使命だと考えています。

3 良い遺品整理業者と出会ってほしい

●遺品整理はいつかはやらなければいけないこと

遺品整理に着手はしたものの、なかなか思うように進まずに困っている人も多いと思います。

また、体力的にキツくてなかなか進まず、先延ばしにしている人もいることでしょう。

しかし、遺品整理はいつかはやらなければいけないことです。いずれは整理しなければいけない時がやってきます。

そのような方々にぜひとも言いたいのは、「早く遺品整理を済ませて、肩の荷を降ろしてください」ということです。

また、テレビなどの家電製品など、時間が経てば経つほど買取価格が安くなってしまいますので、そういう点でも遺品整理は早くしたほうがいいのです。

●良い遺品整理業者はたくさんある

そのための有力な選択肢が、遺品整理業者にお願いすることだと思います。

遺品整理業者に依頼すれば、1日で終わります。

しかも、良い遺品整理業者と出会えれば、遺族の心に寄り添い、話を聞きながら一緒に遺品整理をしてくれます。

世の中には良い遺品整理業者はたくさんあります。

第7章で説明した遺品整理業者の見分け方を参考にして、ぜひ良い業者と出会っていただければと思います。

4 故人を偲《しの》び、故人との想い出をきちんと整理する

●遺品整理が故人の死を乗り越えるきっかけになる

散らかっていた部屋を片づけたら、モヤモヤしていた気持ちが消えて、なんとなくスッキリした――、あなたにもこんな経験があるのではないでしょうか？

じつは、遺品整理も同じです。

気がかりだった故人の遺品整理をきちんと行うことで、あなたの心のつかえも取れることになるのです。

自分でやるにしろ、遺品整理業者に頼むにしろ、故人を偲びながら、故人との想い出がたくさん詰まった遺品をきちんと整理することが、遺族が故人の死を乗り越えて前に一歩を踏み出すきっかけになると、私たちは考えています。

●遺品整理をして自分の心にも区切りをつける

故人が亡くなられた際、一つの区切りとされているのが四十九日です。納骨のタイミングもそうですし、白木位牌《しらきいはい》を本位牌に置き換えるタイミングも四十九日です。

遺品整理についても、アパートを早く明け渡さなければいけないなどの事情がない限り、多くの方々は四十九日を一つの区切りとして着手されるのが一般的です。

いつでもできると思っていては、着手するタイミングを逃してしまいます。四十九日を区切りに遺品整理に着手し、あなたの心にも区切りをつけていただきたいと思います。

5 「想い出」を整理することで大切な人から「卒業」する

●遺品整理を終えると表情がスッキリする

世の中には大切な方の遺品をなかなか整理できない方がいます。

特に、お子さんを亡くされた親御さんは、その傾向が強いと言えるでしょう。

実際、亡くなられたお子さんの部屋を、いつまでもそのままにされている方もいらっしゃいます。


以前、このようなご家庭の遺品を整理したことがありましたが、遺品整理をしている間中、立ち会われたお母さんは本当にお辛そうでした。

お子さんの遺品を見ながら、お子さんとの想い出に浸っておられたように見えました。

そして、すべての遺品を整理し終えたとき、お母さんの表情はなんだかスッキリとしていたのです。

●大切な人から卒業してほしい

大切な人の遺品を整理するのは、悲しいことかもしれません。ですから、悲しみが癒えない場合はそのままでもいいと思います。

ただし、遺品整理をきっかけに、故人とお別れできることもあります。

遺品整理の時間は、故人との想い出を振り返る最後の機会です。時間をかけてもいいので、遺品を整理することで、しっかりと最後のお別れをしましょう。

そして、故人との想い出も整理し、大切な人から卒業していただきたいと思います。

【著者】奥村 拓 *Taku Okumura*

株式会社プログレス代表取締役。

1980年、京都市生まれ。高校卒業後、サービス業、建築業、リサイクル業などを経て、27歳のときに遺品整理業を開始。いち早く遺品整理の重要性に気づき、海外貿易、ボランティア活動などにも取り組み、お客様からの信頼を獲得。各方面からも高い評価を得ている。

また、お客様の要望に応える形で次々とサービス内容を拡大。現在は、遺品整理からハウスクリーニング、特殊清掃、不動産整理まで、ワンストップでサービスを提供。早くから全国展開を行い、現在24都道府県で事業を行っている。さらに、一人暮らしの高齢者の孤独死を予防するための安否確認アプリを開発し、無償で提供している。

＊株式会社プログレス　https://www.ihinseiri-progress.com/
＊安否確認アプリ　https://www.ihinseiri-progress.com/app/

身近《みぢか》な人《ひと》が亡《な》くなった後《あと》の遺品整理《いひんせいり》

2020年9月4日　初版　第1刷発行

著　者　奥村《おくむら》　拓《たく》
発行者　伊藤　滋
印刷所　横山印刷株式会社
製本所　新風製本株式会社
本文DTP　株式会社シーエーシー

発行所　株式会社自由国民社
〒171-0033　東京都豊島区高田3-10-11
営業部　TEL03-6233-0781　FAX03-6233-0780
編集部　TEL03-6233-0786　URL　https://www.jiyu.co.jp/

©2020, Taku Okumura

●造本には細心の注意を払っておりますが、万が一、本書にページの順序間違い・抜けなど物理的欠陥があった場合は、不良事実を確認後お取り替えいたします。小社までご連絡の上、本書をご返送ください。ただし、古書店等で購入・入手された商品の交換には一切応じません。

●本書の全部または一部の無断複製(コピー、スキャン、デジタル化等)・転訳載・引用を、著作権法上での例外を除き、禁じます。ウェブページ、ブログ等の電子メディアにおける無断転載等も同様です。これらの許諾については事前に小社までお問合せください。また、本書を代行業者等の第三者に依頼してスキャンやデジタル化することは、たとえ個人や家庭内での利用であっても一切認められませんのでご注意ください。

●本書の内容の正誤等の情報につきましては自由国民社ホームページ内でご覧いただけます。
https://www.jiyu.co.jp/

●本書の内容の運用によっていかなる障害が生じても、著者、発行者、発行所のいずれも責任を負いかねます。また本書の内容に関する電話でのお問い合わせ、および本書の内容を超えたお問い合わせには応じられませんのであらかじめご了承ください。